口絵1　第２章　写真１

口絵２　第３章　写真３

口絵3　第４章　写真３

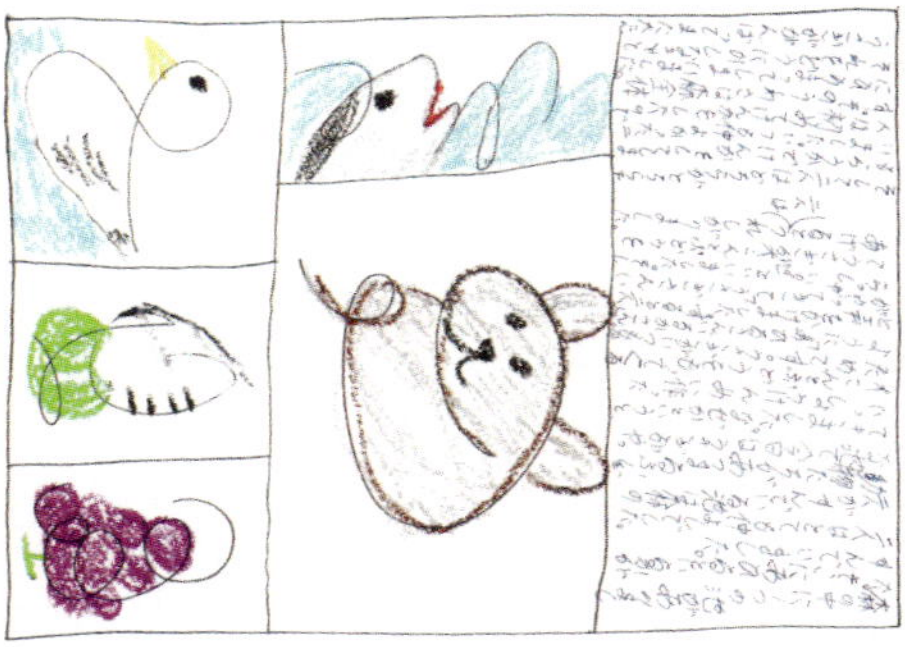

口絵4　第５章　写真１

口絵5　第６章　写真３

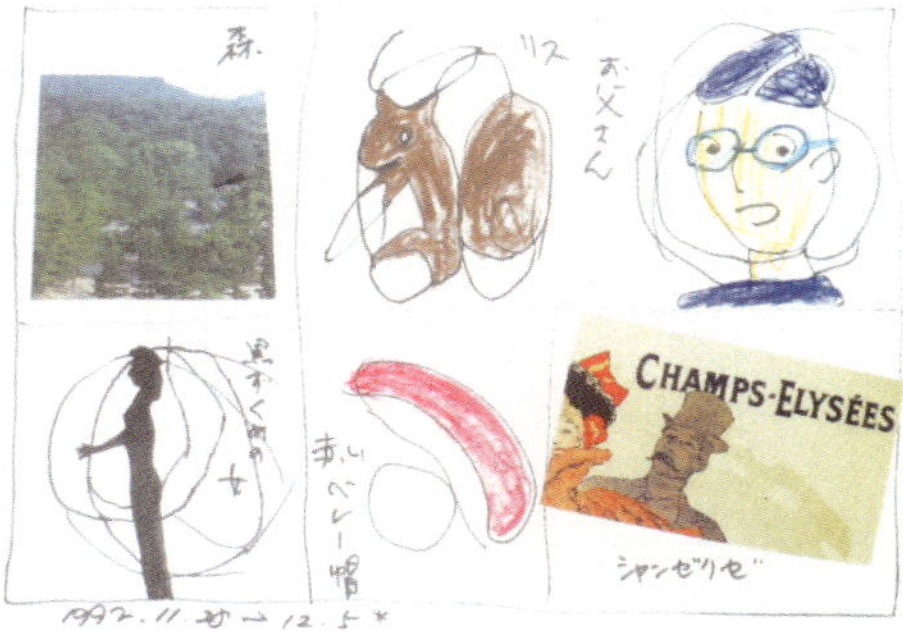

口絵6　第７章　写真１

JN177083

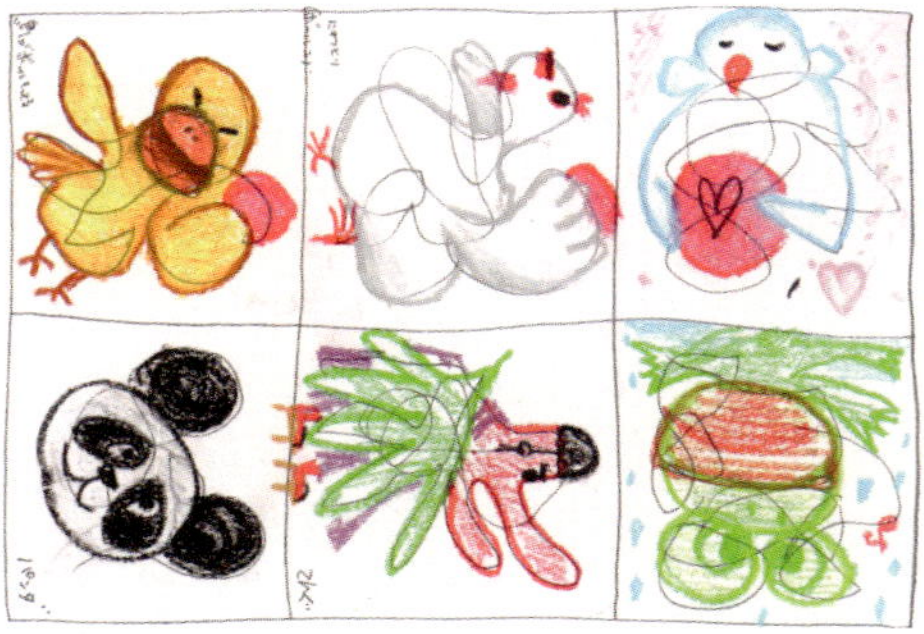

口絵7　第８章　写真３

口絵8　第９章　写真２

口絵9　第10章　写真３

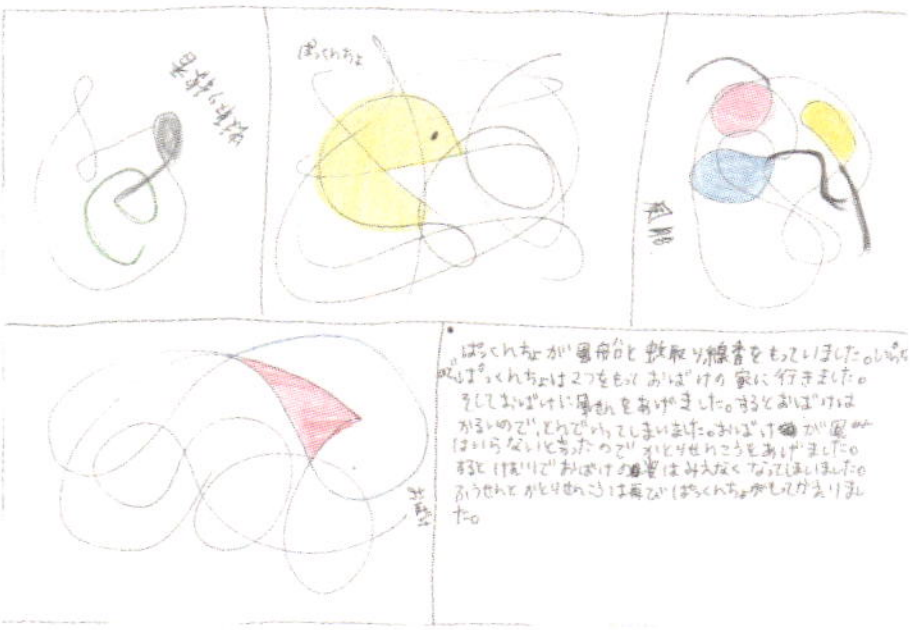

口絵10　第11章　写真１

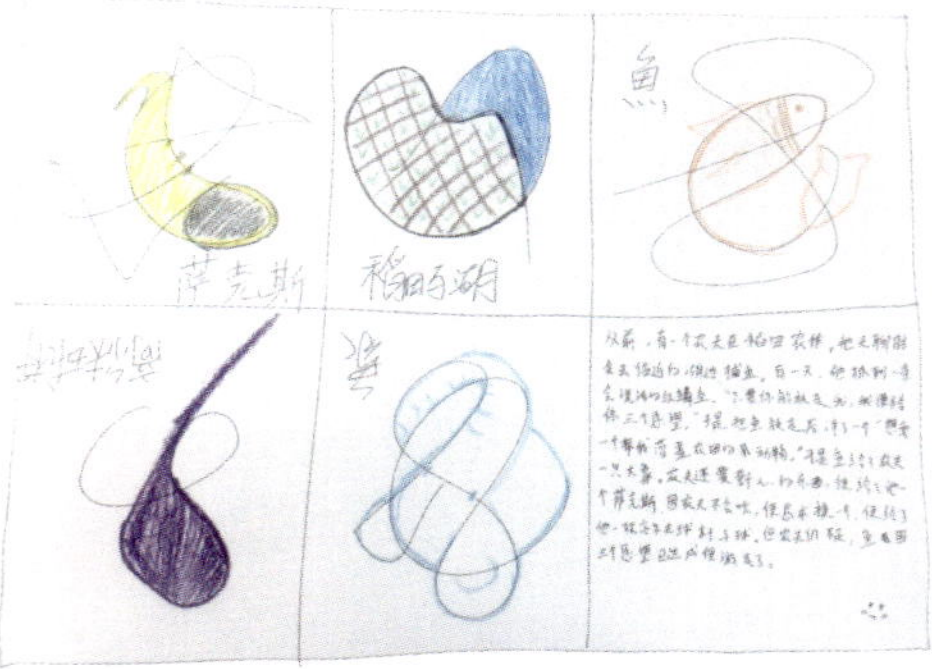

口絵11　第12章　写真５

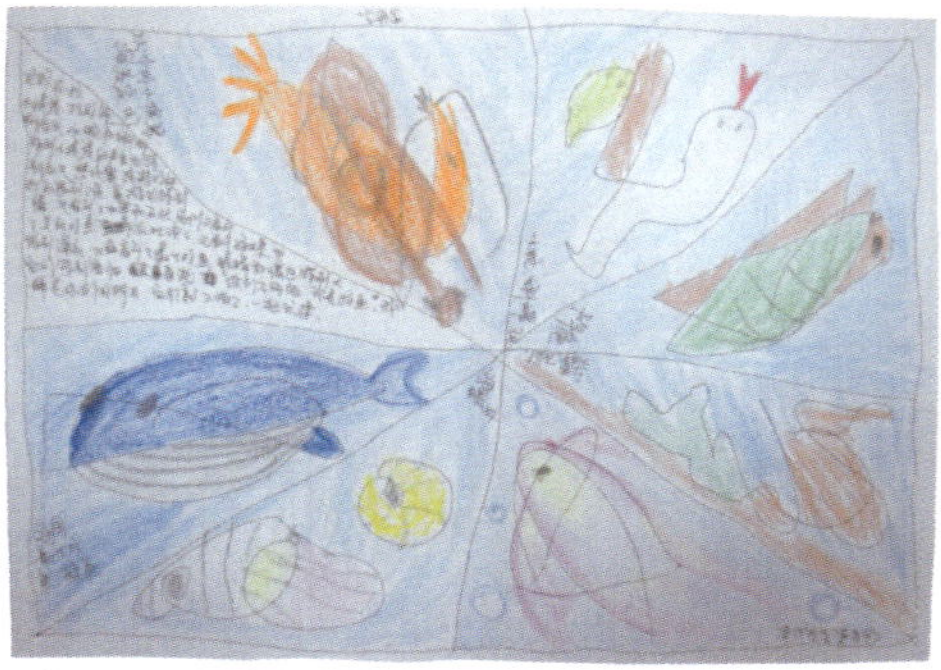

口絵12　第13章　写真３

MSSMへの招待

描画法による臨床実践

細川佳博・山中康裕 編

創元社

はじめに

本書は、表現療法の一技法であるＭＳＳＭ（Mutual Scribble Story Making：交互ぐるぐる描き投影・物語統合法）についてまとめたものである。本書の目的の一つは、この心理臨床技法についてご存知ではない方もおられるであろうことから、この技法の実施方法などの具体的な内容を伝えることである。この技法自体が臨床的に極めて優れたものであることは本編を読んでいただければすぐに理解されると思われるし、技法を紹介するだけでも十分なように感じられるかもしれない。しかし、本書の編集に携わらせていただくにあたり、私自身はある強い思いを抱いていた。それは、本書を単に技法を伝えるためだけの本にはしたくないというものであり、そして、大それたことと思われるかもしれないが、本当の意味で心理臨床に携わる方々の臨床実践に寄与するものにしたいという思いである。こうした思いには、もちろん理由がある。

近年、様々な研修会等で、方法論的な意味での技法習得に主眼が置かれた内容が多いように感じる。そして、そのような内容の方が参加者も多いように見受けられることがあり、個人的には、どこか残念な気持ちがいつも込み上げていた。これが今の時代のニーズなのかもしれないが、ひとまず手早く方法や技法を手に入れ、簡単に解釈が可能であることが好まれるように感じていた。しかし、実際我々が関わる〝こころ〟というものは、特定の方法を持ってくればすぐに理解ができたり、問題が解決されたりするような安直なものではない。方法や技法に加えて、そこに関わる心理臨床家の態度や姿勢が深く関わってこそ、クライエントたちが自らの心理的課題や困難さに取り組み、そのような中で自己治癒力が発揮されながら、一歩ずつ歩みを進めていくものだと、日々の臨床から感じている。こうした心理臨床の奥深さに本書が応えるためには、やはり実際にクライエントたちと深く関わった事例が重要な役割を担うのだと考えている。そして、ここに執筆してくださった各々の著者たちの力のこもった事例は、どれも心理臨床の奥深さの一端に触れるに十分なものであると感じている。これらの内容の濃い事例が提示されたことで、実践的な心理臨床の本になり得たのではないかと思うのである。

また、その事例の一つひとつに本法の創案者であり、編者でもある山中康裕氏のコメントが付記されたことで、技法としてのＭＳＳＭおよび臨床事例の理解に、よりいっそうの深みを与えていると思われる。さらには、日本に留まらず、海外での実践報告なども加わり、我々が〝こころ〟を考える上での視点の広がりと、理解の深まりを促してくれている。これらによって、ＭＳＳＭという比較的容易に実施可能な一技法が、いかに臨床場面で有効な技法として機能していくのかを事例を通じて見ていくことになるであろう。技法それだけでは十分ではなく、技法とそれを用いる者の態度や姿勢とが合わさり、初めて意味ある臨床技法になり得ることを、本書を読むことで感じて頂ければ幸いである。

いくぶん重々しい書き出しにはなってしまったが、ＭＳＳＭそれ自体は、〝あそび〟の感覚が重要であり、本編を一読されればそのこともすぐにご理解いただけると思われる。この技法は治療的〝あそび〟空間をもたらしてくれるのである。治療的〝あそび〟は、もちろん〝おあそび〟のようなものではなく、凝り固まった心的状態に、〝ゆとり〟を与えてくれる。クライエントたちにとってはもちろんのことであるが、セラピストやカウンセラーにとっても〝あそび〟感覚は大切であり、読者の方々には本書に触れながら、自分の中の〝あそび〟感覚にもさらに開かれてもらえればと思っている。いずれにせよ、ＭＳ

SMを通じて、改めて臨床的な意味での〝あそび〟を感じ、考えていく機会にもなればと考えている。

最後に、本書を出版するにあたり、本法の創案者であり、編者でもある山中康裕先生に依るところが非常に大きい。編者というまったく初めての大役を与えてくださったことを、心より感謝しております。そして、ご多忙の中、執筆を快く引き受けてくださった著者の先生方にも、深く感謝しております。また、本書の企画段階から関わってくださった創元社の渡辺明美様、主に編集を担当してくださった小林晃子様。お二人のお力がなければ、このような短時間で出版に至ることができませんでした。心より感謝いたします。多くの方々のお力により出来上がった本書が、一人でも多くの臨床家の目に触れ、延いては多くのクライエントたちに還元されることを切に願っております。

編者　細川佳博

目次

MSSMへの招待

❖描画法による臨床実践

1

総論 MSSMの成り立ちとつくり

細川佳博

1 ❖ はじめに

MSSM（Mutual Scribble Story Making：交互ぐるぐる描き投影・物語統合法）は、山中康裕（一九八四）によって創案された表現療法の一技法である。この技法は、創案者である山中自身の実際の臨床の中から生み出されたものであり、セラピストである山中自身の事情（詳細は、第14章の「MSSM覚え書き」を参照）も加わっており、机上の空論ではなくセラピストとクライエントの日々の現実から生まれているという点で、きわめて臨床的な技法であると筆者は考えている。今現在では、いくつかの変法もあり、技法としての柔軟性も応用性も高い方法ではあるが、まずはこのMSSMの実施方法を少し詳しく説明する。

●**用意する物：**画用紙（八つ切り、あるいはA4）、サインペン、彩色用に使うクレパスなど。

●**実施方法：**最初にセラピストが、クライエントの前で、画用紙の端から五〜八ミリ程度の幅のところにサインペンで枠を描いていく。

そして、枠付けが施された画用紙をクライエントに渡し、六〜八コマくらいに枠の中を区切ってコマ取りをしてもらう。これは、どのようにコマ取りをしてもらってもよく、クライエントが自由に行ってよいことを伝えておく。

コマ取りされた画用紙を間に挟み、まずは順番を決めるためのじゃんけんを行う。本来はこれで先攻後攻を決めるわけだが、まったくもって初めての場合は、セラピストがじゃんけんに勝っても負けても、「勝った！」「負けた！」と言いながら、筆者は結局先攻となることが多い。なぜなら、クライエントにとってはこれから何が始まるのか言葉ではいま一つ事情が飲み込めない場合もあり、セラピストが実際に先にやってみることで、クライエントが事態を理解することもあるからである。そして、そもそもじゃんけんを行うこと自体が、セラピストとクライエントの二者のコミュニケーションにもなっていることを山中はMSSMのワークショップの中で述べており、筆者もそれに賛同している。

ここからはセラピストが先攻ということで話を進めていく。セラピストはコマ取りされた中から好きな一コマを選び、そこにぐるぐる描きを施す。そして、クライエントに渡す。

クライエントは、このぐるぐる描きを見て、〝こんなふうに見える〟というものが出てきたら、それにクレパスなどで彩色し、絵にしていく。

交代して、今度はクライエントが好きな一コマを選び、ぐるぐる描きを行った後、セラピストに渡す。セラピストはクライエントのぐるぐる描きに何かを見立て、同じように彩色して絵にしていく。こうしたやりとりを最後の一コマが残るまで続けていく。

最後に残った一コマに、これまで出てきたアイテムをすべて一度は登場させて、クライエントに物語を作り書き入れてもらう。これはクライエントが自ら書き入れてもよいし、クライエントの話を聞きながらセラピストが書き入れてもよい。

以上のような流れである。その後、出来上がった作品についてお互いに感想を話し合ったり、眺めながらこの世界に思いをめぐらせたりすることもある。いずれにしても、セラピストが無理に解釈を押しつけたりせずに、表現がなされていく過程を大切にしていくことで、クライエントもセラピストもこの方法に守られながら、さらなる表現と治療の可能性を展開していくことになる。

2 ❖ MSSMの成り立ちの背景

すでにMSSMの実施方法の中でも明らかであるが、この技法は結果的にはクライエントに絵を描いてもらう技法である。しかしこの「絵を描く」という技法は、例えばHTP、バウムテスト、風景構成法等々、臨床技法としては数多く存在するが、実際に面接場面であれ心理検査の場面であれ、クライエントやテスティーに画用紙を差し出したことのある人なら、どれほど多くの人たちが気乗りのしない表情を示すのか、決して想像に難くはないであろう。山中（二〇〇五）は、「この世に住む人たちのほぼ半分は、『絵など大嫌い』で、絵を描こうと言っただけで、そそけだつくらい、嫌悪感を露わにする人たちがいる、ということを忘れてはならない」と述べている。確かにその通りだと感じる。ましてや臨床場面で出会う方々は、「絵を描きたい！」という人の割合がさらに少ないように感じられる。大半が画用紙を差し出すと、「絵ですか……」と表情が曇り、できれば描きたくないのである。そもそも、何かしらの問題を抱えてセラピストと出会うことになるクライエントたちは、相談にやってくるだけでも一苦労の場合も多く、そこに加えて苦手な絵を描かせられるとあっては、いったい何をしに来たのか分からなくなってしまう。そして、こうした場面で絵を描くことを要求されるとき、「きっと自分の心の中を探られるに違いない……」と思ってもまったく不思議ではない（少なくとも筆者ならそう感じるのだが）。

こうしたある意味きわめて侵襲的な体験の可能性が、描画などの表現技法に内在されていることは、どれほど心がけようとも払拭しきれないところがある。そうであるならば、山中が指摘するように、こうした点をわれわれは決して忘れてはいけないのである。いずれにせよ、クライエントたちは様々な思いを抱えながら、きつかったり、しんどかったりしながら来談するわけで、クライエントもセラピストを「この人はどんな人なのだろうか？」と見定めているところは大いにある。クライエントとの信頼関係をあえて築きにくくすることは、心理臨床家として避けたいところである。

それでも描画などの表現技法が、きわめて治療的に機能することも私たちは知っている。心理臨床場面においては、「遊び空間を失っているクライエントに、『ゆとり』を取り戻す」（山中、一九九八）ことが目的でもあるわけで、治療場面でいかにクライエントたちと「遊び空間」や「ゆとり」を展開していけるかが重要である。この時、セラピストとクライエントが治療的に「遊び」を展開し、その「遊び」の中でクライエントがいかに自由かつ安全に自己表現を行っていくのかが求められる。こうした点において、表現技法は治療的役割を果たすのであるが、可能な限りクライエントに侵襲感を与えないような設えは必要になる。このような治療的感覚と必要性を背景として、ＭＳＳＭは生起してきたと見ることができる。

そして、ＭＳＳＭはこの一技法のうちに、多くの歴史的背景と治療的要素が組み込まれているため、この技法がどのようなつくりになっているのかを次に見ていきたい。

3 ❖ ＭＳＳＭのつくり

さて、ここでＭＳＳＭの構成要素を見ていきたい。これらを見ていくだけでも、この技法がいかに治療的配慮のもとにつくられているのかが分かるであろう。実施方法の順に従って進んでいく。

1 「枠付け法」（中井、一九七一）

ＭＳＳＭにおいて、最初にセラピストが画用紙に枠付けを行っている。この方法は、中井が「河合隼雄は分裂病者の箱庭療法の際に、病者がまず外枠に沿って柵をめぐらすことをひとつの特徴として挙げた」ことに示唆を受け、描画表現の際に実践された方法である。この枠付け法によって、「描画空間をいわば〝励磁〟して構造化する」ように、表現の場として設えられ、表現を容易にするものである。

ただ、他方では表現を容易にするがゆえ、時にクライエントを「ワナにかけ、内面の表出を強いる」ことになることもある。このような二面性をもつ方法ではあるが、どちらに転ぶかはセラピストの態度や、クライエントとの治療関係によるところが大いにあることは、強く心に留めておきたい。

2 「空間分割法」（中井、一九七三）

岸本（二〇〇五）も指摘するように、ＭＳＳＭには「空間分割法が内包」されている。枠付けされた画用紙のコマ取りがそれにあたり、クライエントの見立ておよび治療として捉えていくことが可能でもある。

中井は、空間分割能力に関して、統合失調症患者の描画の治療的適応における標徴として取り上げている。すなわち、空間を分割することがきわめて困難な場合、病態としても決して楽観視できない状態を想定する必要もあると考えられる。

また、統合失調症ではないとしても、空間の分割の仕方は、クライエントの緊張感や性格傾向を垣間見せてくれることも多々あり、そうした意味でも見立てとしても、きわめて重要な示唆を与えてくれるとみることができる。

3 「なぐり描き法」(ナウンバーグ、一九六六)

そもそも絵を描くことを得意とはしないクライエントに対して、いかに嫌悪感や侵襲感を強めずに自由な表現を促進するかということには、かなりの工夫が必要とされる。その一つの方法として「なぐり描き法(Scribble technique)」がある。創案者であるナウンバーグ(Naumburg, M.)は、クライエントたちに「無意識に属する夢や空想や抑圧されている感情の解放をして、これをイメージとして表現しやすくする方法」として、イメージ表現の治療的側面について認識しつつ、その実践的方法として「なぐり描き法」を行っていた。

この方法では、用意するものとして、大きな紙とパステルかポスターカラーが挙げられている。以下に、少し長いが実際の方法を引用する。

> 患者にはまずちょっと体操をして体の緊張をほぐすようにいうが、これは伸び伸びと絵が描けるためである。次に、パステルまたは鉛筆を紙にずっとつけたまま、意識的に計画など一切立てることなく、流れるような一続きの線を即興的に描くようにという。このような自発的な線は不規則なパターンを示し、紙上で何度も交差するはずである。それからなぐり描きのパターンを眺めるようにといい、構図や模様でもいいが、できれば対象、人物や動物あるいは風景を暗示していることに気がつかないかときく。紙の元来の位置から何もヒントが浮かばなかったならば、紙を回して他の三方から見るようにという。次に暗示されたイメージの部分部分をはっきりとさせたり、修正するように加筆するようにという。

また、この方法は、患者自身が描いた「スクリブル（Scribble）」に、患者自らが投影を行っていくという点が特徴的と言える。

4 「スクイッグル」（ウィニコット、一九七一）

出来上がった作品だけを見ると、「なぐり描き法」との差が分かりにくいところもあるが、「スクイッグル（Squiggle）」はセラピストとクライエントによる交互法である。創案者のウィニコット（Winnicott, D. W.）は「まず私がスクイッグルを描き、彼がそうしたければ、そのスクイッグルを何かに変えることができる。次に彼が私が何かに変えるスクイッグルを描くのだと教えた」といったような教示を行い、これを何度か往復していた。

ウィニコットは、この方法を「子どもとコンタクトをつけるため」に用いていると説明しているが、そもそも精神分析家でもあるウィニコットにとっては、子どもたちとのこのやりとりが単に「コンタクトをつけるため」だけのものではなく、子どもたちの背景や様々な理論と関連させていくことで、きわめて治療的に意義深いものとして取り扱われていったと考えられる。それでも、ナウンバーグの方法と比較すると、一枚の作品を作るというよりは、セラピストとクライエントとのやりとりの妙に重点が置かれている点で特徴的であり、二つの方法は似て非なるものと捉えることができるだろう。

これら二つの方法は、ぐるぐる描きに何かを見つけていくという、もともとは子どもの遊びということもあり、「絵を描いてください」と教示されながら絵を描くよりは、いくぶん構えずに取り組みやすくもあるだろう。その点においては、表現を求められるクライエントに配慮された方法であると言える。

5　「相互限界吟味法を加味したスクイッグル法」（中井、一九八二）

中井は、統合失調症の患者の治療に、ウィニコットのスクイッグルを応用した。それは、患者たちの「微分感覚」からくる過敏さゆえに、不安を与えないようにとの配慮からさらなる工夫がなされ、実践された方法である。

この方法では、例えば受け手となる治療者が投影したものを口にし、患者にもそれが見えるかどうか尋ねていくというものである。これによって、患者が受けとれる内容を返し、心的負担を最小限度にしようとした。ここで言う「限界吟味法」はロールシャッハテストにおける限界吟味法からの援用であるが、ロールシャッハテストの場合は見えていたかどうかの可能性を確認するための作業であり、時としては本人が避けようとした内容に直面化させ、不安を喚起することも想定しておく必要がある。しかし、中井のこの方法では、それとは逆に、特に敏感な患者たちに対して最大限の配慮をするあり方として、特に治療的な方法と言えよう。

6　物語統合

ＭＳＳＭの最後として、物語をクライエントに作ってもらうことになるのだが、この作業を山中（一九八四）は、「無意識界から取り出した（投影された）諸々の内容物を、意識の糸で縫い合わせること」と説明し、この点がこれまで挙げてきた臨床技法に加えたＭＳＳＭのオリジナル部分でもある。すなわち、最後にいくぶん自我関与を強めて言語化することの必要性を述べている。この点に関して山中（二〇〇五）も、賛否があったとしながらも、「物語を創出することで、別のイメージ空間を創出しうる利点もある」としている。

また、筆者としては最後に物語作りを行うことは、低下した意識水準を日常的な意識水準に高める上で重要と考えている。これは、クライエントたちの現実生活に配慮してのことであり、例えば、意識水準が低下した状態で面接室を後にし、事故に遭ったり、トラブルに巻き込まれたりすることを避けるためにも大切なことであると感じている。

4 ❖ おわりに

ここまでMSSMについて、その成立や構成要素について説明してきた。最後に出来上がった作品について、「どう解釈するのか?」ということが問題にあがりやすいため触れておきたい。

創案者の山中（一九九三）は、解釈は意図しておらず、セラピストはクライエントの作品を深く味わいつつ、ときに、連想を聞いていくのがよいとしている。そして、「ときには、治療の最中から、その意味するところがイメージとして治療者に深く伝わってくる」ことも多く、クライエントの理解が深まっていくのである。いずれにせよ、「遊び」の側面を忘れて、知的な解釈をすることに躍起になり、クライエントとの間に生じる治療的な流れを阻害することは、厳に慎みたいものである。

実際に治療場面でどのように用いられているのかについては、次章以降の臨床事例を参照されたい。事例を読んでいく中で、MSSMが治療全体を守ってくれているような感覚さえ受けるかもしれない。確かにMSSMが優れた技法であることは間違いないことであるのだが、それを用いるセラピストたちの姿勢にも是非注目してもらいたい。クライエントとセラピストが出会い、セラピストの臨床的態度によってMSSMが用いられるとき、真に治療的な力が発揮されると強く実感している。

〔文　献〕

1——岸本寛史「d－MSSM（double Mutual Scribble Story Making）法の治療的要因の検討」富山大学保健管理センター紀要　学園の臨床研究、4、三一～四四頁、二〇〇五

2——中井久夫「精神分裂病者の精神療法における描画の使用——とくに技法の開発によって得られた知見について」芸術療法、2、七七～八九頁、一九七一（『中井久夫著作集1巻　精神医学の経験　分裂病』岩崎学術出版社、一七～四三頁、一九八四）

3——中井久夫「精神分裂病者の寛解過程における非言語的接近法の適応決定」芸術療法、4、一三～二四頁、一九七三（『中井久夫著作集1巻　精神医学の経験　分裂病』岩崎学術出版社、八三～一一四頁、一九八四）

4——中井久夫「相互限界吟味法を加味したSquiggle（Winnicott）法」芸術療法、13、一七～二一頁、一九八二（『中井久夫著作集2巻　精神医学の経験　治療』岩崎学術出版社、二三六～二四五頁、一九八五）

5——Naumburg, M. (1966) *Dynamically Oriented Art Therapy: Its Principles and Pracice*. New York: Grune & Stratton.（M・ナウムブルグ『力動指向的芸術療法』中井久夫監訳、内藤あかね訳、金剛出版、一九九五）

6——Winnicott, D. W. (1971) *Therapeutic Consultations in Child Psychiatry*. London: The Hogarth Press.（D・W・ウィニコット『子どもの治療相談1　適応障害・学業不振・神経症』橋本雅雄監訳、岩崎学術出版社、一九八七）

7——山中康裕「箱庭療法と絵画療法」〔佐治守夫他編〕『ノイローゼ——現代の精神病理　第2版』有斐閣、七五～九一頁、一九八四

8——山中康裕「コラージュ療法の発展的利用——MSSM＋C療法の紹介」〔森谷寛之他編〕『コラージュ療法入門』創元社、一二三～一三五頁、一九九三

9——山中康裕「個人心理療法（精神療法）と芸術療法」〔徳田良仁他監修〕『芸術療法1　理論編』岩崎学術出版社、三九～五五頁、一九九八

10——山中康裕「絵画療法論考（その3）——スクリブルからMSSM＋C法の開発まで」『こころと精神のはざま』金剛出版、一〇五～一一二頁、二〇〇五

2

清楚な美しい人

MSSMの事例（1）

山中康裕

1 ❖ はじめに

MSSMは京都の街中での通常外来の中から、ごく自然に生み出されたものである。当時、私は、総合病院で一日四十人ほどの患者さんを診ていた。ウィークデイは京都大学の教官としての仕事をこなしていたが、土曜日の外来の日は、私が京大の教官であることなど、その総合病院の院長以外には誰にも知らせていなかったから、看護婦（今は、看護師と名称変更）さんも、通ってこられるすべての患者さんも、そのことをまったくご存知なかった。だから、私としても、患者さんにとっても、出会いはいつも新鮮であり、お互いにとって、幸せなことであった。

ほとんどは、ごく普通の患者さんたちであったが、中には、何人かの子どもたちもまじっていた。当時京大では、私は児童精神医学や臨床心理学の専門家として遇されていたが、この外来では、何でも屋、つまりオンデマンド（自由通院）で通ってこられる精神科のすべての患者さんの医師であった。だから、精神分裂病（今は、統合失調症）・うつ病・てんかんといった精神病水準（psychotic level）から、神経症やヒステリーなど神経症水準（neurotic level）や心身症水準（PSD level）、性格異常（今は、発達障害）の方々まで雑多であり、子どもも、自閉症・思春期危機・神経症性発症・精神遅滞（知的発達異常）まで、実に、いろいろであった。

当然ながら、狭い精神科外来の診察室であるから、箱庭療法の用具こそ整えたものの、子どもの遊戯療法など、どだい不可能であった。おもちゃ棚は通常はカーテンをかけて、それと分からないようにしていたし、箱庭も、キャスターをつけて移動可能な工夫もしていたが、四十人の患者さんが待っておられる中では、なかなか、これにも取りかかれなかった。

2 ❖ MSSMの発明

そこで、短時間でできて、しかも、遊戯療法や箱庭療法と同等の治療力のある方法が希求された。MSSMは、そうした中で案出したものなのである。

以前から私は、子どもに限らず、大人にも絵を描いてもらう、いわゆる《表現療法》をよく用いていたが、そうした中で、絵画療法に関わる世界的な文献に目を向けさせてくださったのは、畏敬する中井久夫先生である。先生は、アメリカのナウンバーグ(Naumburg, 1966)のスクリブル(Scribble)や、イギリスのウィニコット(Winnicott, 1971)のスクイッグル(Squiggle)をいち早く紹介され、ご自身も、統合失調症の患者さんに、後者を適用する際の注意点から、ご自身の変法(中井、一九八二)を試みておられたが、私はそのいずれにも深く興味をもった。

中でも、ナウンバーグの方法には感心した。私も臨床の場で「絵を描くね」と言ったとたんに拒否反応を示す子どもがいるのに気づいてはいたが、それは、一にかかって、それまでの周囲(特に親兄弟や教師)に、「あんた、下手だねえ」などと言われた苦い経験をもつ子どもたちなのである。元来、絵に上手・下手はない。一般に「上手」と言われる器用な子は確かにいるが、例えば、アフリカなどでは、いかに日本で上手と言われる子が描いたものでも、例えば「サル」や「サイ」を描いたとして、前者なら「おでこから鼻にかかるあたりの微妙なカーブ」がきちんと描かれていなければ、サルとして認知されないし、後者なら「前角と後角の間の微妙なカーブ」が描かれていなければ、サイとは認知されない。つまり、アフリカ基準では、こうしたものが描かれていないものはすべて「下手」なのであって、「上手」とは決して言われない。ゴヤ・ヴェラスケス・フェルメール・クールベ・レンブラントなどのいわゆる写実画と同じく、カンディンスキー・ゴッホ・シャガール・ミロ・モンドリアンなどの作品は、各々まったく違った描き方なのだが、いずれも、優れて美的だと美術としては認められても、こと子どもの絵になると、上手・下手を一方的に判断するのは間違っているのだ。そういった、上手・下手を捨象する手段として、ナウンバーグ女史のスクリブルは、とても優れた方法なのである。

なぜなら、ぐるぐる描きというまったく余計な線が入り込むため、通常の意味での上手・下手から即座に解放されるからだ。ただし、スクリブルは、自分が描いたぐるぐる描きに自分が彩色して絵を完成させる一枚法であり、精神分析的な解釈を加えるという点で確かに治療的にはなるが、その点、ウィニコットのスクイッグルは、治療者と患者が交互に参加するという、ミューチュアルな、つまり、「交互法」「参加法」であることで、いちだんと治療的に優れている。

3 ❖ 交互スクリブル

私がMSSMに託したオリジナルな点は、いくつかある。まず、なぜ「交互スクリブル（Mutual Scribble）」

と言って「スクイグル」と言わないかといえば、スクイッグルは、あれで完結した一つの治療法であって、ウィニコット独自のものだからだ。ただし、あの方法だと、一人のクライエントで一日に十何枚もの絵がたまる。私などのような、「整理まるでダメ男」では、後で、どれが誰の絵か、どの順番で描いたか、とんと見当もつかず、よって整理がつかなくて、まったく困ってしまう。だから、画用紙一枚にまとめ、「一枚法」での「交互スクリブル」へと治療的に改変したのである。さらに工夫したのは、せっかく「投影法」で無意識から取り出してきたのだから、もう一度「物語」を作って、格好良く言えば、「無意識から取り出したものたちを、意識の糸でつなぎとめる」方法とした点であろう。かくして、MSSMが完成したのであった。これは、すぐれて《遊び》を喚起し、この《ゆとり》のない時代に、それらを復活せしめたという意味でも出色なのである。実は、このことこそが、この方法を治療的にしたのであり、忘れられかけていた《自己治癒力》(今ではリジリエンスなどと言うが、まったく同じことだ)を呼び覚ますことが、その隠し味なのである。

なお、MSSMの最初の文献は『ノイローゼ　第2版』(佐治守夫他編、有斐閣、一九八四)であるが、創案したのは、その二年前の一九八二年であり、初めて文献上で顔を出したのが一九八四年だった、というに過ぎない。このことは、中井久夫先生の風景構成法が、文献上は一九七〇年に『芸術療法』誌に現れるが、その創案は河合隼雄先生の箱庭講演を聞いた一九六九年だったというのと軌を一にしている。

4 ❖ 事例　星野詩絵、十六歳、高校生、摂食障害

ここから、摂食障害の一例を掲げる。彼女は、星野詩絵(仮名)といい、十六歳の高校二年生であった。

父、星野高義氏は、四十五歳の会社社長で、奥様によれば、「すごい子煩悩な人で、子ども二人をよく可愛がった」という。この奥様、つまり詩絵の母、詩乃は三十九歳。小料理屋の女将であり、結婚前からこの仕事についていた。「優しいが、やり手の働き者」というのが、クライエントからの批評である。また、詩絵には、兄・高志、十七歳、高三がおり、母親からは「賢く欠点のない子。学業優秀で、とってもいい子」ということだった。

ある年の四月、「ご飯が食べられない。食べても吐いてしまう。急激にやせてきた」を主訴に、私のところを訪ねてきた。通常は、身長百六十四センチで、体重五十九キロだったのが、この一か月で十二キロ体重が減少し、今は四十七キロだという。彼女は「すらっと背丈も高く、今はやせてはいるが、おそらく清楚な美人で、語り口も穏やかで、落ち着いた人」という臨床像であった。

病歴をきいてみると、「学校のテストの際に、友人がカンニングをしたのを咎めたら、かえってまわりから顰蹙を買ったということがあった。以来、級友が彼女に辛くあたる、という《いじめ》があり、以後、食事を食べなくなった」という。

小学校以来、祇園の舞妓に憧れ、琴・三味線など伝統的な芸事を習っていたというが、八歳の時に、台風で上から落ちてきた瓦に当たる、という不慮の事故に遭い、左腕を骨折してしまった。それで、左の指がうまく動かなくなり、舞妓になることをあきらめねばならなかった。そこで、その夢はあきらめて、今度は歌手になろうと音楽を始めたらしい。

当初は、上に述べたような生活歴を淡々と話していたが、ある日、彼女は、「こんなことを話しているよりも、何か、自分の手でできることがしたいの」と言い出した。それで、躊躇うことなく、私は、このMSSMを提案したのである。ただし、【物語】の方は、彼女の申し出で、一週間家に持ち帰って、ノートに書いてくる、ということになった。

#1（四月二十七日）

セラピストのぐるぐる描きに、クライエントは「カタツムリ」を見出した（クライエントは、このカタツムリを彼女の物語の主人公にして、「僕」という一人称で呼ぶ）。ついで、クライエントのぐるぐる描きに、セラピストは〈花飾りの女の子〉を見出した。次に、セラピストの線にクライエントは「笑ってる狐」を見た。そして、セラピストはクライエントの線に〈林檎売り〉を見出した（彼女は、物語の中では、彼を「ダム君」と呼んだ）。クライエントはセラピストの線描きに「アパート」を見出した（写真1・口絵1）。

◈物語：《ある、晴れた日だった。僕（カタツムリ）は、「でも、きっと雨が降るはずだよ」と思っていたんだ。人びとは、アパートのベランダで、洗濯物を乾かしていたよ。真っ白なワイシャツやらシーツやらが干されているのが見えるよ。僕は、アパートの外壁をのぼっていたんだ。僕

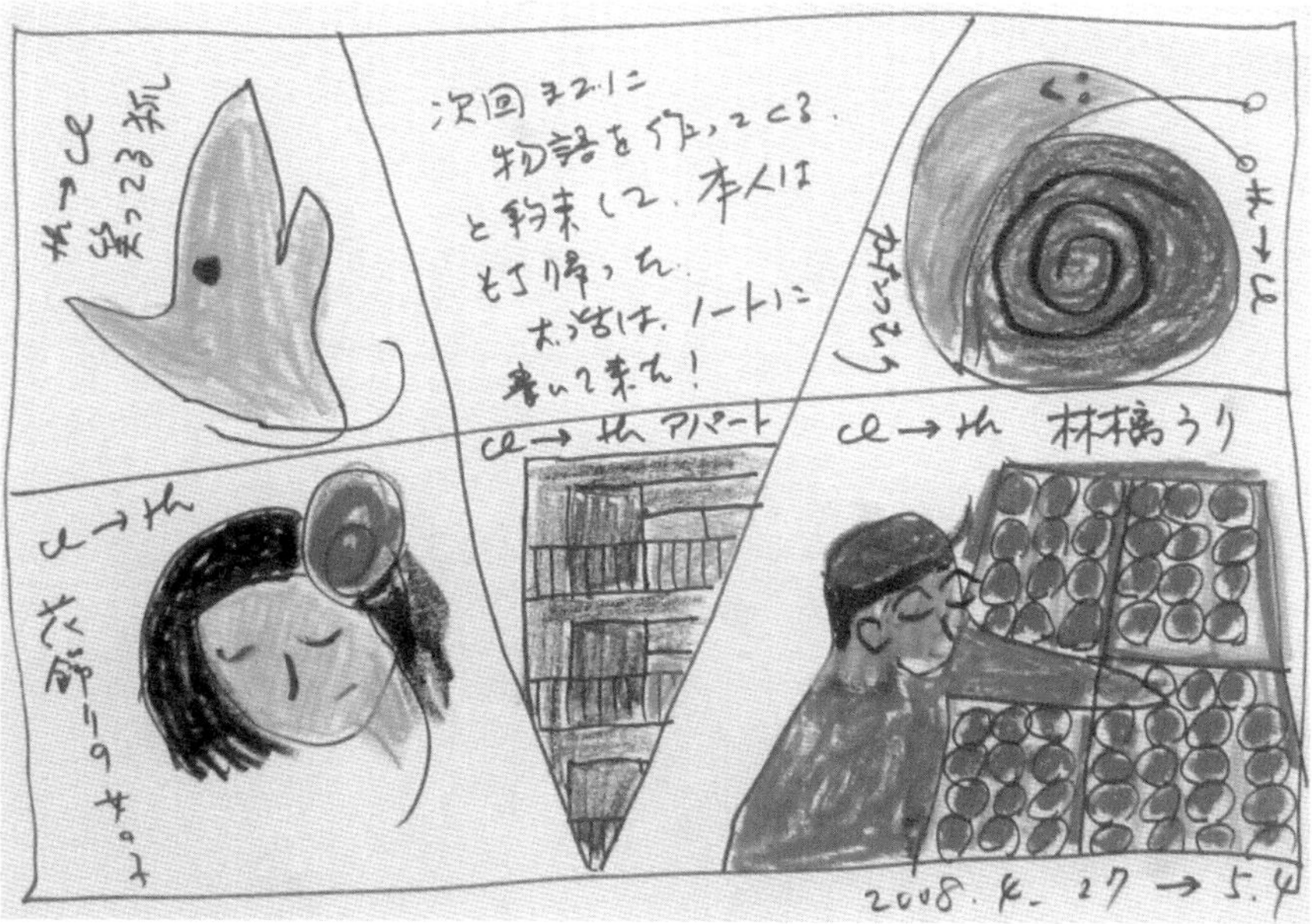

写真1

はいつもは、ここから遠くの森に住んでいたのさ。

ある日、木の枝にのぼって寝ていたんだけど、ふと、落っこちてしまったんだ。気がついたら、僕は、何かに乗っかって動いているじゃないか。僕は、なんと、ダム君の肩の上に乗っかっていたんだ。それが、僕が森にサヨナラも言わずに、アパートの屋根にやってきた理由なんだ。

僕は、森に住む方が好きなのさ。鳥たちがやってきて、歌を歌うし、アリやミツバチたちがせっせと餌を運んでいるのを見るのが楽しいいし、木の枝にとまって、虫たちのさえずりを聞くのが好きで、僕自身はほとんどしゃべったことはないんだ。

僕は、彼〔狐〕はきっと今も森で笑って暮らしていると思うよ。彼の笑い声が聞こえないのが残念だけど、僕には、今こうして新しい生活が始まったんだし、ここの街って小さいけど、生き生きしているんだよ。ダム君は、決して、丸一日店にいないってことはないんだ。なぜって、彼は、この店に、いつも林檎を二つだけ買いにくる小さな女の子がいることを知っていたからなのさ。その女の子って、いつも、その髪に新鮮なお花をつけてくるんだ。

彼女、見かけたところ、十歳くらいに見えるけど、今のところ、まだ彼女にぴったりの名前が思いつかないでいるんだ。見てよ、その子がダム君のお店に、林檎を二つ買いに現れたよ。僕が思うに、彼が必ず毎日お店を開けるのは、その子のためだと思うんだ。一日のうち、たった五分くらいしか話さないのに、だよ。ここのアパートからは、彼らの会話は聞けないけど、彼は、よく心から笑っているし、彼女もくすくす笑っているんだよ。で、五分もすると、彼は、彼女の頭にそっと触れて、サヨナラを言うんだ。》

◈**この話を聞いて、私が感じたこと：**「何と生き生きしたお話を彼女は作ったことか！　確かに、彼女は表向きには摂食障害を病んではいるが、彼女の内面には、こんなにも生き生きした心が存在しているのだ」。
彼女の話を、私なりに少し解説してみると、私は「この話は、私と彼女の《関係性》に発しているに違いない」と思った。笑う狐や、心から笑うダム君と女の子の会話のエピソードからしても、それは確かだと思えたので、私は率直にこのことを彼女に言ったのだった。

#2（五月十一日）

彼女は私の線に「ジュゴン」を見た。彼女の線に私は〈手を優雅に動かしている女の人〉を見た。ついで、彼女は「バラの花とサボテン」、私は〈傘〉を見出した（写真２）。

◈物語：《この女性は、実は女神のヴィーナスなの。彼女は、誰か適当な人に「三つの違った人生を与えよう」と思ったの。選ばれたら、その人は、妖精に守られて、どの人生を選んでもいいの。
まず初めに、その人は、「ジュゴンとし

写真２

て生きる」ことを選んだの。そのジュゴンには、妹の、海の精の世話をするという使命があるの。彼は、生きやすい、静かな人生を生きたの。

ある日、彼は、深い海の中で真珠を見つけたんだけど、間違って、飲んじゃったの。でも、その真珠は、海の精の大切な宝物だったの。だから、彼は、汝の使命を終えねばならぬ、と言われたの。で、彼の最初の人生は終わったわけ。

女神が与えた、彼の第二の人生は、「薔薇として生きる」だったの。庭園に植えられた高貴な黄色い薔薇だったの。三歳の王女様が、その薔薇のとげに刺さって死んでしまったの。それで、王は怒って、その薔薇を切り落としてしまったわけ。薔薇自身は何も悪いことをしたわけではないのに、そういうわけで、この第二の人生も終わったの。

ヴィーナスが与えた第三の人生は、「サボテンとして生きる」ことだったの。それは、再び、とげのある人生を生きる、ってことだったわけ。》

◈この話を聞いて、私が感じたこと：彼女の話の中の主人公は、三回、行くところやなりたいものを選べたはずだった。でも、現実には、ヴィーナスこそが、彼の人生を選ぶことのできる、唯一の神だったのである。それが、当時、私にはよく理解できなかった。また、妖精は「あなたを守るよ」と言っているにもかかわらず、この主人公を守ることを何もしていないことにいらだった。よって、私は、この問題は、彼女の母親との、そして、ひいては私との《関係性》に問題がある、と捉えたのであった。

#3（五月十八日）

彼女からの線に、私は〈日時計〉を見つけた。私からの線に、彼女は「フラミンゴ」を見出した。私は〈雪を被った山と、ギターを持った少年〉を見出した。次に彼女は「チョコレート」を見つけた。ついで、彼女からの線に、私は〈昨年枯れたけれども、今年、再び芽を出した植物〉を描いた（写真3）。

◈**物語**：《山に春がやってきて、雪が溶けはじめた。山には大きな日時計がある。冬の間は、太陽の陽はささなかったが、今や、陽がさして、日時計が役に立つようになった。毎朝、十時ごろになると、少年がギターを担いでやってきた。彼がギターを弾くと、いつも、不思議にも日時計のそばにフラミンゴが空からやってきた。まるで、少年の音楽から、フラミンゴが舞い出てきたかのようだった。ある日、フラミンゴは、その日のチョコレートの材料をとりに飛び立った。それは、以前にはそこにはなかったもので、いかにもすぐに壊れそうに見えたのだった。彼が、明るい緑色のチョコレートを見たとき、ギターを脇に置き、寂しそうな目で尋ねた。「これって、山のふもとの野原に

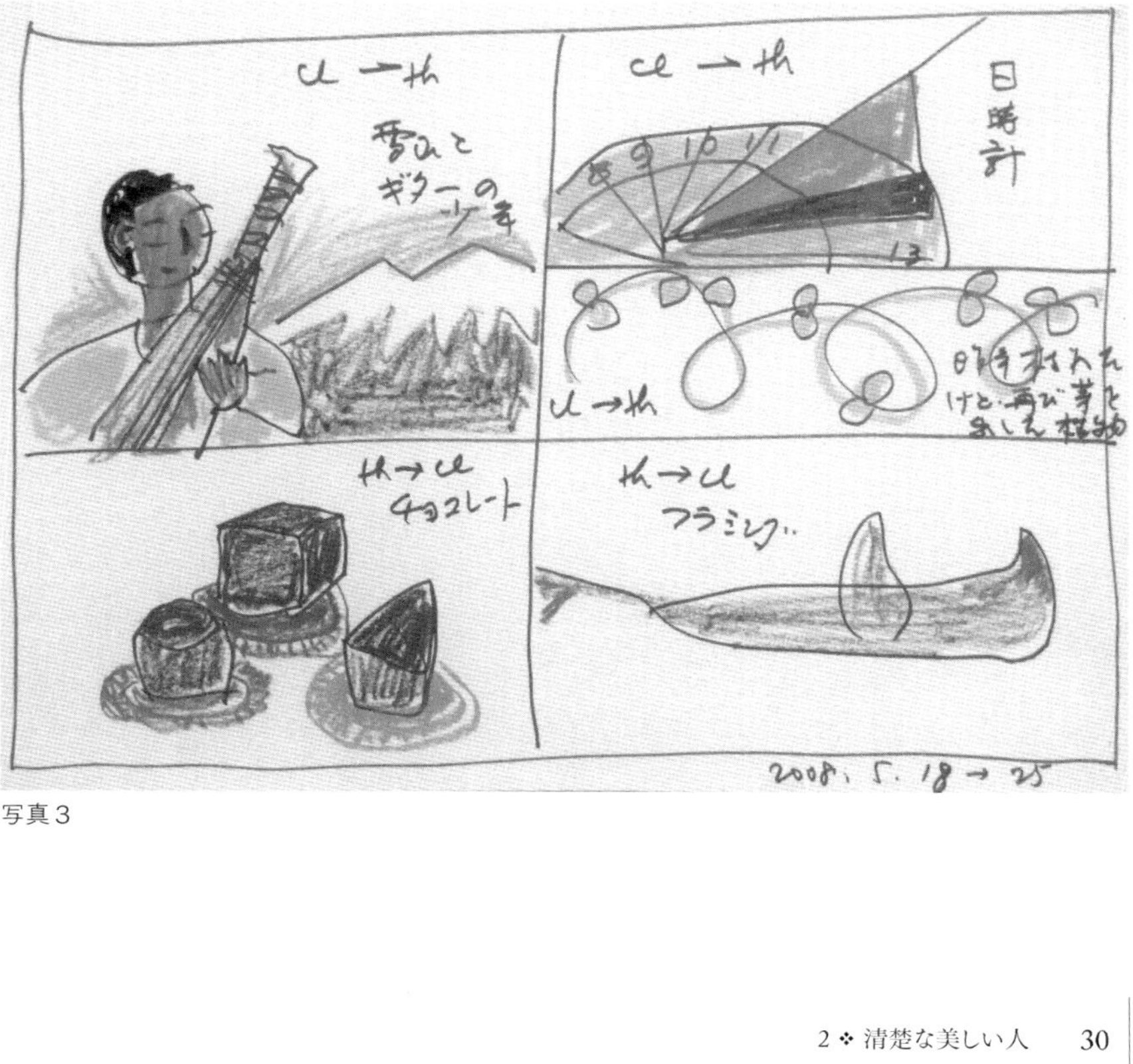

写真３

あった芽ではないのかい？」フラミンゴは「そうよ」と答えた。「今朝、その芽を見つけたんだ」彼はチョコレートをフラミンゴに返し、ギターを持って静かにそこを去った。彼は、それ以来、その日時計のところには、決してギターを奏でには現れなかった。フラミンゴは悲しみに崩れ、その涙は湖となった。湖の水は、少しばかり塩辛く、薄いピンク色をしているのだった。》

◈この話を聞いて、私が感じたこと：ほとんど死にかけていたところから生き返った植物、というのが私の投影したものだった。それは、彼女自身が、その後の人生を自分で発展させてほしい、と強く望んだからであった。しかし、物語の結末は「涙の湖」であり、この物語自体は、いわゆる、めでたしめでたし、の結末ではない。しかし、私は、彼女が「あきらめざるを得なかった、彼女の本来の姿」の《喪の仕事》を行ったのだ、というふうに考えるのである。当時はここがよく分からず、相変わらず通ってきてくれる彼女を訝しくも、しかし、いつも驚きと感嘆のまなざしで見ていたのだった。

ここでは、この新しい技法のイントロダクションとして、最初の三回分のみを提示したに過ぎないが、毎週、このように本当にクリエイティブな、実に生き生きとした話が、醸し出されていったのである。彼女の《後日談》は絶対に必要なので、いきなりだが、それを語る。彼女はその後も数か月、きちんと通ってくれて、結局は食欲も正常に戻り、当初思った通りの、とても美しい人となって、私のもとを去っていかれた。

それから数年後のことである。私は、偶然、電車の中に彼女の姿をみとめた。彼女はとても清楚で、しかもとても美しい人であったので、そのまま気づかなかったふうを装って、声をかけずに、その場を去るつもりだった。ところが、目ざとく私をみとめた彼女は、自らつかつかと私の方に歩み寄り、口を開いた。「先生、あの節には、本当にお世話になりました。今は、ある大学の芸術系の学部に通っています。

もうすぐ卒業です。卒業したら、就職するところがもう決まってるんです」と、屈託なく、その就職先も教えてくださった。そこは、彼女の希望でもあったし、しかも、これまでの彼女の経歴を生かした場所でもあったので、私は素直に喜び、彼女を祝福してお別れしたのであった。

［文　献］

1――中井久夫「相互限界吟味法を加味したSquiggle (Winnicott) 法」芸術療法、13、一七～二二頁、一九八二（『中井久夫著作集2巻　精神医学の経験　治療』岩崎学術出版社、二三六～二四五頁、一九八五）

2――Naumburg, M. (1966) *Dynamically Oriented Art Therapy: Its Principles and Praice*. New York: Grune & Stratton.（M・ナウムブルグ『力動指向的芸術療法』中井久夫監訳、内藤あかね訳、金剛出版、一九九五）

3――Winnicott, D. W. (1971) *Therapeutic Consultations in Child Psychiatry*. London: The Hogarth Press.（D・W・ウィニコット『子どもの治療相談1　適応障害・学業不振・神経症』橋本雅雄監訳、岩崎学術出版社、一九八七）

3 MSSMの事例(2)

豚と銃とスポーツカー——中二男子とのMSSM

細川美幸

1 ❖ はじめに

筆者は面接の中で表現療法を用いることが多い。中でもMSSMは出番が多い。画用紙、サインペン、クレパスを準備しておくと、どのような相談環境でもまるで遊戯療法さながらの体験ができる。そして、楽しい。主訴が分かりにくい、言語化が苦手、自分でも何が起こっているのかよく分からないというようなクライエントと出会い、出会い続けるときなど特にMSSMは活躍する。本事例全十一回の中でMSSMを七回実施したが、厳密に言うとそのうちの二回のみがMSSMである。その他の五回はクライエントの希望で最後のStory Makingがなされていない。MSSMの最後をどう収めるかについて、毎回クライエントが決めてくれるのだが、クライエントと面接者の数だけ可能性がある、応用性の高い技法の一つであるように感じている。MSSMは技法の中に柔軟性と創造性を内包している点がまた、非常に臨床的であると実感している。

また、本事例は学校臨床に携わった事例であるが、学校や教育という場における、MSSMの有効性も検討してみたい。

2 ❖ 事例の概要[*1]

クライアント：A君　中学二年生　男子

主訴：「人に迷惑をかけないようにしたい」「明るくしているといつの間にか問題行動をやっている」「暗くするとまわりから『つまらん』と言われる」「どうしていいか分からない」

相談環境：一回約五十分、校内の相談室にて

相談経緯：X年九月下旬、担任の先生より「自己を押し殺したり、爆発したりする。授業中にハイテンションになって、わけが分からなくなって、『さよなら』といつの間にか机に油性マジックで落書きをしたりした。本人は『今、ハイテンションになると何をしでかすか分からないから、抑えています』と言っている。ダメと言われても同じことをくり返す。勉強は中の上。天才的でひらめきがある子」と話がある。担任の先生はこのまま様子を見ようと思っているとのことだった。その後十二月上旬、「『自分はテンションが上がると何しでかすか分からん』ということでトボトボとしている。それがまた、あからさまで、わざとらしくもある。食後、教室から不在になる」とのこと。教育相談担当の先生から「気になる子だった。大丈夫か？と声をかけても、大丈夫です、としか答えない子。話を聞いてやってほしい」と言われる。次回の来校日に面接の時間を設定する。

3 ❖ 事例の経過

（以下、クライエントの言葉を「　」、筆者の言葉を〈　〉、その他の人の言葉を『　』で記す。）

#1（X年十二月）

教育相談担当の先生に連れられて入室。先生が『お前なあ、ニコニコニコニコしとるけど、ホントはいろいろここ（胸）ん中で考えとんのやろ？　大丈夫かって聞いても、大丈夫です、としか言わんけど、なあ？　カウンセラーの先生に聞いてもらってみい。なっ』とAの頭をクシャクシャッとしながら話し、『じゃあ、先生、私はこれで』と退室された。筆者は半分あっけにとられたが半分心強くもあり、そのまま退室されるのを目で見送って、Aに向きなおった。一呼吸置いて、〈……と、いうことだけど、本人としては、どうなの？〉「はい……」〈うん……〉「あのう……テンションを上げると……人からの注意が聞けなくなって……。明るくしているといつの間にか問題行動をやってしまっているんです。だからテンションを下げて暗く過ごそうとしているんですけど……。そうするとつまらなくて……。何度も同じことをくり返してしまう。怒られたのに、いけないって分かっているのに、やっちゃう。それで、また気がついたら自己嫌悪で……」〈例えば？〉「小学五年生の頃、ガラスを割ってしまって。テンションが上がってワー！って騒いで、廊下を走って、それで……」〈それで〉「友達や先生がやめなさい、って注意していたらしいんだけど、やめなくて。割っちゃった」。注意されているのは聞こえているが、「でもやめられない。普段だったら、分かることだけど、テンションが上がると、やめられなくなる」。そして、やった後、自分がやったことは覚えていて、その時の記憶も、ある。「あーいけないなーと思いながらやっている。やった後、なんでこんなことしたんだろう、って思う。それで、テンションが上がるといけないから、テンションを下げようと思ってるんだけど……」〈ん？〉ここまで聞いていた筆者は分からなくなり、〈とても正直すぎるだけのように聞こえるんだけど、テンション下げる必要は？〉と聞く。「ん……。人に迷惑かけたくない……」〈ああ、そういうことか〉「怒られると、ああ、もっともだなあ、と思う。なんでこんなことしたんだろう、って」〈ふうん〉「でも暗くしてるとまわりから『つまらん』って言われるし。自分も面白くなくて。どうしていいか分からなくて」〈そうか。どうしていいか分からない、かあ〉「はい……」。食後の不在時間は「隣の空き教室にいます」と答える。「いやあ……、なんというか、あの空間が耐えられない、というか。もともと食べるのは早いんですけど、食べ終わった後、班の人たちと、何をしゃべっていいか分からないし、どうしていいか分からなくて」とのこと。時間になり、〈今日、話を聞いて、自分一人で考えるには限界があるのかなあ、って思って。三月までだけど一緒に考えない?〉「はい……。そうします」〈また来週会おう〉「はい」。

◈筆者の感想等：ストレートすぎて生きにくさを抱えているような印象をもった。〝自分で自分のコントロールが難しい〟〝人との距離のとり方が難しい〟〝自分とどう付き合っていくか〟というところに大変さがあり、それが日常に影響を及ぼしているようだったので、一緒に考えることを提案した。本人が来談の意思を示したので、会っていくことにする。

#2

大晦日に小学校のときの友達数名と初詣に出かけた。その時に「一緒にいた友達から『暗い』って言われて。それで、それから頑張って明るくしようと思っているんだけど、なかなか……」〈頑張って明るくするの?〉「明るくしてた方が、楽しい」〈誰が?〉「自分もだし、まわりも。ただ、問題を起こさない限り」〈ああ……。ん……、それって、難しいね。明るいと楽しいけど、問題を起こしてしまうかもしれない、暗いと暗いで暗いままでいいとは思わない〉「はい」〈そりゃあ身動きとれない〉「はい……。なかなか明るくできない」と、〝暗い・明るい〟をくり返す。

#3

〈一緒に何か感じられるといいなあ、と思って〉と風景構成法に誘う。〈川〉をお願いすると、「……かわ？　ん～？」と言いながら、中央上部から二本の線を緩やかにカーブさせながら下方に描く。〈山〉「や、ま、……？　ん～？」。考えた後、中央上部の川の先端両端から、それぞれ左右に山を生み出し、山の頂上が川によって切断されたようになり、川が天に抜ける形になる。一つひとつ、「んー」「えー」と考えながら描く。道は左右平行に一本道、右端に大きな岩が道を邪魔し、岩の手前には「止まるな」の文字がある。「この先（岩の先）、崖」と言う。山のふもとに家、木、キリン一体があり、橋の上に人間一人がいる。関係を尋ねると、「この人はキリンを飼っている男。家は男の人の家。キリンは一人。一人アフリカからやって来た。友達はいない。男に飼われている。友達を見つける」ということだった。どこから友達を見つけるのか尋ねると、「動物園から」とのこと。田は「田植えの後」。男と、男の左下にいて川のそばに二本足で立ったウサギだけが無彩色なのは、「これだけは……塗らない方がいい、っていうか。……でもすごく大事、っていうか……」。感想を尋ねると、「山と川がおかしい」とのこと。

◈筆者の感想等：キリンの登場に、面白いと思った。しかし、キリンの状況とAの境遇が重ねられて、異国の地に一人でいる感じや、自由でない感じが伝わった。人とウサギの無彩色に対し、「でもすごく大事」と表現できるところにAの力を感じた。天に抜ける急降下の川にヒヤヒヤしたが、本人も「山と川がおかしい」と言うので、ある程度の現実検討能力を願った。魅力的なユニークさと危なっかしさの両面をもつAの表現だった。

#4

前回の川が気になり、もう一度風景構成法をお願いした。今回は川が前回より右側にずれ、右の枠線から穏やかそうな川が生まれた。左上遠方に描かれた山から道が右斜め下方に緩やかに続いている。川は「腰くらいの深さ。流れは歩く速さくらい。綺麗で眺める川。急なところも少しある」。左下に塀のある家と、その横に「梨の木」が一本立っている。でも梨の実は「家の人が取ったからない」。見えないが、家の中に「田んぼの世話をしている人」がいる。「三十歳くらいの男の人」〈どんな人〉「苗を植えたり、アウトドアだけど、家の中でテレビ見たり、ダラダラしてる」。一方、道に立っている人がおり、「十七歳男、旅をしてる。山道へのぼっている。仕事を都会でしに行く」という。右に続く道は「田舎」につながっているらしく、途中に「バク」がいる。〈夢を食う?〉「そう。小二くらいのときに(バクを初めて見て、強烈だった。怖かったけど、嫌いじゃなかった」と語る。夢の話から、「見る夢がある」という。「インフルエンザのときに見た夢。重力に逆らったら殺される、というか……。普通に家に一人いて、起きても続いているみたいな感じがする。自然界から排除される、というか……。自分はソファーにしがみついていて、でも、排除されそうになっていて、自分一人がそこにいる、誰もいない」と夢を教えてくれる。

◈**筆者の感想等：**全体の構成は健康度が増していた。その中でまた「バク」を描くAを面白いと思った。バクを見て「強烈」な印象をもつAの感性と、また、「怖かったけど、嫌いじゃなかった」と言う感覚を大事にしたいと思った。

#5

MSSM実施①：〈犬〉→「魚」→〈オットセイ〉→「ネズミ」→〈豚と銃〉→「ゾウ」(写真1)

◈**物語：**《人間は、生き物や植物を食べる。魚を食べたり、豚を太らせて銃で打って食べてしまう。人間は、虎やサメに食べられたり、寿命が来て死んでしまう。死んだら土になって、植物を育てて、植物は動物が食べてそれをまた人間が食べる。すべて回っている。地球が回るように。》

普段、筆者は風景構成法をレントゲン代わり[*2]のように、状況を見極めたいときに使用する。しかし、今回は風景構成法を二回実施し、そこに変化を見出したので、風景構成法がAとの出会う窓口になるのでは、と考えた。しかし、画用紙に枠を描き、〈じゃあ、……川〉と言うと、「えっ……、えー（笑）」と笑われた。〈あれ？〉「いつも同じ？」〈あ、違うのがよかった？〉「できれば。いやあ……、なんか同じだと芸がないというか」と、あっさり切り捨てられた。そこでMSSMを提案した。筆者が新たな画用紙に枠を描き、その枠をAに七マスに分けてもらった。筆者はたいてい奇数に分けてもらうようにしている。理由は、割り切れない形をクライエントがどう作るのかが楽しみでもあり、見立てにも活用できるからである。Aは個性的に七マスに切り取った。じゃんけんをして先攻後攻を決め、彩色後はお互いに何を描いたか当てながら続けた。Aはぐるぐるぐるぐると長く線を描いてい

写真１

た。一マス残し、彩色を全部終えて、〈これから物語作るの。この動物たち登場させて〉と筆者が言うと、「物語かあ……。全部じゃなくていいですか」と言い、「（人間は……）」と一気に物語を書き終えた。書き終えて一緒に眺めた。しばらく眺めた後、〈ふうん……、なんか、コレ（物語）読んでこっち（絵）見ると、みんな（動物たち）、もの言いたげやね〉「うん。……コレ（物語）がなかったら、なんとも思わんかったけど、コレがあると違う……。なんか、言いたそう。切ない」。Aが画用紙の裏に日付を書いているとき、〈あ！　今日、ニクの日だ（二月九日）〉「わ！　わあー、こ、こんな日にこんなこと……」〈共犯だね〉「はい（苦笑）」というやりとりをした。

◈先生からの情報：この回、面接が始まる前に、Aの学年の先生から『今日もA君をお願いします。最近、ちょっと元気になってきました。へこんでからも、そのままずっとじゃなくて、へこんでも、「ま、次」って感じで起き上がるようになってきました』という話を聞かせてもらった。

#6

MSSM実施②：〈フィギュアスケート〉→「ゾウ」→〈お地蔵さん〉→「ヘビとストーブ」→〈お化け〉→「ト音記号・ねこじゃらし・ジャガイモ・たらちゃん」

◈物語：《ジャガイモといえばポテトチップスだ。たらちゃんは、うす塩が大好きだった。あの日までは。ある日、たらちゃんは、ポテトチップスを食べて歩いていた。なみ平には「長いものにまかれろ！」と言われたので、道にいた蛇をカラダに巻きつけました。残念なことに、その蛇は、アナコンダだったので絞められ気を失いました。その日のことを思い出すのがいやで、ポテトチップスの塩味は食べなくなりました。もうなみ平は信じない　子どもながらに恨みを持つようになりました。》

途中、筆者の彩色に対し、「え？　これは……エビフライ？」〈ちがう。（鼻歌：冬季オリンピックの主題歌）〉「あ！　スケートの！」〈そう！〉「ああ！」。クライエントが彩色のとき、「これは……え？　うーん、え……」と迷いながら描き、筆者が〈ゾウ〉と当てると「はい。なんか、芸がないなー」と自嘲気味。前回のゾウより形態がずいぶん緩い。筆者の彩色に「モアイ？」〈ううん惜しい！（鼻歌：日本昔話）〉「あー！　お地蔵さん」〈そう〉。クライエントが彩色しながら、「これ分かったらすごい。絶対分からん」〈うーん、ヒント〉「（コンセントを付け足し）」〈あ、ストーブ！〉「すげー、なんで分かるのー」というように、やりとりが生き生きと動き、筆者はライブ感を味わっていた。

◈先生からの情報：今回の面接前に、教育相談担当の先生から『あ、今日の昼休み、Aは合唱の練習で指揮をしないといけないから、来談できるかしら。彼、どっちを選ぶかしら』との話があった。が、Aはいつも通りの時間に来談した。

＃７

ＭＳＳＭ実施③：（※物語作成なし）〈ライオンと姫〉→「かば」→〈山姥〉→「キッツキ」→〈龍〉→「御茶の水博士」

筆者の〈ライオンと姫〉の彩色に対して、「二つ、ですよね」〈うん〉「ライオンと……」〈うん〉「ペンギン」〈えー〉「違う？」〈うーん……、じゃあ、黒塗りにしよ（髪を青から黒に変える）〉「えー？　……女の人？」〈姫〉「へえ～！」。Aが彩色の番、「これは……分からんと思うなあー！」〈犬？〉「あー！　犬がいいかも」〈え、違うんだ、何？　ヒントは〉「水に住むもの」〈かば！〉「Ｙｅｓ！」。筆者彩色の番、「えー（何）!?」〈分からんかなあ。いや、ぶさいくかなあ〉「山姥！」。また、Aが彩色しながら、「絶対分からんと思う（鼻の部分を彩色しながら）」〈博士やろ？〉「おー！　なんで分かる？」〈分かるさー〉というやりとりをしながら、交互スクリブルを続ける。出来上がりを一緒に眺める。山姥を見て、「くくっ。くくくっ」〈どうしたの〉「いやあ〜」〈誰か見えた？　誰？〉「B君」〈へえ。どんな子？〉「うるさい」〈どうるさいの？〉「過去のこと。グダグダ言う。昔はあーだった、とか、こーだったのに、とか」〈ふうん〉。しばらくして「大丈夫大丈夫」〈なに、それ？〉「笑いこらえるとき（に自分に言い聞かせる言葉）」。「昨日大変なことが起こって」と言い、授業中に数人が先生に反抗していたのを見て、笑いをこらえるのが大変だったことを話してくれる。しかし筆者は、なんでAがそこまで笑うほどだったのか、いまいち分からないでいた。すると、「僕は変わってると思う」と言い出す。〈変わってるって？〉「みんなと笑うツボが違う」〈ん？〉「みんなはフッーか？　いや、反抗がフッーか？　あれ？　ま、いいか、いや、よくないか？」〈笑うツボって、例えば？〉「んー。漫画とかでも。自分が面白いと思った漫画が、他の人にとっては面白くなかったり」と言う。ただ、クラスに一人、同じ笑いのツボをもった友達（女子、Cさん）がいるという。漫画の貸し借りなどをして、「その人だけは、面白かったよね、と言って分かってくれる」という話を教えてくれた。

◈筆者の感想等：Aの感性に共感してくれる友人の存在は、Aにとってどんなに貴重だろうと思った。しかも異性と聞き、Aの健全さも垣間見られた感じがした。

#8

MSSM実施④：（※物語作成なし）〈ダンサー〉→「二等辺三角形とヘビ」→〈犬〉→「カオナシ」→〈フランケンシュタイン〉（写真2）

「一刀両断！」。中央上部から下部に向かって画面を真っ二つに割る。その後、左方向、右方向に線を延ばし、それぞれ、上から下、下から上の線を引き、左右三つずつの左右対称のマスとなる。筆者の〈ダンサー〉の彩色に対して「ダンサー？」と当ててくれるも、「ヘリコプターかと思った」と言う。また、例によってAは彩色しながら、「これ分かったら、絶対すごい！　これはあ……」と言うが、筆者にはすぐ分かり、〈カオナシ？〉「うわ、すげー。絶対分からんと思ったのに。分かるもんなんだ」。筆者の〈フランケンシュタイン〉に対して「囚人？」と言う。〈おしい！（釘を黒で塗りなおす）〉「アインシュタイン！」〈ううん。響きは似てるけど〉「フランケンシュタイン！」〈そうそう！〉「いや、そっちと思ってたんだけど、違う言葉が出てきてしまった。思ってたのは、それ」と言って二人で笑う。「物語は……これ、つなぐの難しいっすよ」と作成せず、そのまま眺める。二等辺三角形とヘビについて、「ヘビは二等辺三角形を守ってる」と言う。ヘビについて、「怖いのと、面白そう！っていうの、二つある。中二になって、散歩してて、これくらい（手で示す）のがいて、死んでると思ってつっついたら、シャー！って威嚇された。それから怖い。でも面白いと思う。不思議。手も足もなくて、そ

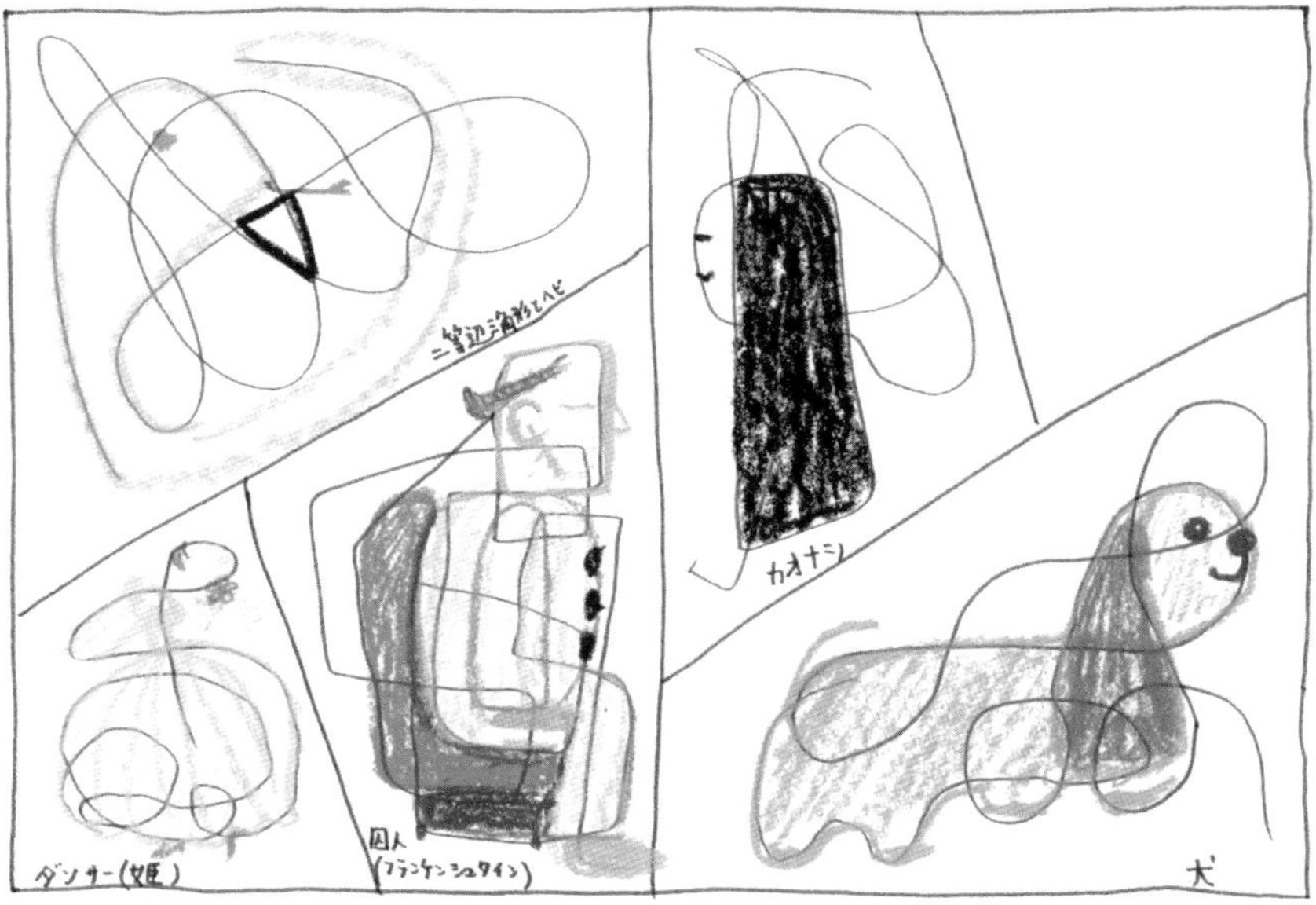

写真２

れでいて速いんだろ」〈あーほんとだ……〉「トカゲが手足なくなったらヘビになれるのか？　ミミズも手足ない。ムカデは苦手。わさわさ手足ある。どっちが頭か尾か分からん。気持ち悪い。虫は苦手。でもヘビは虫ではないし、ヘビは不思議」と話す。

◈筆者の感想等：ヘビの語りがとても魅力的だった。「手も足もなくて、それでいて速いんだろ」と言うAの表現力や感性を大事にしたいと思った。

＃9

MSSM実施⑤：（※物語作成なし）「カメ」→〈白蛇〉→「明太子」→〈赤ちゃん〉→「天狗」→〈ロボット〉→「ピエロ」→〈A君〉

帰り際、〈そういえば、最近、どう？〉「ああ……、この時代みんなが経験するような悩みは経験していいます」と言う。〈ん？　なに？　あ……〉「いや、多分、（先生が想像してるのとは）違うと思う」と言うが、筆者は〈ふうん（多分当たってると思うけどな）〉と思いながら退室を見送った。

＃10

MSSM実施⑥：（※物語作成なし）〈寝てる人（病床）〉→「ハチ」→〈トラ〉→「スポーツカー」→〈ゴリラ〉→「蝸牛」→〈コブラ〉（写真3・口絵2）

左真ん中から右下に向かって斜めに線が引かれる。その線上に山形に線が引かれ、中央の空間が生まれる。あとは放射線状に線が引かれる。その枠を見て、〈クレーみたい〉「クレー？」〈画家〉「へえ」〈時間を描ける人なんだって〉「へえー」とやりとりをした。筆者彩色中、〈この前の話、なんだったの〉と尋ねると、「いやあ……ハア」と言い、大きなため息をつき、「ひゃあ……」と頭を机につっぷす。しばらく待つ。「いやあ……ハア。もうだめだ。親友になってほしい、って言われて……。ハア……けっこう人生最大の……ですよ……」〈Cさん？〉「そうです！　え、なんで分かるんですか？」〈分かるよ。分かりやすいもん〉「ええ、まあ、そうなんですけど……」。CさんがAの友達Dのことが好きだということが分かり、玉砕。AもCさんに気持ちを伝えたが、『親友になってほしい』と言われた。〈ハア……〉「ハア……」〈どうしたの？〉「いや、『ハイ』と」〈はあ、生きるか死ぬか（の選択）、って感じやね……〉「そうですよ、まさに」。スポーツカーを描きながら、「あ〜……なんでこんなのを描いてるんだろー。なんでこんなものをー」。

#11（X＋一年三月　最終回）

風景構成法、MSSM実施⑦：（※物語作成なし）

〈おばあちゃん〉→「スヌーピー」→〈妊婦さん〉→「蝶」→〈指〉→「&とオバケ」→

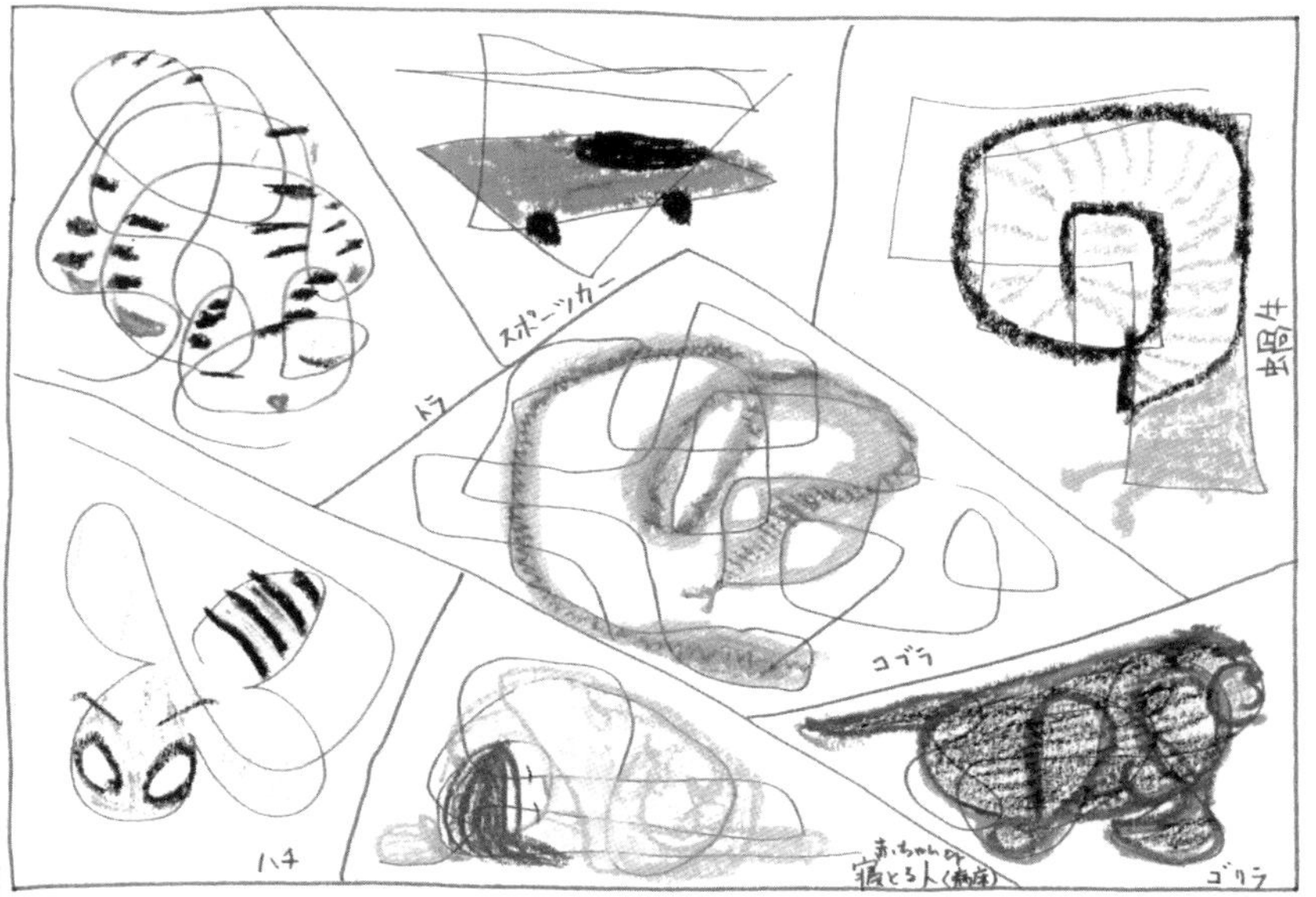

写真３

〈受話器〉→「花丸」

はじめに風景構成法を実施。川が大きく中央上下に流れてきた。その川に沿って道が描かれる。道の先（下部）には『止まるな』と書かれていて、道に花が添えてある。聞くと「止まったら事故る」という。川を挟んで人が二人いる。この二人は「たまたま一緒になった人たち」で、アザラシが川に流れているのを見ている。右下でワニがアルマジロを食べようとしているが、「アルマジロが丸まってしまって、食べれないでいる。また開くのを待ってるとこ」という。〈ん〜。それは根性の戦いだなあ。……食べられる？〉「んー。ワニもそこまで待つ忍耐ないかも」〈そうかあ〉。一緒に眺めた後、ＭＳＳＭを実施。マスの線がどれも緩い。一緒に眺めながら、〈今日で最終回だけど、最近はどう〉「ああ。プラス思考になった、前より」と言っていた。

◈**先生からの情報：**担任の先生や教育相談の担当の先生から、Ａが落ち着いて過ごしていることが語られた。

◈**筆者の感想等：**彼自身の中に、一人ぼっちじゃなく〝人が入った〟という印象。「止まるな」の文字にドキッとするが、何かを必死に止めようとしてぎこちない言動になっていたＡにとって、止まらなくてもいい、止まらなくても進んで大丈夫なんだ、というメッセージが内包されたのであればよいなと願った。ワニ対アルマジロや、流されるアザラシなど、独特でヒヤッとする彼の感性だが、そこに彼の創造性と想像性があるように思え、大事な部分のようにも思えた。ＭＳＳＭ最後の「花丸」に、終わり・別れ、として彼が面接を閉じてくれたと感じた。

4 ❖ 考察

1 MSSM

MSSMをクライエントと共にしていると、〈なんでこんなものを描いているのだろう、私〉と思うことが多々ある。「多々」というより、「ほとんど」がそうである。本事例でも、一回目のMSSMのときに、どうして筆者があのタイミングで〈豚と銃〉を描いたのか、不思議でたまらない。〈犬〉→「魚」→〈オットセイ〉→「ネズミ」と、特に攻撃的な要素は感じられにくい流れの中で、忽然と〈豚と銃〉が現れた。そのときの筆者に残っている感覚は、Aのマジック線の執拗さだった。これでもか、これでもかと続けられるマジックの線が描かれるとき、筆者は〈これは何か受け止めたい〉と感じたのを覚えている。そして、描かれた線を眺めながらしばらく考え、いくつか見えては消え、見えては消え、最後に豚と銃が見え、〈これだ〉と思い、描いた。MSSMをしていると、自分が描いたはずなのだが、何かが自分の中に入ってきて、描かされたような感覚になることも多い。自分の絵とクライエントの絵が似てきて、どちらが自分でどちらが相手の絵なのか分からなくなることがある。そこには自分と他者という二人が存在するはずなのに、〝描画の一人称性〟とでもいうような混然一体となった何かが生まれる。二人が作った一つの何か、である。そして、筆者は事例をまとめ、振り返ったときに、丸裸の自分をさらしているように思えて、あまりにも無防備な自分に赤面してしまう。MSSMの最中は、とにかく一生懸命である。もちろん、MSSM以外の面接も一生懸命だが、エネルギーを使う部分のどこかが違う。互いの丸裸の無意識が、絡み合い、何かを生み出すことをMSSMという技法によってかろうじて守られている感じである。守られもするが、裸にもされる、不思議な技法であると思う。さらに、人にもよるかもしれないが、言語的やりとりよりもはるかに交流しやすい。本事例のクライエントが話す、「暗い・明るい」「テンションを下げる・上げる」という部分は筆者には理解しにくかった。しかし、MSSMを始めると、クライエントが描きながら、「絶対分からんと思う」という絵が筆者には分かり、また、「なんでこんなものを一（#10）」と言いながら描く絵も、筆者には〈なるほど、スポーツカーが出てきてしかり〉と理解しやすかった。MSSMが進むと、MSSMの中だけでなく、言語レベルでの交流も理解しやすくなり、Aの「この時代みんなが経験するような悩み」やCさんのことも、ピンと伝わってくる。分かりにくいと思っていたクライエントやその時間が面白くなってくる、という流れは、本事例に限らず、MSSMを取り入れた面接ではよく現れる。特に、「分かる」感覚は、絵が見えるときと似ていて、ふと何かが降りてくる、伝わってくる、〝ピンとくる〟というような独特の感覚である。

2　MSSMのもつ魅力——教育現場の中で

本事例は学校現場に関わった事例である。教育の場では、教える者と教えられる者、指導する者と指導される者、評価する者とされる者というような二つの立場が存在する。その多くの場合が上下関係を孕んでいる。MSSMの魅力は、なんといっても、二者の立場が〝対等〟であり、交流の方法が〝遊び〟であることだと考える。対等というよりも、むしろ、筆者の場合はクライエントが優位になることがほとんどである。本事例でも、表現力のセンスがあるのは絶対的にAで、筆者は彼のセンスに追いつこう、認めてもらいたいと必死になって対等になれるよう、エネルギーを絞り出し続けた。MSSMや本気の遊びは、相手のすごさをひしひしと実感する。そして楽しい。そのような交流が可能になると、出会い続けることが楽しくなる。MSSMという技法によって、どのような相談室環境であっても対等に本気で安全に遊ぶことが可能になる。学校臨床の中で、主訴が見えにくい場合や、来談意欲が乏しい場合、言語化が苦手な場合、大人への不信感が強い場合など、そういう時にもこの技法は大変有効に働くだろう。また、主訴に結びつく要因（例えば、生育歴や家族関係や過去のトラウマなど）を暴くことに躍起にならずとも、〝今―ここ〟の二人のやりとりそのものが、今を生き抜く強さのようなものを生み出すように思う。ただし、描画などの非言語的交流を面接に用いた場合、筆者は周囲との言語的交流をクライエントとの面接と同じくらい大事にしている。例えば、担任の先生や教育相談担当の先生方が話すクライエントの情報は欠かせない。現実場面で無意識が暴走していないか、崩れていないか、この方法で会い続けてよいか、常に意識をしながら面接を継続していくことを心がけている。

謝　辞

クライエントと、彼のそばにいたすばらしい先生方との出会いに感謝する。

［注］

＊1　本事例は坂口（二〇〇七）を基本に、加筆修正したものである。

＊2　風景構成法を「レントゲン代わり」に使用するという言葉は山中康裕先生に学んだ。状況を見極めたいときに、機を見て使用するという意である。

［文　献］

1――坂口美幸「テンションのコントロールに苦しむ中学二年生男子の事例」ヘルメス心理療法研究、10、一二一～一二三頁、二〇〇七

細川美幸論文へのコメント　山中康裕

1

著者は、「面接の中で表現療法を用いることが多い。中でもＭＳＳＭは出番が多い。画用紙、サインペン、クレパスを準備しておくと、どのような相談環境でもまるで遊戯療法さながらの体験ができる。そして、楽しい」と書きはじめている。この数行に、本法のエッセンスが凝結している。そうなのだ。この方法は、《どこでもでき》《遊戯療法さながらに遊べる》《楽しい》ものなのだ。これに、もう一言加えれば完璧となる。その、もう一言とは、《ごく自然に、ゆとりの空間が現出する》ことである。だからこそ、こんな、いわば一見ちゃちな方法でも、立派に、《治療法》である、と胸を張って言い切れるのであり、細川美幸さんも書いているように、遊戯療法に負けず劣らず《遊べる》優れた《表現療法》（山中、一九九九）なのだ。

2

第一回目のセッションで「どうして筆者があのタイミングで〈豚と銃〉を描いたのか、不思議でたまらない」と著者は書いている。その不思議な空間こそ、上に書いた《ゆとりの空間が現出》しているからであり、だからこそ、不思議な現象が生じたのである。そこでは、マリオ・ヤコービ（Mario Jacoby）が言う、《分析的人間関係》が実現していて（Jacoby, 1984）、クライエント－セラピスト両者の意識的・無意識的転移関係が、何重にも交錯しているからなのである。つまり、意識のみならず、両者の無意識が、何重にも絡み合っていて、「なぜ」それらが投影されたのかすら、定かにしがたい。

しかし、あの時・空間では、クライエントの中に燻っていた豚と銃が、ごく自然に湧出してきたのであろう。ここでわざわざ解説などしなくとも、《豚》は、言うまでもなく、クライエントが受けてきた、心ない周囲の者たちからの罵詈雑言の象徴であり、《銃》は、それらに向けた彼のaggressionそのものの表出手段であったのであって、それらが、実に適切にも、セラピストの口をついて出てきたのである。

つまり、同じ時・空間を一緒にいて共にするだけで、セラピストはクライエントの抱えている諸問題を一瞬にして把握し、当意即妙に応じているのだ。このようなことができる人を称してborn-therapistと呼ぶのである（最相、二〇一四）。

3

事例は、中学二年男子。「人に迷惑をかけないようにしたい」「明るくしているといつの間にか問題行動をやっている」「暗くするとまわりから『つまらん』と言われる」。つまり、精神分析用語で言い換えれば、常時、《超自我優位》なのだが、エスは、すれすれのところまで来ていて、ふと気がつくと、いつの間にか、それが飛び出して、《行動化》しているのだし、超自我の言う通りにしていれば、当然ながら、くそ面白くもない。だから、もう一つの主訴「どうしたらいいか分からない」という、がんじがらめの事態に陥っていくのだ。

4

第三回で行った、風景構成法（LMT）が面白い。「天に抜ける急降下の川」とは、私もこのような表現をしたことはあるが、それをさらにまとめた《川が立つ》というのは、LMT上、最も大切な指標の一つである。これは、発達上、通常は小学三〜四年生頃に現れてくる（ただし、二〇一六年八月に天理大学で行われた日本遊戯療法学会第二十二回大会で、京都大学の河合俊雄君は、この指標が、私が発見した一九七〇年代よりもさらに遷延して、二〇一六年の現今では、中学一年頃に出現している、と発表していた）。しかも、この指標は《まさに天に通じて》いるのであって、つまり、本人の意志に関わりなく、《無意識的に、外界と》、あるいは《天、つまり神的領域》との交流があることを意味する。逆に言えば、《守りが薄い》部分があって、容易に、《外界が侵入してくる》ことのサインなのだ。また、ここにおいて、動物象徴は、《キリン》であるが、よく注意して見ると、彼は、このキリンを「一人」と表現しており、「一頭」ないしは「一匹」とは言っていない。よって、著者が、この《麒麟児》たるクライエントその人と、容易に重ねて考えているのは、ごく自然で妥当なのである。これが、次回では《バク》となる。むろん、バクは現実にいる動物であるが、当然ながら、《夢を食う》と言われる俗的迷信とも一体であり、まさにバクは、善かれ悪しかれ、《夢》を食べてくれるのだ。

5

しかも、著者は、次の第四回にもLMTを行っているが、ここですでに大きな変化が捉えられている。著者は、注釈でLMTを「レントゲン代わり」に使用すると述べ、この言葉は私から学んだと書いているが、それは事実で、私は二重の意味でこの言葉を使っている。二重の意味とは、レントゲンとは、医学領域で「外からは見えないものを見るために用いる診断ツール」であるが、LMTもまさに「外からは見えないものを視覚化する方法」なのであり、その期間も、「通常は、三〜四か月に一回くらいのインターバル」で施行するが、今回のように、急激な変化があるときは、実際のレントゲンもこの間隔で撮ることが多い。

6

第八回の蛇の語りも面白い。このクライエントには、あえてStory Makingをしていないが、それは、実は賢明だった。なぜなら、これらの語りを見ると、まさに、意識と無意識の狭間あたりの語りがごく自然に出てきていて、むしろ、あえて物語制作を推し進めて、意識化しすぎない方が正解だった、と思われるからである。この辺りの絶妙な間合いの読み方こそ、先に触れた、著者のborn therapistの面目躍如たるものがある。

7

同じ回の、アインシュタインからフランケンシュタインのくだりも、二等辺三角形と蛇のあたりも面白い。前者は「言葉遊び」であり、西欧詩の韻の要領なのであり、心の中、つまり、脳の中での言葉の配列は、こうした韻なり響きの重なりでネットワークが張られていくのであろうし、後者は、私には、医神アスクレピオス（Ἀσκληπιός, Asklēpios）の持つ杖（Rod of Asclepius）のことに、連想がいく。

一匹の蛇、二匹の蛇など、いくつかのバリエーションがあるが、一般的には、図のように杖に蛇が巻きついて、いずれも《二等辺三角形》を形作っており、これなどは《医学の象徴》であって、世界各地の医学部や医科大学のエンブレムとなっているほどなのだ。

8

第十回の、彼の意中の人Cさんに振られたあたりのセラピストの描写もなかなかいい。それにしても、思春期真っ只中の、この年齢の男の子の表現も抜群である。このようなことはわれわれにもあったはずで、いつの間にか記憶の彼方に忘却されているのだが、まことに微笑ましい。

9

こうした連想を重ねていけば、どこまでいっても終わらないので、そろそろ、このあたりで筆を擱くことにするが、しかし、一言きちんと、Schluß（シュルース）、《大切り》、つまり、「終結」の言葉でもって、終わらせておきたい。

第十一回、つまり最終回には、ＬＭＴでは、動物象徴としては、川に流れているアザラシ、ワニ、そして、食べられないように丸まって固まっているアルマジロの三匹が登場している。川に流れているアザラシは、以前、現実に多摩川をアザラシがさまよっていて、「タマちゃん」としてニュースになったことがあったが、アザラシは海のものであり、川にいるのは、本来はおかしい。しかし、海ではなく川に流されているのは、クライエント自身の現況の比喩そのものでもあるのだ。なんとかワニに食べられまいとして丸まっているアルマジロも、もう一つの彼の自己像であろうが、食べられることは「あるまじき」ことというダジャレも入っており、危機状況は依然として続いてはいるが、ユーモアやとっさの知恵で回避する姿は、今後も続いていくであろう。とにかく、彼のこうした生きにくい生き方が、一時《いっとき》、このセラピストによって守られて、自分はこのような生き方でいいのだ、との得難い《支持を得た》ことは、彼にとって、本当に幸せなことであった。と同時に、彼のような面白い子を一時期もてたセラピストも、本当に幸せものだったのである。

［文献］

1――Jacoby, M. (1984) *The Analytic Encounter: Transference and Human Relationship.* Toronto: Inner

City Books.（M・ヤコービ『分析的人間関係――転移と逆転移』氏原寛他訳、創元社、一九八五）
2――最相葉月『セラピスト――Silence in Psychotherapy』新潮社、一三八頁、二〇一四
3――山中康裕『心理臨床と表現療法』金剛出版、一九九九

4 MSSMの事例(3)

チック、頭痛、食欲不振を抱えた小学女児とのMS(SM)を用いた事例

赤川　力

1 ❖ はじめに

山中（一九八四）によって考案されたMSSMは、カウンセラー（治療者）が画用紙に枠付けした後、クライエント（患者）によっていくつかにペンで分割される。そして、そのいくつかに分割された中に、一方がぐるぐる描きをして、もう一方がそのぐるぐる描きに対して投影したものの絵を描き、最後にクライエントに物語にしてもらう方法である。これは、クライエントのみならず、カウンセラーにとっても非常に心強い面接技法である。カウンセラーによって枠付けされている線があり、さらにクライエントが分割した空間の中に、ぐるぐるの線から何かを投影し合うため、真っ白の紙に絵を描く場合とは異なり、枠という守りに加えて、絵が不得手な者でも比較的容易に線を利用して取り組める。また、クライエントだけが描くわけではなく、カウンセラーも同じ紙を使って相互に描くため、共同絵画制作の遊戯療法になる。このような特徴をもったMSSMは、様々な臨床場面や幅広い年齢層まで汎用性が高く、クライエントとの絵画療法的かつ遊戯療法的なやりとりの中で、ごく自然にクライエントの成長を促すことを可能にしてくれる。特に、小学生や中学生のように、自分の気持ちを言葉にすることが難しいクライエントにとっては、遊びという遊戯療法的側面をあわせもつ意義は大きい。

一方で、ＭＳＳＭを実施するにあたり、投影した内容をつなぎ合わせて、最後にクライエントが物語にすることが難しい場合がある。特に小学校低学年の場合、発達段階から考えると難しい。筆者の経験では、小学生のクライエントは、作文して物語を作ってくれる場合はまれで、字を用いるよりも絵を使って物語を作ってくれる。物語の一場面を絵で表現してくれるクライエントに筆者はしばしば出会う。そのため、筆者の場合、まずは交互スクリブル（ＭＳ）を実施することから始めることにしている。物語を作らずに、カウンセラーが枠を描いて、じゃんけんをして順番を決めて、相互にぐるぐる描きをして、投影し合い、それを当て合って、終わる形をとる。一部のクライエントには、自由画や交互色彩分割法を施行してから、交互スクリブルに移行する場合もあるが、ほとんどの場合、交互スクリブルから始めている。そして、交互スクリブルを含めた面接状況や身体症状などに見られる主訴の状況などを見ながら、物語にもできることをクライエントに伝えていく。最後にクライエントを尊重しながら、クライエントが物語を作りたい、と言えば、字で書くか絵で描くかを尋ねてから、物語の作成に至る。そのため、当然であるが、物語まで導入できなくともよい。交互スクリブルで面接が終結するケースもあり、むしろ筆者はその場合の方が多い。

本事例もおおよそこのような流れをたどったスクールカウンセリングにおける事例である。面接経過において、一度だけＭＳＳＭに至っているが、それ以外は小学生に比較的よく見られる交互スクリブルと絵を用いたＭＳＳＭになっている。本事例から、（1）面接経過について、（2）じゃんけんに見るエナンティオドロミー、（3）物語を絵で描くこと、の三点について考察したい。

2 ❖ 事例

1 事例概要

クライエント：Aちゃん、小学三年女児
主訴：チック、頭痛、食欲不振、登校しぶり
来談経路：担任教諭がカウンセラーを紹介し、母親とともにAちゃんが来談する。

2 家族構成

父親（三十代後半、会社員）、母親（三十代後半、パート勤務）、長女（小学五年）、Aちゃんの四人家族である。

3 成育歴

二歳から保育園に入り、三歳から幼稚園に入っている。発達上の問題はなかったという。幼稚園にはスムーズに通った。人見知りしがちであり、母親にも長女にもあまり話さない。小学校では、クラスに慣れるまで時間がかかり、三月頃に慣れる。担任教諭による家庭訪問などでは「（あまりに口数が少ないので）なにかあったのですか?」と聞かれることが多かった。ただ、クラスでは一日一、二回は発表する。また、小さい頃から男の子のような黒の服を好むことが多かった。

4 現病歴

幼稚園入園時、目をパチパチさせる瞬目チックがある。小学校入学時、運動会の時期も、しばらく同様のチックがあった。小学三年の九月頃、これまでとは違う息を飲むようなチックが見られる。その頃

から頭痛を訴えるようになり、たびたび保健室を利用するようになる。さらに、クラスにも行きたがらなくなり、食欲もなくなる。小児科を受診するが、身体的な異常は見られない。

5　面接構造

筆者が携わっている小学校でのスクールカウンセリングの面接構造である。二週に一回、朝の会、読書の時間に三十～四十分程度の面接であった。

6　見立てと方針

小学三年という時期は、学童期である。自分の意思が芽生えはじめる時期であり、繊細かつ敏感なAちゃんは、クラスメイトに圧倒されたのかもしれない。カウンセラーは感情を抑制してしまうAちゃんのペースと意思を尊重することで、安心して自己主張できることを心がけた。

7　事例経過

（以下、Aちゃんの言葉を「　」、カウンセラーの言葉を〈　〉、その他の人の言葉を『　』とする。）

＃1（母子合同面接）

Aちゃんは緊張した様子で母親とともに来談した。母親は、『担任の先生も心配されていて。主人とも話し合って、ここに来ることを決めました』と話された。カウンセラーは〈どんなことで？〉と尋ねると、母親は現病歴を話しはじめた。Aちゃんが隣にいるので、若干話しにくい様子であったが、『そうよね？』とAちゃんに確認しながら、説明してくれた。その際、カウンセラーは〈緊張しやすいのかな？〉

とAちゃんに尋ねると、少しAちゃんの表情は和らいだものの、返事はなかった。カウンセラーは簡単に家族構成を尋ねたあと、〈どうかな？　ここで先生とちょっと遊んでみない？　少しでも緊張をほぐして、学校が楽しくなるように。絵とかで〉と話すと、Aちゃんは母親の顔を見ながら、わずかに頷いた。そして、カウンセラーは今後の母親面接が可能かどうかを尋ねた。母親は可能であるとのことで、また次の機会に、詳しい話を聞くことにした。カウンセラーはAちゃんに〈どういう形だったら、ここに来やすいかな？　ほら、休み時間とか、授業中とか〉と聞くと、Aちゃんはしばらく押し黙っていたものの、母親に急かされると、小さい声で「朝すぐだったら」と言う。母親は『朝そのままここに来るってこと？』と言うと、Aちゃんは頷いていた。母親は『一人で来れる？』と聞くと、Aちゃんの反応はなかった。カウンセラーは〈じゃあ、みんながクラスに入った頃に、お母さんと一緒に来るのは？〉と言うと、Aちゃんは頷く。ひとまず、Aちゃんは母親と登校し、母親はそのまま仕事に行くことに決まった。

#2

Aちゃんはランドセルを背負い、母親に連れられて入室する。母親は挨拶だけして、退室した。カウンセラーが最近の体調について聞くと、「頭痛があった」と小さい声で言う。国語の時間、理科の時間に「少しだけ痛くなる」という。ただ、長時間続くわけではなく、十数分で痛みはなくなるという。小学一年の頃もあり、「痛みはあった」「痛くて（保健室で）寝ることもあった」と小さい声で言う。カウンセラーは前回よりもAちゃんの意思を聞けたように感じ、嬉しく思った。カウンセラーは〈他には？〉と聞くと、Aちゃんは「肩が痛くなることがある」「昨日は三回痛くなった」「算数の時間」と小声で言う。カウンセラーが交互スクリブルの方法を教えると、Aちゃんは頷いた。早速始めると、Aちゃんは

「鳥（雀）」を描いた。カウンセラーは〈イルカ〉、Ａちゃんは「亀」を描き、「海に潜ってる」と言う。カウンセラーは〈茄子〉を描いた。その際、カウンセラーが茄子について尋ねると、Ａちゃんは「最近食べられるようになった」と言う。また、嫌いな食べ物はレーズンであることや、もうすぐお菓子の工場を見学に行くことなどが話された。

＃3

交互スクリブルをする。カウンセラーはＡちゃんに六つに分けようと提案し、Ａちゃんが分割していくと、八つに分けてしまった。カウンセラーは〈これはこれでいいよ。これでいこう〉と伝えると、Ａちゃんは安堵した様子であった。カウンセラーとしては、Ａちゃんの面接に対する意気込みのようにも感じられて、嬉しかった。Ａちゃんは「音符」を描く。カウンセラーは〈団扇〉、Ａちゃんは「きのこ」を描いた。祖父母の家にはあるが、自宅では姉しか団扇を持っていないという。カウンセラーは〈ペンギン〉、Ａちゃんは「かまぼこ」を描いた。Ａちゃんが描いたぐるぐる描きがだんだんと思い切ったものになり、枠を越えはじめており、カウンセラーはＡちゃんのもっている激しい力に驚かされた。カウンセラーは〈おにぎり〉、Ａちゃんは「白鳥」を描いた。最後にカウンセラーは〈クリスマスツリー〉を描いた。面接後、Ａちゃんはランドセルを背負って、クラスに行く。

＃4

髪を綺麗に結んできており、カウンセラーが〈髪、綺麗に結んでいるね。お母さんにしてもらったの？〉と尋ねると、「自分でした」と言う。詳しく聞くと、幼い頃から自分で髪は結べるということであった。また、体調を尋ねると、「前ほどは痛くない」という。しかし、まだ授業中に時々痛くなり、昼休みなどはないという。交互スクリブルをする。Aちゃんは「らくだ」を描き、「座っているところ」と言う。カウンセラーは〈どこでもドア〉を描き、Aちゃんは「フランスパン」を描く。カウンセラーは〈指輪〉を描いた。カウンセラーは次回の母親面接について、Aちゃんにここでのやりとりは母親には言わないことを伝えた。また、この回以降、Aちゃんは一人で面接に来るようになる。

母親面接：母親は「(Aちゃんに)どう接したらよいか分からない」という。父親と母親はどのように接するべきか、たびたび話し合ってきたという。「なるべく外に出したいとか思っていましたし。でも、家にいたいみたいで。あんまりしつこく言うのもあれだし」と話す。また、「外よりは家の方が、反応があるみたいで。でも、クラスの友達の名前は出てこない。姉が卒業すると心配で」と言う。カウンセラーはAちゃんなりの成長の過程かもしれないこと、母親の対応で基本的には問題ないと思うことを伝えると、母親は安堵していた。また、来年度のことを心配しているという。

#5

交互スクリブルをする(写真1)。じゃんけんで初めてAちゃんが勝つ。そのまま、Aちゃんがぐるぐる描きを始める。カウンセラーは〈テレビ〉、Aちゃんは「おたまじゃくし」を描いた。カウンセラーは黒い体に赤い目の怪獣のような「おたまじゃくし」に思わず、〈おー〉と、驚いてしまった。カウンセラーは〈ラッパ〉、Aちゃんは「メダカ」を描いた。カウンセラーは〈クリスマスツリー〉、Aちゃんは「クスノキ」を描き、「校庭にある」と言う。Aちゃんの方から話しはじめ、「クラスに入院している子がいる」と心配そうな様子で言う。詳しく聞くと、もうすぐ退院するということだが、クラスメイトを「心配していた」という。また、好きなアニメが『妖怪ウォッチ』である話や、父親が好きなスポーツ用具が庭にあり、「時々遊んでいる」と教えてくれる。

#6

初めて遅刻してくる。「お母さんが何時からか忘れてて」と言う。カウンセラーが正月について尋ねると、おもちを食べたこと、お年玉をもらい、漫画を買ったこと、残りは貯金していること、漫画は姉が買っていたもので、自分も「欲しくなったから」などと教えてくれる。交互スクリブルでは、じゃんけんで再びAちゃんが勝ち、Aちゃんからぐるぐる描きをする。カウンセラーは〈ドア〉、Aちゃんは「ハート」を描く。カウンセラーは〈石〉、Aちゃんは「カタツムリ」を描き、「山にいる」と言う。来年度、カウンセラーの異動があるかもしれないが、Aちゃんが何らかの形でカウンセラーと話せるようにしていくことを伝える。また、この回以降、いったんクラスに入ってから、担任教諭に許可を得て、来談するようになる。

写真1

#7

大雪の話になり、「雪遊びをした」「雪だるまを作った」と言う。しかし、大雪の後にAちゃんがインフルエンザに罹っており、「きつかった」と話す。交互スクリブルをする（写真2）。Aちゃんは「ペンギン」、カウンセラーは〈鳥〉を描く。Aちゃんは「明太子」、カウンセラーは〈玉葱〉を描く。Aちゃんは「きのこ」、カウンセラーは〈ぬりかべ〉を描く。Aちゃんは「すっぱいのが好き、辛いのも好き」と言い、カウンセラーは思わず「え〜。そうなんだ」と驚いていた。また、嫌いな食べ物であるとうもろこしが食べられるようになったという。

#8

体調は「ずいぶん良くなった」と言い、きつくなることがなくなったという。交互スクリブルの後に、物語を作ることもできると伝えると、「やってみる」と言う（写真3・口絵3）。

写真2

Aちゃんは「水クラゲ」、カウンセラーは〈恐竜の足跡〉を描く。Aちゃんは「食パン」、カウンセラーは〈星〉を描く。Aちゃんは「椎茸」を描く。物語は「絵で」と言って、Aちゃんは絵で描きはじめる（写真3左下）。カウンセラーが〈どんなお話なの？〉と聞くと、《海の中でゴミ拾いをしていたら、食べ物や恐竜の足跡が見つかった》と物語を話してくれる。三月以降の話を母親とすることを伝える。その際、母親にも伝えるが、来年度カウンセラーが継続する場合、カウンセラーが異動になる場合、カウンセラーが配置されない場合はカウンセラーが勤務する病院への受診も可能であることなどを伝えた。

#9（母子合同面接）

母親とAちゃんが一緒に来談する。母親は『四月からのクラスのことが気になっている』と話し、『「（Aちゃんが）ここにもう少し通いたい」と言っている』と話す。カウンセラーは

写真3

配置校に異動の可能性が高いようであることを伝えた上で、前回Aちゃんに話した次年度の対応について伝えると、母親もAちゃんも安堵していた。母親は「家でも明るくなった。表情は良くなりました」と話す。体調も良くなり、休むこともなくなったので安心していると話した。次回には来年度のことが分かるので、母親宛に手紙を書くことを伝える。

Aちゃんのみ：交互スクリブルをする。Aちゃんがじゃんけんに勝つ。Aちゃんがぐるぐる描きをする。カウンセラーは〈蝶〉、Aちゃんは「鮭」を描く。カウンセラーは〈洋梨〉、Aちゃんは「牛乳」を描いた。Aちゃんに体調を尋ねると、体の方はきつくないという。ただ、不安げな様子で「息を飲んでしまうのは、たまにある」と言う。カウンセラーは再度、カウンセラーが継続する場合のこと、異動する場合のこと、病院受診も可能であることを伝える。すると、Aちゃんは小さい声で「ここで話したい」と言う。カウンセラーは異動になる場合でも、後任のカウンセラーにお願いすることを約束した。来年度の不安がAちゃんに大きく影響しているようであった。

キャンセル　次の回は時間になっても、Aちゃんは来なかった。カウンセラーは、Aちゃんがカウンセラーとの別れに対して、耐えられなかったのであろう、と感じた。Aちゃん宛と母親宛に手紙を書き、Aちゃん宛の手紙には、カウンセラーが異動になったこと、別れが辛く寂しいこと、必ず後任カウンセラーにお願いしておくこと、何かあれば病院にも来られること、会えてよかったことを記した。母親には、カウンセラーが異動になったこと、後任カウンセラーのこと、病院受診も可能であることを記した。

その後の経過

当初Aちゃんは、後任カウンセラーとの面接を希望していた。しかし、次年度のAちゃんは体調も良く、特に問題なく、後任カウンセラーとの面接は希望しなかったという。

3 ❖ 考察

1 面接経過について――主としてMS（SM）から

＃2で、Aちゃんは「鳥（雀）」と「亀」を描いている。雀は、われわれにとって身近な鳥であり、親しみやすく、小さいが自由に飛べる鳥である。もしかすると、Aちゃんの近い未来の自己像に近いのかもしれない。甲羅に守られた亀は、やはりAちゃんの自己像であろう。一方で、亀を「海に潜ってる」と説明しており、無意識の世界に入っていくことを指しているとも考えられた。

＃3では、カウンセラーはAちゃんに六つに分けようと提案したが、Aちゃんは八つに分けた。これは、Aちゃんの面接に対する意気込みのようにカウンセラーには思われ、嬉しく感じた。Aちゃんは「音符」と「きのこ」と「かまぼこ」と「白鳥」を描いた。「音符」は、記号であり、象徴的な意味は乏しいが、一呼吸おいて箸休めには必要な投影であろう。「きのこ」と「かまぼこ」はAちゃんの可愛らしさ、ユニークさを表しているように思う。特に、「きのこ」はしばしば、後の交互スクリブルにも登場する。「きのこ」は食べられるが、毒きのこもあり、危険でもある。また、不思議な形をしている。上手に表現できないAちゃんにとって、「きのこ」は彼女らしさを表す格好の対象物なのかもしれない。また、「白鳥」はAちゃんにとって、理想像なのかもしれない。

＃4では、Aちゃんの身体症状はずいぶん軽減されていた。Aちゃんは「らくだ」を描き、「座っているところ」と言う。「らくだ」はコブの中に水分を貯え、灼熱の砂漠の中を歩くことに長けた動物である。

このような環境にも耐え抜く姿は、クラスや周囲が騒がしくとも、自分の力で歩いていくAちゃんそのものなのかもしれない。このようなAちゃんにとって「フランスパン」はエネルギー補給に最適なものであろう。

＃5では、Aちゃんは黒い体に赤い目の「おたまじゃくし」を描いている。「おたまじゃくし」はカエルの子であり、これから大きくなる生き物である。また、カエルは両生類であり、陸と水辺を行き来することができる、いわば無意識の領域と意識の領域とを移動できる動物でもある。次に、「メダカ」を描く。「メダカ」は小さく可愛らしい生き物である。少しずつ、女の子らしい絵を描くようになっていたのであろう。「クスノキ」は校庭にある大きな木であり、学校のシンボル的存在でもあった。Aちゃんにとって、安心感を与えてくれる木であり、学校で生活する上でなくてはならないものなのかもしれない。

＃6では、Aちゃんは「ハート」を描いた。あまり女の子らしい服を好まないAちゃんだったが、次第に女の子らしさが増した可愛らしいものを投影していた。次に、Aちゃんは「カタツムリ」を描き、「山にいる」と言う。「カタツムリ」は＃2の「亀」とも似た、殻をもった生き物である。Aちゃん自身であろうが、海ではなく山にいるところから、より意識的にAちゃん自身は振る舞っていると思われた。

＃7では、Aちゃんは「ペンギン」と「明太子」と「きのこ」を描く。「ペンギン」は厳しい環境の中でも生き抜く動物であり、可愛らしさも備えている。＃3の「かまぼこ」も同様であるが、「明太子」はAちゃんらしさが本当によく表れていた。辛いもの、すっぱいもの好きという好みまで表現してくれると、カウンセラーにとってはありがたい限りであった。

＃8では、Aちゃんは「水クラゲ」「食パン」「椎茸」を描き、物語は絵で描いた。物語は《海の中でゴミ拾いをしていたら、食べ物や恐竜の足跡が見つかった》である。これまでの面接は、Aちゃんにとってエネルギーになる食べ物を見つけたり、自分の無意識にある恐竜のような力を見つけ出す過程だったのであろう。最後になった#9では、Aちゃんは「鮭」と「牛乳」を描いた。「鮭」は生まれた川に遡上する魚である。年度末であり、同時にカウンセラーに勤務校の異動の可能性が出てきていた。Aちゃんはこの面接を継続希望していた。また再び面接をしたい意味もあったのかもしれない、またいつか会えるまで元気でいたい意味もあったかもしれない。その後の回に、キャンセルになったことからも、この「鮭」の意味が重要な意味をもつような気がしている。

2 じゃんけんに見るエナンティオドロミー

#4までは、じゃんけんをしても、Aちゃんが勝つことはなかった。#5にて、じゃんけんで初めてAちゃんが勝ち、そのままAちゃんがぐるぐる描きを始めた。その際、Aちゃんは「おたまじゃくし」を描いた。さらに、Aちゃんの方から話しはじめ、「クラスに入院している子がいる」と心配そうな様子で言っている。これまでの控えめなAちゃんとは異なっており、そのことは描画の「おたまじゃくし」にも表れている。この一連の現象は、ユング (Jung, 1921) の言うエナンティオドロミーと考えられる。エナンティオドロミーとは、それまでの無意識の流れが「逆流」することであり、自己の補償として作用することである。これまでは、敏感で繊細なため、周囲になじめず、控えめに過ごしてきたAちゃんだが、面接経過を通して徐々に表現したことで、主体的に過ごすようになっていった。不思議なことに、#6では初めて遅刻している。それまで一度も面接開始時間は変更していない。にもかかわらず、遅刻したのは、Aちゃんの変化によって、母親との関係が微妙に変化してきたのかもしれない。そして、再びじゃんけんに勝ったAちゃんは、自分からぐるぐる描きを始めた。さらに、この回から、いったんクラスに入ってから、担任教諭に許可を得て、来談するようになる。これまでは、クラスメイトの目を気にして、遅れて登校し、クラスに寄らずに直接来談していた。それが、クラスにかばんを置いてから、担任

教諭に面接に行くことを報告してから来談するようになったのである。このような変化は、本事例だけではなく、筆者はしばしば経験する。もちろん、すべてのクライエントに該当するわけではないが、筆者にとってじゃんけんは一つの目安になっている。

3　MSSMを絵で描くこと

本事例において、#8でAちゃんは物語を絵で描いた。絵は、海上と海の中で分けられており、海上には星と星、海中には水クラゲと食パンと椎茸と恐竜の足跡を描いていた。この時、Aちゃんは自分から絵で描くことを選んだ。この流れは自然であった。字で書くか絵で描くかを尋ねると、Aちゃんは「なんで急に字で書くの？」という表情をしていた。実際、このような反応はAちゃんだけではなく、字で書くことに戸惑うクライエントは多い。カウンセラーがクライエントの代わりに物語を字で書くことを提案しても同じである。中井（一九九八）は「〝芸術療法〟はまさに何かを語るのではなく『示す』ものである」とし、「奇妙なことに、〝芸術療法〟はただ『示す』だけではなく、『語る』ことをたすけるようだ」と述べている。MSSMにおいて、字で物語を書くことは、中井の指摘するような、「示す」ことから「語る」ことへの経過とともに自然に移行していく過程ではなかろうか。MSSMにおいて、物語を書くことは、投影された内容をつなぎ合わせることである。これは、背後にある何かしらの問題をクライエントの面接の流れに沿って、徐々に意識に浮かび上がらせてくれる。そして、最終的には、言語でのやりとりにまで至ることもある。この一連の流れは、MSSMを用いた治療において非常に優れた点である。しかしながら、時として投影された内容は、背後にある問題の意識化を促すことにもつながる。そのため、クライエントにとっては厳しい現実を突きつけられることにもなりかねない。また、子どもの場合、発達段階に即した意識化の程度に留めておくことが、無理がないと思われる。このように考えると、字ではなく絵で描くことは、まだ意識化するには早く、しばらくの間は絵を用いて表現する必要がある場合に有用であると考えられる。

また、本事例の場合、絵で物語が表されているが、このような形にまで至らないクライエントもいる。例えば、赤川(二〇一五)の事例では、物語の作成に至るまでに、しばらく同じ種類のものに分けてつなげる、線で区切るなどして描いていた。このように、つなげる、区切るという子どもの成長発達過程における象徴的行為が認められる場合もある。いずれにしても、クライエントの面接の流れに沿いながら、会っていくことが大切ではなかろうか。

謝辞

事例の掲載にあたり、快く承諾していただいたAちゃんとご家族に感謝を申し上げます。

〔文献〕

1——赤川力「自ら来談した小学生女児とのMSSM(+C)を用いた面接過程——特徴的な現象について」遊戯療法学研究、14(1)、一七〜二六頁、二〇一五

2——Jung, C. G. (1921) *Psychologische Typen.* Zürich: Rascher Verlag.(C・G・ユング『タイプ論』林道義訳、みすず書房、四六〇〜四六一頁、一九八七)

3——中井久夫「第二章　芸術療法の有益性と要注意点」〔徳田良仁他監修〕『芸術療法1　理論編』岩崎学術出版社、二八〜三八頁、一九九八

4——山中康裕「箱庭療法と絵画療法、MSSM法の提唱」〔佐治守夫他編〕『ノイローゼ——現代の精神病理　第2版』有斐閣、七五〜九一頁、一九八四

赤川論文へのコメント

山中康裕

1

赤川論文は、二つの意味で興味深い。

一つ目は、学校におけるスクールカウンセリングのような、いわば「出前法」での、つまり、遊戯室やらいろんな小道具がまったくない状態での面接にも威力を発揮する、とても有用な方法であることを実証しているからである。

二つ目は、MSSMといっても、必ずしも、後のSM、つまり、Story Making（物語作成）に進行しなくともよい場合もあることを示したことである。そうなのだ。私自身もそうした体験をいくつかもっている。さらに、この事例では、物語作成をするものと、物語作成をしないで済ますもの、その二つの中間点であると思われる、「絵をつなげて物語る」方法を提示している。この方法に進展した事例は、これまで私はもっていなかったので、とても新鮮であった。まさに、私がこの方法を提唱したときに考えていた「無意識で投影したものを、意識の糸でつなぐ」という《意識化》がまだ早いと思われる事例では、こうした形をとった方が、確かにいいと思われるからである。考えてみれば、漫画やアニメ全盛の時代を生きているクライエントたちには、こうした方法もありだと思われた。

2

また、本事例で思ったのは、スクールカウンセラーという方法論の良さであった。本事例では、セラピストが異動になり、次のセラピストにつなぐか、あるいは自分の勤務する病院に通ってもいい、との選択を迫ったとき、クライエントは、「ここ（学校）の方がいい」と答えている。このことは、大変に重要なことを教えてくれている。セラピストとの関係性から言えば、セラピストにとってはとても残念であるが、彼女は、セラピストの方を選ばず、学校という場でのカウンセリングの方を選んだのである。たまたま、赤川セラピストは、病院にも勤務していて、病院にリファーしようとした（むろん、そこでこのセラピストに会える）のだが、《病院》という、別のところにまで足を運べるほどには、まだ彼女の自我は育っておらず、彼女にとっては症状を出している元凶でもある、抵抗の多い場でありながら、まだ許せるという意味で、学校の方を選んでいるのである。このように、自我レベルの弱いクライエントにとっては、《人よりも場》、つまり、言葉は悪いが、犬的であるより猫的な方を選択している、というインフォメーションを伝えている部分についてなのである。つまり、クライエントが治療者よりも場の方を選ぶというのは、というか、選ぶというより、そうせざるを得ないのは、学校ならまだ行けるが、病院に行くということへの抵抗がある、という意味なのだ。ただでさえ世界に適応しにくい子たちが、病気を抱えることで病人扱いされることが加わることは、こうした子どもたちにとってはありうることなのである。むろん、その高い塀を乗り越えて病院にかかってみると、むしろ、それらが杞憂であり、余計に「助けになってくれる」ことを体験することになるのだが……。

3

著者は、「じゃんけんにみるエナンティオドロミー」という、興味深い考察をしておられるが、私からすると、少し問題を感じる。それは、この考察がいけないという意味ではなく、じゃんけんが

enantiodoromiaを呼び込んだ、と受けとられてしまっては困るからに過ぎない。

enantiodoromiaという観点は、私もユングの数ある業績の中で、きわめて重視しているものの一つであるが、これは、単に《逆流》と訳してしまうにはあまりに惜しい大きな概念である。私なら、《エネルギー方向の反転》とでも訳したい重要な概念で、それまで深く《内閉》していたエネルギーが、たとえて言えば、海底に突き当たって、突然上行しはじめる、いわば、《転回点》に当たるものを言うわけで、それは、じゃんけんによってもたらされたかのように見えているけれども、それはたまたまの偶然に過ぎず、それまでの《内向》が、少しずつ溶けていき、《外向》に転じたのであって、そこに、じゃんけんで初めて勝つ、という、いわば意味ある偶然が重なったのである。筆者の言う《縁起律》の、格好の一例なのだ。

5

MSSMの事例（4）

世界没落体験
――「戦争が始まる」と怯える女子児童の事例

細川佳博

1 ❖ はじめに

筆者は、精神科病院での臨床の中で、患者やクライエントに心理検査を受けてもらうことがある。その中には、描画法などを、表現療法という意味合いも込めながらお願いすることも多々ある。ただ、その際に、例えば描画法では、絵を描かせるのではなく、「いかに描いてもらうか」「どのように表現してもらえるか」ということにエネルギーを注いでいるつもりである。それでも、こちら側が「描かせる」という面を完全に払拭することは容易ではなく、とりわけ侵襲感を強く体験してしまいやすい状態の患者やクライエントにあっては、相当慎重にならざるを得ない場合があり、クライエントにとっての侵襲体験を軽減しつつ実践できる方法はないものだろうか、と考えていた時期があった。そうした中でMSSMに出会い、この方法の可能性に触れ、普段の臨床実践の中で筆者自身もクライエントにMSSMをお願いすることが増えていった。

以下の事例は、特に過敏な状態にあったと思われるクライエントに対して、MSSMを通して、何をどのように支えていけるのか常に考えていたものである。

2 ❖ 面接までの経緯

クライエントであるAさんは、小学四年生の女児であった。一人っ子で、幼少時より様々なことに過敏で、人見知りもかなり強かった様子。

そんなAさんだったが、四年生の夏休みが終わりに近づいた頃、母親が異変に気づく。それまでは、学校であった出来事をそれなりに話してくれていたが、口数が減り、すぐに自室に行ってしまうことが増えてきた。また、時折何かを一人でぶつぶつ呟いていることもあったという。それからひと月もする頃、夜になるとそわそわは余計に強まり、「怖いことが起こりそう」「戦争が怖い」と怯えるようにもなりはじめる。そして、次第に睡眠も不安定になっていった。

学校でも担任教諭に戦争の話をするが、スクールカウンセラーへの相談を勧められ、スクールカウンセラーからは病院受診を勧められることになった。そこで、筆者が当時勤務していたクリニックを受診することになった。

初診時、医師は統合失調症を疑っていたが、年齢的なことなども考慮し、できれば服薬せずに、との思いもあった。そして、診断も確定しにくいところがあり、心理検査も含めてセラピストである筆者に心理療法の依頼を考え、Aさんとの初回面接を予定していた。

3 ❖ 面接経過

（以下、「 」はクライエントの言葉、〈 〉はセラピストの言葉、『 』はその他の人の言葉をそれぞれ表している。）

#1

待合室にて、落ち着かぬ表情で母親と二人座っているAさんのところにセラピストの方から、〈はじめまして、心理士の細川といいます〉と挨拶する。Aさんは母親とともに立ち上がり会釈をする。できれば二人だけで会いたいというセラピストの思いもあり、Aさんに〈それでは今からお部屋に移動したいのですが、お母さんには少し待っていただいて、お一人でもいいですか？〉と尋ねると、本人はあまり表情を変えず、母親の表情をうかがった後に、「はい……」と返事をする。そして、一緒に面接室に入る。〈改めまして、ここの心理士の細川といいます〉「Aです……」。ぽつりと返答する。〈僕はここで、心理療法やカウンセリングということを専門にしています。まぁ、困っていることとか悩んでいることを一緒に考えていくことはできると思っています〉と話すと、じっと顔を見て、「先生はカウンセラー……、ですか……？」と慎重に尋ねてくる。〈うん、まぁそうね〉「学校にもスクールカウンセラーっていう人が来ていたので……」〈そっか。そういう人もいるね。その人と会ったこと、ありますか？〉「うん……」と、こくりと頷く。「その人からも病院に行った方がいいと言われたから……」と眉間にしわを寄せて表情が曇る。〈少し聞いてもいい？〉と話すと、じっとセラピストの顔を見て、「うん……」と慎重に頷く。〈何か困ったり、悩んだりしていることがありましたか？〉と話すと、再びこくりと頷き、しばし沈黙する。

絞り出すように、「あの……ね。なんか、怖くなってしまう……」と言葉にする。〈怖くなる？〉「うん……。戦争が始まってしまうから……」〈うん〉「お母さんに聞いても、『そんなことない』って言うし、みんなも『そんなわけない』って言う……」。その必死さから、怖いという感覚は伝わってくる感じがする。〈でも、怖いんよねぇ〉「うん……」と、うつむきながら、眉間にしわを寄せて、いっそう困った表情になる。〈もう少し聞いてもいい？〉と尋ねると、ゆっくり顔を上げて、「うん……」とこちらを向いてくれる。「自分でもよく分からないけど、なんか怖くなってきて……。多分戦争が始まって、世界中が壊れてしまう……。そんなふうに思えてしまって、怖くなってきて……」と、Aさんの話を聴いていて、セラピストの中で怖さが実感されてくる。〈それは、怖いなぁ〉「うん……」と、沈黙する。

「担任の先生にも話してみたら、『そんなことないから』って。『でも心配ならば』って、スクールカウンセラーの先生のところに行って」と、あちこちに紹介され、Aさん自身の思いを伝えるが、誰にも了解を示してはもらえず、納得できない返答ばかりだった様子。

やがて、こちらの顔を見ながら、「先生は、Aの話を聞いてくれるんだね……」と、少し声のトーンが上がる。「みんなは、何かストレス？みたいなものがあってそうなっているって言うけど……」と、自分自身のストレスについて頭をめぐらせていく。思い至ったものが、習い事がずいぶん多く、それもほとんどが家族たちの希望からのものであり、Aさん自身の思いから始めたものではなかった。そして、それらの習い事とは別に、Aさんがやりたいと思っているクラブスポーツがあるものの、「でも、これ以上は（習い事は）増やせないし、どれもやめられないから……」と複雑な思いを語り、沈黙していく。

話が戻り、スクールカウンセラーと会った際に「木の絵を描かされて……。あれは何なんですか？」と怪訝そうな表情を見せる。その時は、「りんごの木を描いた。でも、本当は描きたくなかった」ことを教えてくれる。おそらくこうした専門機関に来ること自体にも抵抗があっただろうと思われ、〈今日ここに来るのは嫌ではなかった？〉と尋ねると、「ちょっと嫌だった」と苦笑いをしつつも、今のこの状況はあまり嫌な様子でもなく、何となく意志の疎通はとれている感覚がセラピストにはあった。そこで、かなり迷いつつも描画をお願いしてみると、了解してくれる。「でも、木だけ描くのは、何かあんまり……。他には何か描くのはないですか？」との返答があり、〈それなら、木以外のものもある風景は？〉「うん」と、風景構成法をお願いすることにした。

素描の際に、田に非常に困っていた様子。また、素描、彩色ともに、画用紙右下の木に時間をかけている。

描画後に説明をうかがうと、「絵のような感じ……」と話す。また、「もっと具体的でもよかった」〈具体的？〉「うん、何となくだけど……。それと、この木のところは気に入っている」と、時間をかけていた此岸の木を指差す。その木について尋ねると、「前に描いた木は、これだった」と一本の木を指差す。〈この木は？〉「りんごの木。大きくて古い木。でも、たくさん実をつけてるような木。この林を護っているような」〈それは大事な木だねぇ〉「だけど、古いから切られてしまうかもしれない……」〈それは一大事だ！〉と、Aさんの中の緊迫感が伝わってくる。「ここは気に入っているところ。だから、何とかしないと」〈そうだね。それは何とかせんと〉真剣な目でしばらく此岸の世界を見つめながら、こくりと頷く。

やがて時間が近づき、面接の説明をする中で、「今、あんまり怖くない」感覚になっていた。面接の継続について尋ねると、「Aも続けたい」と、二週間に一回三十分のペースでの面接ということで治療契約が成立する。そして、母親への報告と今後の面接の了承を取りつけようと、Aさんと報告内容を打ち合わせし、母親にも入室してもらう。そして、Aさんに確認した通りに母親にお伝えすると、母親自身も『習い事は少し考えないとなぁとは思っていました。よろしくお願いします』と同意してくれる。またその際に、Aさんに対して、小さい頃からとても過敏なところがあったことや、最近は時々一人で何かを呟いていることがあるので心配であることも改めて語られた。

面接終了後、主治医の診察となり、その日のAさんの表情などから、薬を使わずにしばらく様子を見ていきたいとの話を受ける。

＃2

待合室に母親と座っている。表情は少し落ち着いた印象であった。

前回の面接についての印象や感想をうかがうと、セラピストの顔を見ながら、「ちゃんと話を聴いてくれる人なんだなぁって思いました。それに、絵を描くのも何かよかった」と、あまり印象は悪くはなかった様子。こちらとしても少し胸をなでおろしつつも、描画に関して〈よかった？〉と尋ねると、「うん……。何か分からないけど、何かよかった」と、はっきりはしないものの、Aさんなりになんとなく手応えを感じていたようでもあった。そして、「〝怖いなぁ〟って思うことはあるけど、少なくなった気がする。今週はあんまりなかったかも……。あっ、二回あったかな……」と、かなり頻度が減っていた。それに加えて、習い事のほとんどをやめることにしたと話してくれる。身内の一人の強い希望もあり、最もやめることが難しいと思われていた習い事も、Aさん自身から直接話をし、何とか了解してもらえた。勉強に関する塾などはいくぶん迷いがあり、どうするかまだ決定していないが、Aさんが自分でやりたいと思っていたクラブスポーツへの思いは高まっており、そのことも両親に話すと、「『やってみたいなら』って言ってくれた」と、了承をもらっていた。こうした話題をずいぶん楽しそうに語る反面、セラピストの中では、Aさんのこれまでの人付き合いのありようを考えると少々心配もあった。〈そういうところは平気？〉と尋ねると、「まぁ、緊張するけど……。知っている人もいるから……」と沈黙する。そして、「本当は、あんまり人のいるところは苦手で……。でも、行ってみてから、と思ってる」〈まぁ、見てからでもいいしね〉「うん」と、いくぶん不安も混じった表情を見せるが、こうした複雑な思いに自覚的であることに、セラピストとしてはAさんの心的な力を感じていた。

そして、Aさんの方から「先生、この前、絵を描いたけど、また何か描きたい」と言い出す。さすがに風景構成法をまたお願いするのもどうかと思い、〈そう。それならこんなのは？〉と、MSSMをお願いする（写真1・口絵4）。
セラピストのぐるぐる描きにAさんが「ウサギ」を見つける。交代して、セラピストが〈アヒル〉を見つける。続けて、「大根」→〈イルカ〉→「ぶどう」。そして、Aさんに物語作りをお願いする。

◈**物語1：**《森の中に一つの池がありました。二
そこにアヒルとイルカがすんでいました。二人はとても仲よしでした。二人がすんでいる池は森の動物たちがあつまるふしぎな池で今日はウサギがやってきました。なぜかというと、いっしょうけんめい作った大こんとぶどうをもってくるためです。ウサギがいつものように「アヒルさん、イルカさん」と声をかけました。すると二人がやってきて「ウサギさんいらっしゃい！」といいました。そしてウサギが大こんとぶどうをあげると二人はうれしがりました。
そして二人はどちらがどちらをもらうか

写真1

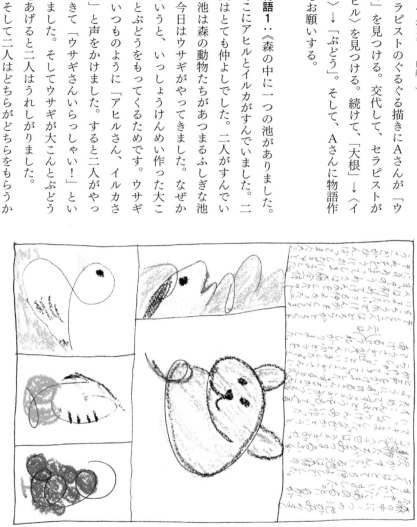

でけんかをしてしまいました。いつも仲よかった二人は初めてけんかをしたのです。そのうわさは森全体にひろまってしまいました。それをどうにかしなきゃとウサギががんばってまた大こんとぶどうを作りはじめました。そして二人のけんかは、一年かかりました。そしてウサギさんが二つとも作りおわり、二人はなかよくなりました。おしまい。》

感想をうかがうと、「ちょっと難しかったけど、何とか最後までできた」〈だいぶ大きなけんかになったねぇ。森じゅうに広まって〉「うん。でも、ちゃんと仲直りできた」〈そうね〉「ちょっと長いけど、大丈夫みたいでよかった」〈うん。何とかなるね〉「うん」とにこりとしながら頷いている。

#3

一緒に入室するなり、「クラブ、行ってきた」と、見学に行ってきたことを意気揚々と話しはじめる。そして、早速「明日から練習に行きます！」と、いくぶん興奮気味に語ってくれる。

まだ不安はありながらも、「怖くなるのは少なくなったけどね。夕方はいいけど、夜が時々かなぁ……」と、だいぶ落ち着いていた。そのことに、「何だろうって思う」と、しばし自分のことを振り返りながら沈黙する。

「戦争はよく分からないけど、怖いのは時々かなぁ……」〈うん。落ち着いていくといいねぇ〉「うん」と切り替わり、「先生、この前のやろう！」〈ＯＫ！〉とＡさんから持ちかけてきて、ＭＳＳＭが始まる。

Ａさんのぐるぐる描きにセラピストは〈だるま〉。交代し、「サメ」→〈グローブ〉→「チョウ」→〈スヌーピー〉。

◈**物語2：**《スヌーピーがだるまさんとキャッチボールをしています。もちろんグローブを使ってね。やっているばしょはなんとすなはまです。そうするとスヌーピーと仲よしなチョウチョがやってきました。そしてこんどはみんなで、海に入り水遊びを始めました。するとチョウチョがいいました。「青いものが海にうかんでいるよ。」スヌーピーが何なのかな?と見てみるとチョウチョではありませんか。こっちにきています。「にげろ!!」といってすなはまにやってきました。するとサメは海のむこうにいってしまいました。おしまい。》

セラピストの方から〈危なかったねぇ〉と物語に対する感想を伝えると、「気づいてよかった」〈そうね。チョウチョ、よく見つけたね〉「チョウチョだから見えた。そうじゃないと危なかった。うん……」と、時間まで二人で無言のまま画用紙を眺めている。セラピストの中では、Aさんの状態と重ねながら、一番の危機状態は脱するところかと思いつつも、まだ予断を許さない面もあるかと気を引き締めていた。終了後、母親からも『だいぶ良いみたいですけど、まだ時々怖がりますね。でも、何か言っていたりとかはあまりないですね』と報告を受ける。

#4

母親と待合室に座っている。中指に包帯をした手で鉛筆を持ちながら、宿題のようなものをやっている。一緒に入室し、セラピストから〈その指、どうしたの?〉と尋ねると、「突き指しちゃった。先週の日曜日、試合中に」とのこと。その時はさほど痛みもなかったようだったが、翌日病院受診すると突き指であると言われたと話す。そんな中でも鉛筆を持っていたことに、〈その手で何やっていたの?〉と尋ねると、通信学習の教材をしていたと話す。「そんなに多くはないから、今のところは大丈夫。でも、ちょっと遅れ気味だけど……」〈ん?〉「結構練習時間が長いから、疲れていてやらない日もあったり。明日も朝から練習だから、明日の分をやっていた」と、かなり精力的に練習に取り組んでいた。

そんな話をしつつも、セラピストの斜め後ろの画用紙の置いてあるところにチラチラと目が行っている。こちらから、〈今日もお願いしてもいい?〉と尋ねると、「うん」と大きく頷き、MSSMが始まる。

Aさんのぐるぐる描きにセラピストは〈タコ〉。交代し、「ニワトリ」→〈カーテン〉→「てるてる坊主」→〈アサガオ〉→「花」。

◈物語3:《ある日、風の強い季節がやってきました。

おかの上に一つの小さな家があります。そこにはタコさんとニワトリさんが住んでいます。まどを開けると、風がはいってき、カーテンがゆらゆらとゆれています。てるてるぼうずもゆれています。タコさんがかぜぎみではながむずむず……「ハクション」すみが家じゅうにちらばりました。

次の朝、目を覚ますと、風がやんでいました。外を見ると、アサガオも目を覚ましていました。》

感想を尋ねると、「何か、いい感じ」とにこやかな表情を見せる。〈穏やかだねぇ〉「うん。何かいい」〈そうね。夜が明けたら、なおいいね〉「うん」と、二人で時間まで画用紙を眺めている。Aさんの表情に、セラピストが救われる思いがしていた。

終了時間となり、次回は学校行事のため三週間後になることを確認する。終了後、母親からも『もうだいぶ落ち着いてきています』と報告を受ける。

5

待合室で通信教材をしている。待ち時間をも勉強にあてている姿に、セラピストは力強さのような感じさえ受けていた。鉛筆を持つ指の包帯は取れていた。

入室して着席すると、「もう最近は、怖くなることがなくなった」。Aさんの方から話す。続けて、「なんで戦争とか思っていたのかなぁって……」〈そうねぇ〉「うん……」と二人でじっと沈黙しながら、当時の自分自身のことを振り返っていく。

「とにかく怖かった……。でも、多分大丈夫になっている感じがする」〈はい〉と顔を見合わせ、お互い笑顔になる。

クラブの練習は熱心に行っていたようであったが、どうしても突き指をしてしまうとのこと、ここ最近も二か所も突き指したと話しながら、両手を広げて見せてくれる。そして、どういう状況で突き指をしてしまうのか説明してくれる。すると、「ちゃんと正面で（パスを）受けるといいけど、パッと動きながら取ろうとするから変になってしまって、突き指が多いみたい」〈身体向けて取らないとねぇ〉「そう。いろんなところに気がいっちゃうから、今頑張って練習しています」〈そうね、ちゃんと身につけていかれたらいいねぇ〉「はい」とのやりとりの中で、Aさんが対人関係のあり方に苦戦してきたこととも重なって感じられ、Aさんがこの時期にこの種目を選んだことがなんとしっくりすることかと感じていた。

そうこうしているうちに、Aさんから、「先生、今日もあれやろう。時間なくなるよ」と、こちらが急かされる。〈おー、そうか。それでは〉と、MSSMをお願いする（写真2）。

Aさんのぐるぐる描きにセラピストは〈帽子をかぶった女の人〉。交代して「ゾウ」→〈審判〉→「おでんのこんにゃく」→〈モモ〉→「音符」→〈お稲荷さん〉。

◈物語4：《ぼうしが好きな女の子がいました。女の子の友達はいがいな人たちでした。一人目は野救《ママ》のしんぱんで、もう一人は、どうぶつ園にいるゾウでした。女の子はいつものようにゾウにはモモをあげます。しんぱんには、おでんをおごってやります。とても仲のいい友達でした。ゾウの得いなことは、長いはなで歌うことです。音ぷがいっしょにおどります。しんぱんのしゅみはじんじゃに行くことで、おいなりさんという、きつねが大好きなのです。そんななか、女の子は、毎日、毎日かわった友達と遊んでいるそうです。》

感想を尋ねると、「いろんな友だちがいるのは、ちょっと面白そう」〈そうね。なかなか普段にはないこともあるかも〉「うん。毎日だと困ることもあるかもしれないけど、でもたまにはいいかも」〈毎日は大変ね〉「本当にたまに」〈うん〉「審判とゾウって……」と微笑んでいる。こうしたやりとりの中、セラピスト自身は、そろそろこの面接が終わりに近づい

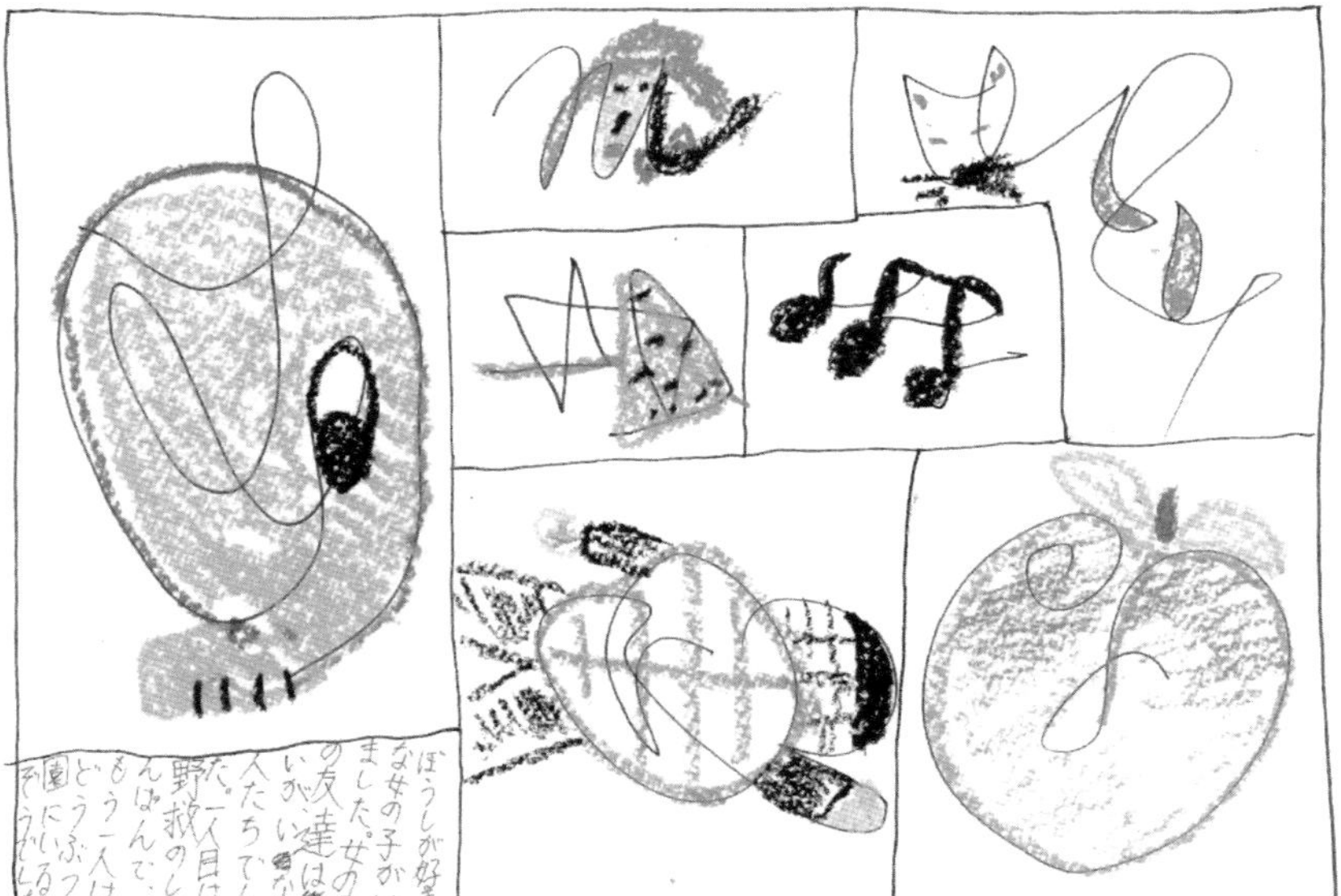

写真２

てきているような感覚が生じていた。

終了時間も近くなり、「もうあんまり怖くもならなくなって来て、今日もここに来る時にお母さんに『そろそろいいんじゃない』って言われて……」と、面接の終結を母親から提案されたことを話してくれる。セラピストとしては、Aさんの感覚を大切にしたいと思い、〈Aさんはいかが？〉と尋ねる。すると、「少し迷っている。本当に大丈夫かなぁって……」と、いくぶん心配もあることが語られる。〈続けるかどうするかは、Aさんが決めたらいいことだから〉と伝えると、六週間後の新年度にお会いすることを自ら決め、こちらもそれに同意した。母親にも確認するが、母親もその日程に同意を示してくれる。

#6

待合室で、母親と二人。落ち着いた表情で座っている。挨拶をして、Aさんと一緒に面接室に入る。「五年生になりました」と報告してくれる。〈新年度だね〉「特に変わったことはないし、怖くなることもなかった。今はクラブの練習が一番。この前は、四十分走っていた」と、練習の様子などを教えてくれる。〈かなりやねぇ〉「でしょ。筋肉痛がひどかった。そういう時ってどうすればいいんですか？」〈ん？〉「主治医の先生が、『先生（セラピスト）はスポーツの先生でもあるんだよ』って言っていたので」〈まぁ、ねぇ。筋肉痛なら、身体が温まると動くでしょ〉「あっ、そうだった」〈みんなよりも時間をかけてウォーミングアップすれば、ケガも少なくて済むと思うよ。あと、（クール）ダウンもね〉「ありがとうございます。やってみます」と、表情が少し引き締まる。こうした、いくぶんこれまでとは異なる現実的な水準のやりとりに、改めてこの面接の場の役目が終わりになってきていることをセラピストは実感していた。

今現在は、レギュラー確保に気持ちが向いていた。簡単にレギュラーとはいかないようで、「それが今の一番の悩み」と、Aさんにとって今現在の最大の悩みに、自分なりに取り組んでいこうという姿勢も見えた。

　そして、「お母さんとも話をしたけど、私も今日でここに来るのは最後にしようと思って来ました」と、終結を提案する。セラピストも〈ご自分で決めたのでしたら、そうしましょうか〉と同意する。それでもAさんの中にはまだいくぶんかの不安はあり、「でも、また怖くなったら来てもいい？」と尋ねてくる。〈それはもちろん〉と伝えると、安心した表情を見せてくれた。

　セラピストとしては、〈それでは最後になるので、少しこれまでの振り返りをしながら終わりにしたいんだけど〉と話すと、「先生、最後にまたいつものがやりたい」とAさんから返ってくる。Aさんに言われて、その方が自然な振り返りだなと思い、Aさんの提案に乗る。〈そっか。

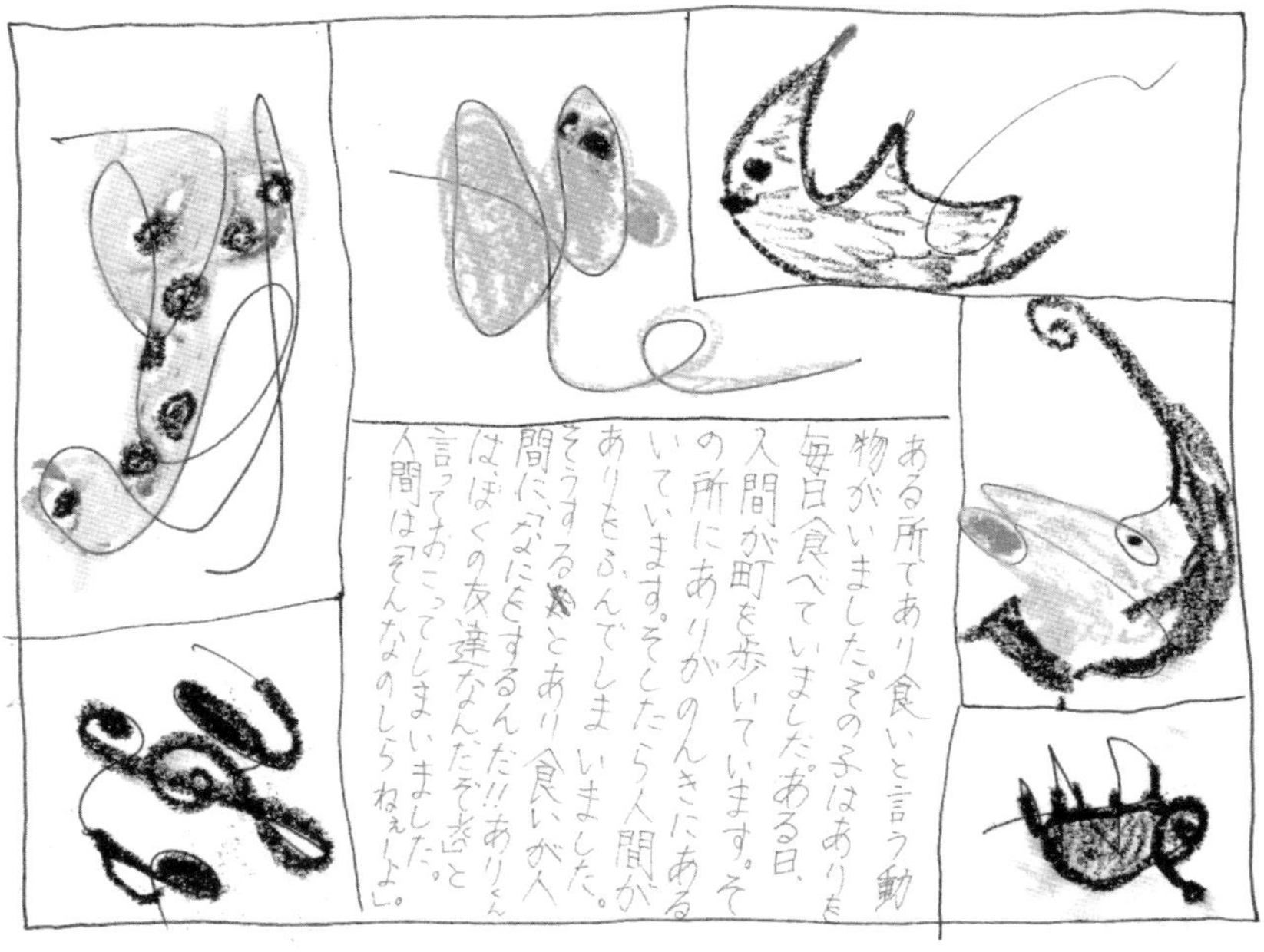

写真３

それならそうしようか〉と、MSSMへと移る（写真3）。

Aさんのぐるぐる描きにセラピストは〈アリクイ〉。交代して、「ネズミ」→〈不良〉→「アリ」→〈音符〉→「キリン」。

◈物語5：《ある所でアリクイと言う動物がいました。その子はアリを毎日食べていました。ある日、人間が町を歩いています。その所にアリがのんきにあるいています。そしたら人間がアリをふんでしまいました。そうするとアリクイが人間に、「なにをするんだ!! アリ君は、ぼくの友達なんだぞ」と言っておこってしまいました。人間は「そんなのしらねぇーよ」と言ってどこかにいってしまいました。そのことをアリクイが動物たちに言いました。するとキリンが言いました。「なぁんだそれは!! 人間はきらいだ」とおこってしまいました。ネズミたちも同じことを言っています。そして動物たちみんなで人間のところに行くことにしました。

するととてもきれいな音楽がきこえてきました。町がおんぷのハーモニーみたいです。それに動物たちは人間はいいやつなぁんだなぁーと思ってしまい、森に帰っていきました。》

〈いかがでしたか？〉「うまくいって、けんかにならなくてよかった」。セラピストから〈でも、アリクイ、アリ食べるけどねぇ〉と話すと、「友達って言っているけど（笑）。動物の世界では、それもあるから」と、Aさんがこの矛盾を包み込んで返答していく。〈まぁ、そうね〉「ちゃんとみんな森に戻っていって、人間の良いところも分かったのかなぁと思う」〈それならいいかもね〉「うん」と、しばし画用紙を見ている。

ここでの面接について、「先生は何でも私の話を聴いてくれたし、最初に描いた絵（風景構成法）も、これ（ＭＳＳＭ）も不思議だったけど、よかった気がする。うーん……。でも、何がどうしてかはやっぱりよく分からないし。でも本当に今は怖くなくなった。だから、これからクラブも頑張っていきたい」と話す。

終了時間が近づき、「また怖くなったりしたら、その時はまた来ます。大丈夫だとは思うけど」〈はい、もしその時が来たら、その時はどうぞ〉「はい。それじゃ」と一緒に退室する。

待合室で待っていた母親も、『ありがとうございました。また何かありましたときは、お邪魔させてください』とＡさんと二人で会釈をし、別れる。その後の連絡は入っていない。

4 ❖ 考察

Ａさんが語ってくれた「多分戦争が始まって、世界中が壊れてしまう……」という恐怖体験は、それが統合失調症であろうがなかろうが、いずれにしても切迫してくる強い恐怖感に困惑していたことは間違いないであろう。世界没落体験とも言われるようなこの凄まじい体験の中で、セラピストである筆者に何ができるのかを常々考え、感じていくことになった。その際に、ＭＳＳＭはセラピストとクライエントをつなぐというより、この治療的関係性を包み込んでくれたという方がしっくりとくる感触がある。以下では、前思春期というＡさんの発達段階とあわせて、本事例におけるＭＳＳＭの役割を振り返ってみたい。

1 前思春期の心性

前思春期とは、文字通り思春期に先駆けておとずれる時期のことであるが、山中（二〇〇二）は『千と千尋の神隠し』の主人公である少女「千尋」の年齢（十歳）に着目して前思春期について説明している。そしてこの時期は、「哲学的、宗教的、実存的などという、そのような形容詞を使ってしか表現できないくらい深い世界」であり、「人間が到達しうる最高点に通底してしまう」と述べている。ここで言う「最高点」にあっては、支え方によっては悪化にも好転にもどちらにも転びうる状態にあると言える。こうした状況下にあっては、Ａさんの訴える「多分戦争が始まって、世界中が壊れてしまう……」という根源的な不安体験も十分に生じかねないわけであり、セラピストとしてはいかに侵襲することなく、Ａさんを支えていけるのかが最重要課題であった。

風景構成法やＭＳＳＭは、技法としては臨床的に考慮された表現技法ではあるが、一歩間違えばやはり侵襲体験を強めてしまうことにもなりかねない。あくまで〝描いてもらう〟ことや〝表現してもらう〟というセラピストの態度は重要と思われる。これは機嫌をうかがい下手に出ることとは大きく異なり、拒否する権利なども含めたクライエントの意思を真に尊重する姿勢に他ならないと考えている。いかなる方法を用いようとも、心理療法はクライエントありきのものであり、その根本を忘れてしまっては、クライエントにとってはただただ侵襲的な体験となるであろう。まして前思春期という時期においては、なおのことである。

このような状態にあったＡさんと筆者が出会い、いくつかの表現方法を経験する中、ＭＳＳＭという方法が敏感になっているＡさんの触手を感覚的に動かしたように思われた。

2　ＭＳＳＭによる表現の護り

ＡさんにとってＭＳＳＭは、「よかった気がする」と語られるように、根拠は明確にはならないものの、なんとなくしっくりとくる方法であった。おそらくは、Aさんの中で生じるイメージが、できるだけ安全な形で自由な表現ができる可能性を感じとり、治癒の可能性を見出していたのではないかと考えられる。それゆえに、自らMSSMをセラピストに催促するように取り組んでいかれた。こうした感覚はクライエントに限ったことではなく、セラピストである筆者にとっても同様の面がある。交互スクリブルによってセラピストの意識も無意識もおのずと関わり合っていくため、セラピスト自身の護られる感覚も面接の上で重要と思われる。そうした意味では、「枠付け法」（中井、一九七二）や「空間分割法」（中井、一九七三）によって設えられた世界は、セラピストとクライエントの二者を包括する表現の場として機能するものであろうと考えられる。

さらに、物語作成という「意識の糸」（山中、一九八四）によって各イメージをつなぎ合わせていくことで、自我が補償されていく面も重要と思われる。一回目のMSSMでの森の中のアヒルとイルカのけんかから始まり、最後となる五回目のMSSMでも再び森の動物たちが登場し、人間の世界の善悪を受け入れつつ、自分たちの住む世界へと戻っていった。作成された五つの物語を追っていくだけでも、Aさんの中の無意識内容や意識と無意識との関係を彷彿とさせるものである。このように文字化されることによって、意識に近い水準のところで無意識内容は収まりどころを見せ、おぼろげにメッセージを伝える役割を担っていく。この直接的ではないメッセージ性も、とりわけ本事例においては侵襲感の軽減に一役買っているであろう。

このように本事例の全体を振り返ってみると、MSSMとAさんの自己治癒力とに、セラピストも相当護られ、救われていったようにも思われる。MSSMという技法は、セラピストが方法としてクライエントに提示して一方的にやってもらうものではなく、セラピストにとっても意識的にも無意識的にも護られつつ、セラピスト自身を能動的に懸けながらクライエントと関わり合っていくとき、侵襲感を強めることなく、きわめて治療的に働くことを実感させてくれる方法のように思えている。

［文　献］

1――中井久夫「精神分裂病者の精神療法における描画の使用――とくに技法の開発によって得られた知見について」芸術療法、2、七七〜八九頁、一九七一（『中井久夫著作集1巻　精神医学の経験　分裂病』岩崎学術出版社、一七〜四三頁、一九八四）

2――中井久夫「精神分裂病者の寛解過程における非言語的接近法の適応決定」芸術療法、4、一三〜二四頁、一九七三（『中井久夫著作集1巻　精神医学の経験　分裂病』岩崎学術出版社、八三〜一一四頁、一九八四）

3――山中康裕「箱庭療法と絵画療法」（佐治守夫他編）『ノイローゼ――現代の精神病理　第2版』有斐閣、七五〜九一頁、一九八四

4――山中康裕『ハリーと千尋世代の子どもたち』朝日出版社、二〇〇二

細川佳博論文へのコメント　山中康裕

1

ここに、本書の編者の一人、細川佳博君の事例へのコメントを記しておこう。

事例は、まさに前思春期、十歳の女の子Aちゃんであった。情報量が極端に少ないので、どういう両親のもとでの、どういう生活史の子であるか、などといったことにはまったく触れられないが、ここではそれらはまったく必要ないので、短刀直入に、Aちゃんの抱えていた問題と、MSSMの治療可能性について、存分に触れることができる。

2

Aちゃんの抱えていた問題とは、本論文の表題となった、「世界没落体験――『戦争が始まる』と怯える女子児童の事例」が端的に語っている。しかし、「世界没落体験」とは、おどろおどろしく、尋常ではない。

この用語は、通常、われわれの精神医学では「統合失調症」と言われる疾患の発症期に見られる症状で、まさに、これを体験している彼らにとっては、彼らの「世界」が没落する、つまり、彼らの精神がまったくばらばらになってしまうという体験そのものなのであり、Aちゃんの場合、その前状態としての、「戦争が始まる」と怯える事態が、彼女をとらえて離さないのであった。

「世界没落体験」などという大げさな物言いは問題ではないか、と考える向きもあるであろうが、実は、あの状態で放っておいたら、早晩、実際に、そうした事態になってしまうのであることをこそ、ここで強調しておきたい。

そんな重篤な事態が起こっているのに、こんなＭＳＳＭのような、《他愛もない、絵空事のような方法》で治るわけがない、と考える人もあろう。しかし、精神科医でもある私からすれば、それこそ、統合失調症の発症を未然に防いだ事例なのであり、ＭＳＳＭのような、《他愛もない、絵空事のような方法》でも、しっかりとクライエントに寄り添い、彼らの語りに耳を傾け、彼らとともに、セラピストも半分は身を挺して、彼らの体験している事態に参入しながら、細川君も述べている通り、極力侵襲的にならぬよう慎重に配慮しながら、この事態を共に生きていくと、いつの間にか緊急事態はそうでなくなり、気がつけば、日常性の中に戻っているのである。

3

しかも、とても嬉しいことに、ここの治療施設の精神科医たちは、臨床心理士のこうした働きの力を信じてくださっており、《できる限り薬を使わない》で治療したい、との方針で、リファーしてくださっているのだ。

私は、薬を全否定しているわけではない。薬は、必要な時があるものであり、その時にはお世話にならざるを得ないものでもある。しかし、この時期にそれをfirst choiceとすると、それ以後、ずっと薬が必要となってしまい、それのもっている援助機能よりも、副作用をはじめとする害毒作用の方が中心となってしまうので、慎重であるべきなのである。

4

この事例は、その意味でも大変に貴重な事例なのだ。アメリカの診断基準である『ＤＳＭ－５』

などで見ていくと、この症状はおそらく、anxiety disorder（不安障害）の中に入るであろうし、panic disorder（パニック障害）の範疇に入っていくであろうが、いわゆるschizophrenic disorder（統合失調症）の範疇で捉えようとしたら、何か月か待って、その上での診断になってしまい、そんなことをしていたら、この子は、本当にそうなってしまうのだ。

あのＤＳＭという診断基準は、《治そう》《自然治癒を最大限に生かそう》という発想がまったくない、診断のためだけの、治療哲学のまったくない体系であることをこそ、ここで述べておきたい。むろん、世界共通の、同一問題を対象とするための厳密な基準が必要だ、との認識を否定するものではない。そうでなければ、統計はまったく意味をなさなくなるからである。

しかし、精神疾患というのは、刻々と変化するものなのであり、特に、細川君も慎重に問題としているように、この前思春期というのは、特に、守りが薄い子どもたちにとっては、そういったことが、いわば皮一枚の下に蠢いている時期なのであって、この時期に適切な守りと見守りがあれば、本事例が幸せにもそうであったように、まるで何もなかったかのごとくに経過していくものなのだ。

5

それにしても、創案者である私自身もたびたび驚かされるのであるが、このＭＳＳＭという方法をクライエントとの間に登場させたとたんに、彼らは、一瞬にして、この魅力にとらわれ、「先生、あれ、したい！」とまで言い出し、事実、毎週来るたびに、彼らの《密やかな楽しみ》となっているのであり、この細川君の事例のＡちゃんもその例外ではない。最後の振り返りを提案するセラピストの意向も無視して、「先生、最後にまたいつものがやりたい」と、自ら希望を述べているではないか。

母親たちは、異口同音に、「先生、うちの子に、一体何をされたんですか?」と聞いてこられることが多いのである。ある母親などは、「先生、何か魔法でも使われたんですか。うちの子が、あんなふうに目をキラキラさせて、先生のところに行きたい、って言うの、今まで見たことがないです」と言われたのだ。

6

最後に、このMSSMのような《他愛もない、絵空事のような方法》が、本事例のような、統合失調症前状態にあった子どもをその危機から救いあげたばかりか、彼女の本当にしたいスポーツすらできる日常性にまできちんと送り届けられた《治療力》の秘密は一体何なのかについて、私見の一端を述べておこう。

それは、一つには、セラピストの細川君もクライエント自身も述べているように、セラピストが、きちんとクライエントの言うことをしっかりと聴き、他愛もないことをすら一つひとつ大切にしてくれて、決してブレないことである。つまり、治療者としての毅然とした《守り》が基礎としてなくてはならない。その上で、ごく自然に、彼らクライエントの心の中に眠っている、《本当にしたいこと》、本当は《もともともっている能力》、つまり、従来の言葉で言えば、《自然治癒力》、今ふうの言葉で言えば、《リジリエンス》を、賦活したからなのである。しかも、もう一言加えれば、《遊び》や《ゆとり》といったものを本当に《自由に発現しうる状況》を作ってやることそのものが、このMSSMという方法の隠し味なのである。

6

MSSMの事例(5)

気を遣いすぎる不登校傾向生徒との面接

鈴木　壮

スクールカウンセリングでは、一般的な相談室でのカウンセリングとは異なり、プレイセラピーをするのに十分なスペースが確保されていなかったり、箱庭制作をする設備が整っていなかったりする。その時、他の非言語的な方法として描画法を用いることができる。スクールカウンセリングにおいて、絵を描くことやその絵について語ることの治療的有用性は様々なところで示されている(例えば、藤原、二〇〇六・橋本、二〇一二)。その描画法の一つに、本書のMSSMがある。ぐるぐる描きを交互にやりとりをしながら、「投影したものを再び、意識でつなぎとめ」、「クライエントの内的なものの投影と自由なファンタジーを導き出し、イメージをより鮮明に」(山中、一九九〇)する。これは、画用紙、クレヨン、サインペンを用意するだけで、比較的簡単に実施でき、比較的侵襲度が低く、適用範囲が広く、すぐれて治療的な方法である(山中、一九九三)。

以下では、スクールカウンセリングの現場で、不登校傾向中学生(クライエント)に対して行われた一～二週間に一回、合計七回の面接の経過をたどる。そのうちの三回でMSSMを実施し、また、一回目に風景構成法、三回目にバウムテストを実施した。

クライエントについて、事前に母親から「朝、吐き気がして動けなくなり、遅れて登校しているが、心配だから」と相談を受けた。クライエントは「真面目で、融通がきかず、いい子でいないと自分が許せない子」であった。一回目の面接から、線が細く、真面目で、いい子すぎるという印象を受けた。しかし一方で、現実に適応していけるだけの力量は備えており、比較的短期間で通常通り登校できるのではないかという見通しをもった。

以下ではその経過の概要を示す。ただし、事例はプライバシーに配慮して内容の骨子を変えないように改変されている。なお、文中「　」はクライエント、〈　〉はカウンセラーの言葉である。

1 ❖ クライエントの概要

クライエント：Z君、男子、中学三年生

主訴：不登校傾向（朝、吐き気、腹痛で動けなくなり、学校に行けない。登校できるときは昼頃に行っている。）

家族：

- 父　会社員。多忙。休みの日でも出勤。クライエントとは、例えば二人で本屋に出かけても、特に何も話をしない。自分のために時間を使いたい人。
- 母　学校に行っていたとき、いじめられ、友達もいなかった。でも、なにくそと思って学校に行っていた。
- クライエント　中学三年生
- 弟三人（中学一年生、小学四年生、三歳）：中学一年生の弟もよく熱を出す。

生育歴、問題歴など（母親との面接より）：

中一の夏頃から、朝から腹痛がするときがあり、学校に来られないときがあった。来られるときでも

昼近くに来ていた。心療内科を受診したが、腹痛は内科的なことではないと言われた。本人のペースで、と見守ろうと思っていたが、受験のことがあるので心配。小学校の夏に転校してきて、なじめなくて、友達もできなかった。中二のときになって初めて「転校してきてなじめなかった。合わせようと努力してきた。それが原因だと僕は思う」と語った。〈どんな子?〉真面目。融通がきかない。プライドが高い。いい子でいないと自分が許せない。家でわがままをまったくしない。親にも気を遣う。長男なので、甘やかさずにと思って、多分厳しくしてきた。Zを見ていると、どうして乗り越えられないか歯がゆい。自分と似ているのでイライラする。自分のそういうところが嫌いなので、自分みたいにならないようにきちんと育てなくてはいけないと思ってきた。

家では何をするにしても聞いてくる。自分で考えるように言うと、私が怒るのではないかと心配する。こちらの顔色をうかがう。弟たちには自分をさらけ出している様子。例えば、おやつを弟たちのためにとっておく、ということはしない。

反抗も、べたべたした甘えもなかった。不登校になって、泣きながら反抗みたいなことをしたが、すぐに「ごめん」と言った。

学校に来られないときには自室にこもっている。テレビとかアニメでは、友情とか正義とかを押し出しているのが好き。冒険小説が好きで、「いいなあ。そういう世界に行きたい」と言っている。実技科目(体育、美術、技術)に出られない。

来談の経緯：担任が母親の来談を勧め、後日、母親と担任の勧めによりZが来談。

#1（X年六月二十二日）

「母に言われて、来ようかなと思ってここに来た。……気を遣いすぎ。小学校五、六年あたりから気を遣いはじめた」〈例えば？〉「家族以外のまわりの人全員に敬語を使う」〈気を遣うと？〉「疲れる。窮屈」。風景構成法（写真1）を実施。絵の中の道や川が歪んで、空白が多く、自分の道が定まらず、不安定な様子が伝わってきた。感じたことを聞くと、「もう少し描いてあってもよかった」。……「体育に出ないのはみんなに迷惑がかかるから。一年生の一学期までは受けていたが、その後は保健室にいたりしている」。……「人とちょっとでも違うのが嫌。例えば、サブバック。みんなが黒なら、決まっているわけでなくても紺色は嫌。……まわりの人が自分のことをどう思っているのか気になる。例えば、よく遅刻したが、みんなが卑怯と思っているのではないかと思ったことがあった」〈窮屈だね。家ではわがままは言わない？〉「家で言いまくる。家での性格を学校で出せたらいいと思っている。……受験なので学校に行かないといけないと思うが、しばらく行ってないと行きにくいというのがある。高校へは行きたい。……人に気を遣う自分を変えたい」。

臨床像、見立て：中背で痩身。言葉遣い、挨拶が丁寧すぎ。真面目で、いい子。周囲に気を遣い、感情を抑えてきたことが不登校傾向となっている大きな要因と思われた。しかし、知的能力が高く、また相応の自我の強さをもっており、自分でやっていける力があるように感じた。比較的短期間で通常通り登校できるのではないかという見通しをもった。

#2（X年七月十三日）

「人の目が気になる。四時間目の終わりに来たときに、給食を食べに来たのかと言われたことがあって、他の人もそう思っているのかと思った。言われて嫌な感じだった。そういうつもりはないのにそう言われた。学校に行こうと思うが、朝になるとお腹が痛くなって、吐き気がして、ちょっと楽になってから、三～四時間目ぐらいからしか来れない。高校に行っても中学みたいに行けなくなるのではないかと思って、ちょっと不安。……出席日数補充のために学校に来ているが、実技三教科は出にくい。長い間で作っているのがあると、途中で行くと、他の人と違うし、迷惑かけるかなと思う。体育が嫌なのは、チームでやるときに迷惑かけるかなとか、友達に手伝ってもらおうと思ってたら順番に遅れてしまって迷惑かけたと思ったりするから。みんなとちょっとでも違うと気になる。違うとどうしようと思う。学校に来れないのにはちょっと罪悪感がある。みんなどう思っているのかと思

写真１

う。……母も人目を気にするが、僕の方がひどい。……学校で叱られるのが怖いという感じがある」〈家では？〉「家では平気。学校で叱られるのは怖い。みんなが昼休みにふざけているとき、止めた方がいいのか、止めたら誰かに何か言われるし、言わないと先生に何か言われるし、と思う」〈窮屈〉「修学旅行があるが、普通に話せるかなと思う。本当のことを言うと、みんなと一緒にふざけたい。ちょっといけないような遊びができるようになりたい。先生に怒られるような遊びをやっている子がうらやましい。怒られるのが嫌でやりたいことがあまりできない。勇気がない。例えば、修学旅行でどこへ行くかについて話し合いをしていて、一番初めにうちの班が終わって、他の子が先生に遊んでいいかと聞いて、遊んでいたが、よくそんなことができるなあと思ったことがあった。みんなが遊ぶならいいが、一人とか、一番はじめとかはちょっと……。僕にはそれをやる勇気がない。……最近、夢の中に学校のことが出てくる。夢にクラスのみんなが出てきて、朝、もう学校に行ったような気がするときがある」〈学校に行きたいんだ〉「学校は嫌ではないが、二年生の時、何か言われたりすると嫌だなあと思った」。

#3（X年七月二十一日）

「高校見学があるが不安。みんなで集合するとき時間通りに行けるのかとか、早く行きすぎたときに誰もいないと間違えたと思うかなとか、不安になる」。バウムテストを実施。描き終えて、「単純かな」。絵が画用紙に収まらず、樹冠や根が見えない。無理をしているのかもしれないと感じた。何かやっていても、「何か言われるかなと思ってやめる。……今の状態は嫌」。

#4（X年八月四日）

「一日一ページは勉強しようとしているが、それが終わるとダラダラしている」。なかなか話が続かないということもあり、MSSMを実施（一回目）。クライエント「魚とエイ」→セラピスト〈帽子と耳あて、Dの字〉→クライエント「毒クラゲ」→セラピスト〈妖精〉→クライエント「人の顔」。

◈物語：《魚とエイがのんびり泳いでいると毒クラゲが襲ってきました。それを見た人が、帽子と耳あてを地面においてDという字を書くと、なぜか妖精が出てきました。ヨウセイがドククラゲを退治して、魚とエイはまたのんびりと泳ぎました。》

心の中で戦いがあり、ネガティブなものが退治されているようなイメージをもった。

「話が単純。少し難しかったが、連想するのが面白かった。……家にいて、兄弟でゲームをしたりして、ワイワイやっているのが好き。中一の弟と一番話をする」〈どんな子？〉「ひねくれ者。すぐケチをつける。どうせ僕は下手だしとか、能なしとか言う」〈君は言わない？〉「言わない。言いたいときはあるが」。

なお、本事例では、一回目にクライエントに物語を書いてもらったため、その後もその方法を変えなかった。

#5（X年八月十日）

MSSMを実施（二回目　写真2）。セラピスト〈リボンとメガネ〉→クライエント「目玉焼きとスプーン」→セラピスト〈人の顔：目と鼻〉→クライエント「万歳している人」→セラピスト〈ダルマ、仮面ライダーの顔〉。

◈物語：《A君は今日、友人のところの誕生会へ行きます。ご飯はA君の好きな目玉焼きが出て、A君は思わずバンザイをしてしまいました。A君の机の上にはお気に入りのダルマと仮面ライダーのお面がありります。もうすぐ誕生会へ行くので鏡の中の自分の顔を見て、ちょっと髪を整頓してメガネをかけ

て、プレゼントのリボンを持って、誕生会へ行きました。》

心の中を整理して、次に進むというイメージを抱かせる絵と物語だった。

「誕生会はやりたいのだが、やってもらったことはない。弟がやってもらったことがあって、ちょっとうらやましかった。ずいぶん前の話だが。……家は六人家族。ご飯のときはみんな結構しゃべる。軽い感じで話すのはいい。……得意な科目は数学と理科。実技系は好きでない」。

#6（X年八月二十三日）

MSSMを実施（三回目　写真3・口絵5）。

クライエント「トリ」→セラピスト〈ハイヒール、ギャング〉→クライエント「人の顔（帽子をかぶっている）」→セラピスト〈紙ヒコーキ〉→クライエント「ゲーム（マリオ）の中のキノコ」。

◈物語：《ある子が飛行機をトリめがけて投

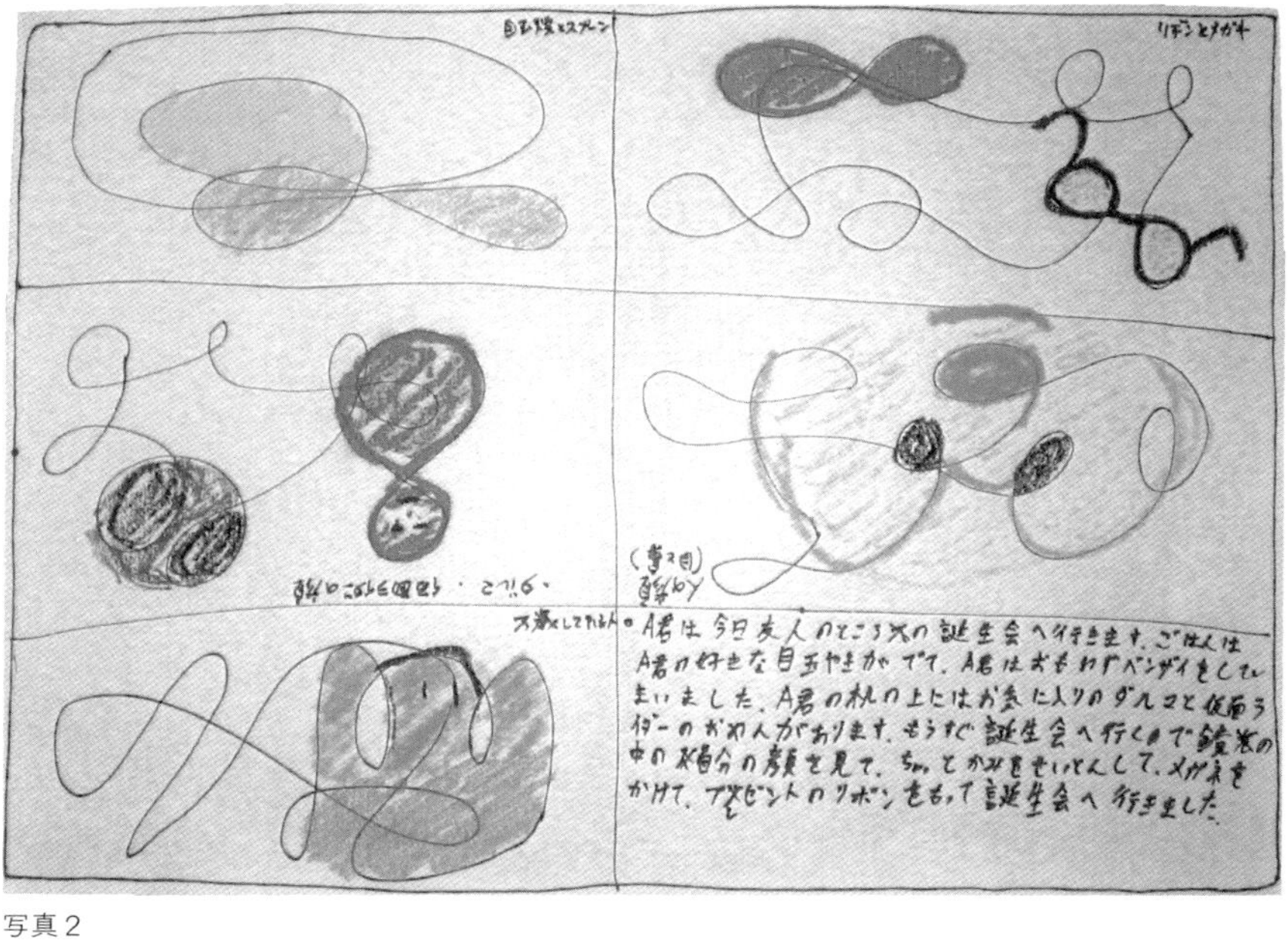

写真2

げてしまいました。しかし、トリには当たらず、前の方にいた帽子をかぶっている人に当たってしまいました。その人の連れはギャングで、ちょっと怖い目にあってしまいました。その後、家に帰ってマリオのゲームをしていました。キノコでマリオが大きく強くなると、僕もこんなふうに大きくなったら、あのギャングをギャフンといわせられたのに、と悔やんでいました。》

自分自身の中の悪者（抑えているもの）を退治して、前に進もうとしている気持ちが伝わってきて、もう大丈夫ではないかと思った。

「宿題が終わった。あとは一日一回は継続的に学習をすること。……将来やりたいと思うのは、アニメに関わること。テレビでアニメをよく見る。原作を知って面白そうなのを見ている。例えば、『ワンピース』」。

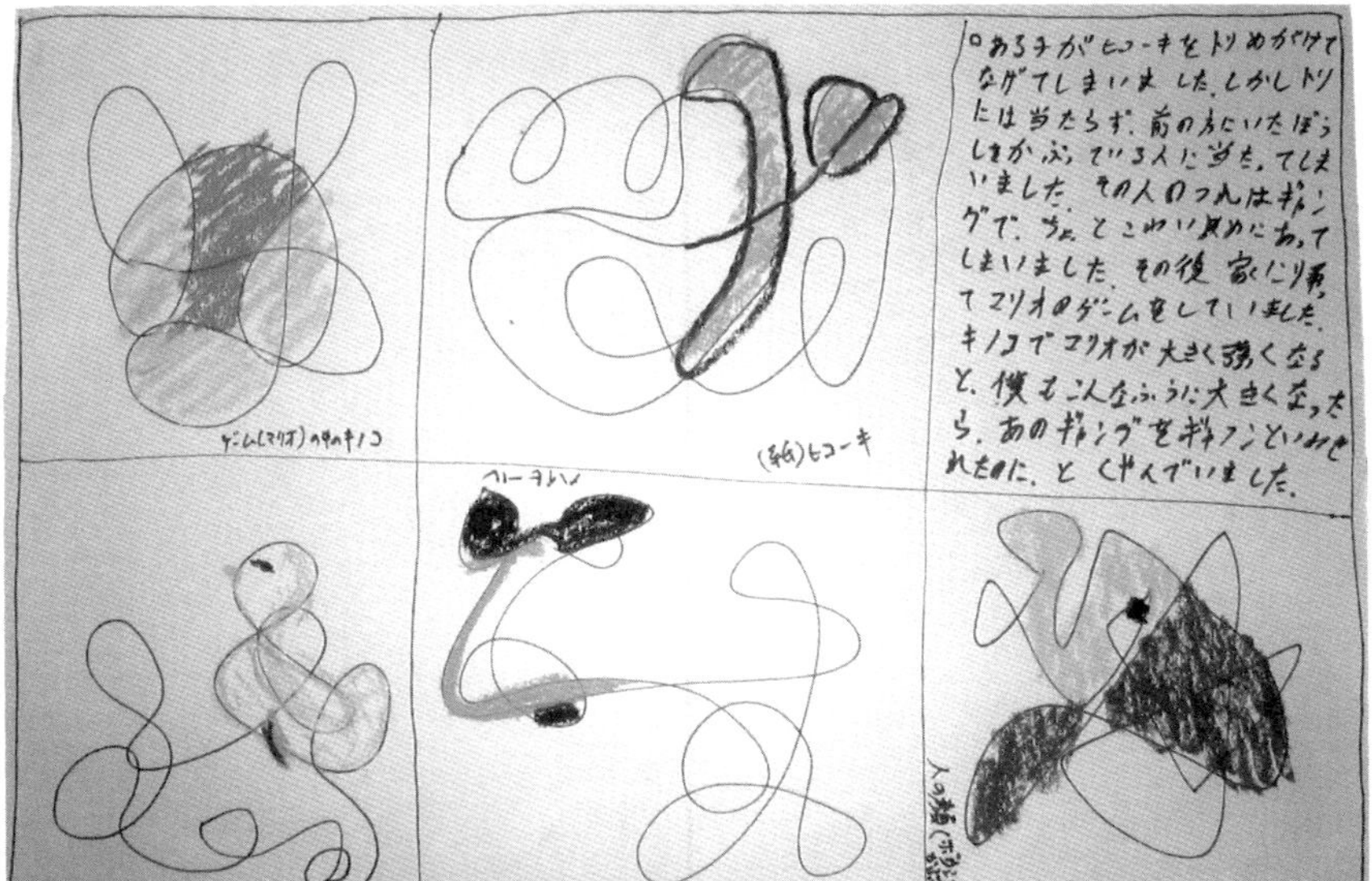

写真３

#7（X年九月七日）

顔つきが少し大人びたような印象を受けた。「夏休みが終わってから毎日学校に来ている。学校に来ないといけないと思って来ているが、ちょっとつらい。疲れる。人に気を遣うのもあるし、体育大会の練習もあって体力がもたないのもある。……数学の問題を解くのが面白くなってきた。……（これまでは出席しなかった体育の時間に面接に来ていたが）体育祭の練習に出たいので、面接時間を変えてほしい」。昼休みに面接する約束をした。

その後、担任から学校で通常の授業に出て頑張っている様子も聞き、大変かもしれないが、授業に出席し、休まずにやっていけるのではないかと思った。

八回目の面接には来談しなかった。教育相談担当と担任から、授業に出て頑張っている様子を聞き、無理に呼び出すことはせず、終結とした。その後は、ほとんど欠席することなく通学し、卒業を迎え、クライエントの学力に相応した高校に進学した。

3 ❖ 考察に代えて

クライエントは、表面上は、友達にも「気を遣う」（#1）など、自分を抑えて、自分を固めてきているることがうかがわれた。しかし、風景構成法では、空白があったり、各アイテムがそれほどきっちり描かれていなかったりしており、表面上とは異なる特徴を示していた。また、バウムテスト（#3）でも、無理をしていることが想像されたが、それほど固めているという印象は薄く、また、クライエント自身も「窮屈」と感じ、「自分を変えたい」(#1)と思っていた。そうであっても、初めはカウンセリング場面でも自分自身の感情を表出することは少なく、話もあまり進展することはなく、言語レベルでの交流が難しいと感じられた。そのため、四回目の面接からMSSMを導入した。そうしたところ、楽しそうにぐるぐる描きして物語を作るうちに、少し気持ちが緩み、自分の気持ちを表出するようになっていた。MSSMの一回目では、妖精が毒クラゲを退治するように、ネガティブなものを退治する物語、二回目では心を整理して次に進むイメージがあり、三回目では前に進もうとしている印象を受け、少しずつクライエント自身の思いを表出してきていることが伝わってきた。言葉をそれほど使わないで、ぐるぐる描きから何かを見つけ、それに色づけし、ということを交互に行い、最後にその見出した絵を使って物語を作る、という作業が、固まりがちなクライエントの感情を表出させることになったように思われる。夏休み明けの面接(#7)では、人に気を遣うとは述べているものの、少し大人になったような印象を受け、また、出席できなかった科目にも出られるようになっていた。その後の面接を約束したが、授業に出ているために、来談する時間がなくなったこともあり、無理に来談を勧めることはせず、終結となった。

クライエントは現実適応する力をもともともっていたが、他人に気を遣うなど、無理に自分自身を小さな枠の中に閉じ込め、感情を抑える傾向があったため、不登校傾向にあったように思われる。それが、MSSMなどで自分自身の内的な物語を作り、整理する中で、閉じ込められていたものが、自然に表出されるようになった、と考えられる。

もともと力のある生徒であること、授業のことを考えなくても済む長期休み中にカウンセリングが行われたこと、そして、担任の先生を中心とした働きかけがあったこと、それらのことも幸いして休むことなく登校するようになった。

ＭＳＳＭは学齢期の子どものカウンセリングや心理療法で多く実施されており、山中（一九九〇、一九九三）以外にも、例えば、中学生虐待児（赤岩、二〇〇四）、自己臭恐怖の高校生（今田、二〇〇五）、身体症状と不登校の小学生（白石、二〇〇三）などでも用いられている。そこでは、ＭＳＳＭによってこころが変容していく過程が示されている。また、「学校などにおける、教師や児童・生徒間のイメージ交流にも役立ちうる方法である」（山中、一九九〇）ので、スクールカウンセリングにおいても有用性が高いと思われる。さらに、スクールカウンセリングだけでなく、教師と児童生徒間の交流のためにも有用性があり、学校現場でもう少し頻繁に用いられてよい方法である。

〔文　献〕

1――赤岩保博「児童養護施設における虐待を受けた子どもとの描画臨床」臨床描画研究、19、六四～七八頁、二〇〇四

2――藤原珠江「絵描きゲームのスクールカウンセリングへの導入の試み――中学校でのスクールカウンセリングの体験から」臨床描画研究、21、一〇四～一一七頁、二〇〇六

3――橋本秀美「学校心理臨床の立場から――スクールカウンセリングにおける描画を中心にして」臨床描画研究、27、二一～三六頁、二〇一二

4――今田雄三「ＭＳＳＭにみるこころの変容――自己臭恐怖の思春期事例から」箱庭療法学研究、18（2）、一九～三三頁、二〇〇五

5――白石一浩「多様な身体症状と不登校を訴える10歳女子のMutual Scribble Story Making法を用いた治療過程」箱庭療法学研究、16（1）、六五～七三頁、二〇〇三

6――山中康裕「絵画療法とイメージ――ＭＳＳＭ『交互なぐりがき物語統合法』の紹介を兼ねて」〔水島恵一編〕『現代のエスプリ275　イメージの心理とセラピー』九三～一〇三頁、一九九〇

7――山中康裕「私のスクィグル――ＭＳＳＭ＋Ｃへの招待」臨床描画研究、8、五一～六九頁、一九九三

鈴木論文へのコメント

山中康裕

1

この論文は、スクールカウンセリング場面でのＭＳＳＭの適用が功を奏したものであり、比較的病理性が薄く、また、鈴木さんも述べるように、自我レベルがきちんと保持されていたので、ごく短期に終結した事例である。

本事例で、何が功を奏したのか、を一言で述べれば、それは、がちがちに強迫的に他人のことを気にしていて、ほとんど《ゆとり》をもてず、がんじがらめになってしまっていたのを、ＭＳＳＭで《遊んだ》おかげで、こころの《ゆとり》を取り戻したから、と言えそうである。本法の隠れた目的の一つは、この、《遊ぶ》ことを取り戻す、というもので、つまり、こころの《ゆとり》を取り戻す、ということなのだ。

2

言ってみれば、現代は、「速いことがいいことだ」「きっちりやることがいいことだ」「礼儀正しいことがいいことだ」といった、《建前》の方ばかりに心のエネルギーが向いてしまっていて、いわゆる《本音》がおろそかになっていると、子ども本来の《伸びる力》が抑えられてしまうのだが、まさに、本事例は、その典型をいくと言っていいくらい、外見上、しっかりしすぎていて、言葉遣いも丁寧で、他人のことを先に考える、いわゆる《いい子》を演じすぎていたので、《遊び》を失ってしまっていたのである。

鈴木さんは、カウンセラーとしても一流の優しさと専門性を備え、また、スポーツの方でも世界レベルのコーチができるほどに、芯のしっかりした、とても安定した、父性と母性の両面をきっちり備えた治療者なので、上に書いた《遊び》の心をこの子が取り戻すのに、言語的なサポートなどまったくなくても、安心感をもて、なおかつ、そこにこの方法の隠し味を楽しむことができて、短期に終わることができたという、セラピストの守りが背後にあることにも触れておこう。

3

なお、鈴木さんは、「本事例では、一回目にクライエントに物語を書いてもらったため、その後もその方法を変えなかった」と書いておられ、確かに原法では、クライエントが物語を書くのが普通だが、書くのが嫌だ、などと言われた場合には（それは字が下手だから、など、いろいろな理由がありうる）、セラピストが書けばいいので、必ずしもかたくなな規則はない。MSSMを始めるにあたり、じゃんけんから始めるといった要素も、まさに、《遊び》を助長する眼目があるのであって、治療空間に《遊び》を現出することこそが大切で、規則はあまり強調しない。

4

本コメントは、まったくこれで十分務めを果たすのだが、用いられた他の技法での知見にも、若干言及しておく。

まず、LMTであるが、私なら、この作品を見て第一に着目するのは、「川」のアイテムである。鈴木さんは、「道や川が歪んで、空白が多く、自分の道が定まらず、不安定な様子が伝わってきた」と記載されていて、それはそれで適切な解釈であると思われる。しかし、確かに歪んではいるが、この川の特徴は、私が「川が立つ」ないしは、「天に抜ける川」と表現したもので、前者なら、小学三〜四年生に認められる指標で、いわばそれは、それまでの家族中心の自己中心的な狭い世界観が、友達・世間・世界といった、他者中心的な世界観に転換していくときのサインなのだ。後者から言えば、その川が、ズドーンとまっすぐのびていれば、《後先考えずに、先へと進んでしまって、後でしまった、と後悔する心性の特徴となるサイン》として見ることが多い。

ということは、退行のサインともとれ、身体的・外的には中学三年生であるにもかかわらず、この少年の心の成長が、内的にはその年齢相当のところまでしか育っていない、ということを示している。つまり、そのギャップを埋めるべく生じてきたのが、今回の問題症状なのだと考えられる。

ところが、この川が、自由奔放にズドーンとのびておらず、くねくねと曲がっているので、素直に自分の心を押し通す習慣ができていない、つまり、自身の内的成長よりも、外部にばかり気を遣うという、子どもらしくない生き方を強いられてきたことが問題だったのである。

5

バウムの方は、ここには絵そのものが提示されていないので、本当のところは何も言えないのであるが、鈴木さんの描写によれば、「絵が画用紙に収まらず、樹冠や根が見えない」とあり、「無理をしているのかもしれないと感じた」と解釈的な感想を漏らしておられる。

普通なら、「絵が画用紙に収まらず、樹冠や根が見えない」というサインは、むしろ「のびのびとしていて、とても枠に収まらない」というポジティブな解釈を可能とするサインである。絵を見てみないと何とも言えないが、（つまり、上記のＬＭＴの川をとっても、先に述べたように、通常と逆の解釈を可能としているように）やはり、彼の生き方が窮屈になっている可能性の何らかの兆表が出ていたか否かが気になるところだ。

7

MSSMの変法(1)——MSSM+C

まるでいつも素晴らしい短編小説だった

山中康裕

1 ❖ MSSM+Cの偶然の発明

MSSMの変法の第一として、私自身が発明したというよりも、クライエントが変法を教えてくれた、と言っていい、MSSM+C(コラージュを加えたMSSM)をここに挙げる。クライエントが教えてくれた、というのは、私の外来で診ていた少年が、ぐるぐる描きのやりとりの最中に、本人が思っているのと違ったものを描いてしまい、「見ちゃダメ!」と言って手を置き、離そうとしないので、とっさにそばにあったカレンダーの写真を切ってその上に貼ったところ、「これ、いい!」と喜んだのが発端だったのである。

2 ❖ 『心理臨床学のコア』に掲載した一回分

私は、京都大学をやめるにあたって、まとめ上げた一冊の本を、退官後、『心理臨床学のコア』(京都大学学術出版会、二〇〇六)として出版したのだが、その「第十章」に、とても印象的な「MSSM+Cの事例」として、見事な短編小説といっていい作品「十六歳の恋」を報告したことがある(一八八〜一九四頁)。

その時、「私は、いつか、この事例の彼女と一緒に作った作品群を、どこかで出版したいと思っている」と書いたのだったが、結局、それは果たせずじまいで今に至っていた。しかし、ちょうど今回、細川佳博君の絶大な協力により、《私のMSSMに関わる単行本》として本書を出すことになったので、ここにそれを載せることにした。

『心理臨床学のコア』において、この事例の生活史などについてはまったく省いたのだが、今回も、その線上で書くことにしたい。ただ、それではあまりに読者に対して失礼なので、最低限のことどもは記載しておく。

クライエントは女性である。が、私は実は、彼女についての詳しいことをまったく知らない。だから私は、彼女の本名も、年齢も、職業も、何も知らない。

本名という妙な言い方をしたのは、後で分かったことであるが、なんと、病院に残されていたカルテの名前は、まったくの仮名であったからである。それでは、なぜ彼女と会っていたかというと、次のような不思議な経緯からであった。

3 ❖ 当時の私の状況

当時、私は、京都大学教育学部と大学院教育学研究科の助教授であった。臨床心理学主任教授の河合隼雄先生に招聘されて名古屋から赴任し、当然のように、名古屋時代と同じように大学病院にも所属して、そこで外来をするつもりでいたのだった。しかし、京大病院精神科の助教授だった河合逸雄先生（隼雄先生の弟さん）がご尽力くださったにもかかわらず、当時の京大病院精神科には、大学紛争の名残で、全共闘系の「評議会」なる組織があって、「外部から来た者には、その席を与えない」ということで、私は京大病院で外来を行うことができなかった。そこで、逸雄先生は、それまでは、大学病院の外来以外に、京都の四条にある総合病院で土曜日だけの外来をなさっていたが、ご自身が国立療養所宇多野病院の院長に栄転されるとのことで転出なさる折に、その外来を、患者さんもろともすべて私に引き継ぐということで、私がその土曜日の外来をすることになったのである。それ以降、私はそこに都合十二年勤務したことになるが、本章で取り上げるクライエントも、その時の方であった。

4 ❖ 彼女との最初の出会い

ある日のこと、その総合病院の外科部長から直接電話が入り、「山中先生、大変申し訳ないが、外科ではとても手に負えない患者がいるので、そちらの外来が終わってからでいいから、一度、うちの入院患者を診てくれないかね」とのことであった。それ以上は何の情報もなかったし、年配の先生だったので、「はい、分かりました。そういたします」と答えて、四時頃に外来を終えて、外科病棟に赴いたのである。

看護婦詰所に寄ると、外来の婦長はとても困った表情で、「まずは、先生に診ていただきますが、カルテを出しますので、お待ちください」と言って、それからカルテを抱えて、一緒に病棟に赴いた。その途中に彼女から聞いたことによると、「十一階のビルから飛び降りての自殺企図とかで、救急車で搬送されてきた患者さんなんです。一応、すべての傷の手当てはもう終わっていて、外科的にはすべて手を尽くしたのですが、なにせ自殺未遂ですし、一言も語られないので、うつ病かと、カルテも仮に作成したものの、本当のところは一切分からないままですので……」とのことであった。

行ってみて驚いた。なんと、彼女は、頭のてっぺんから足の先まで全身包帯だらけで、目・鼻・口のところだけ、かろうじて包帯のないところがあり、まるで漫画のミイラそのもの。婦長による説明では、十一階から落ちたら通常はまず絶対的に即死だそうだが、なんと彼女の落ちたところが、たまたまガレージの屋根で、その屋根が塩ビ（ポリ塩化ビニル）の波板だったとかで、そこでおそらく一回バウンドして、トランポリンのように跳ね上がり、さらにもう一回跳ねて、今度は波板を突き破って地上に落ちたため、四肢すべてを単純骨折したものの、命に別状はなく、無数の擦過傷が生じたための外科的処置なのだという。脳しんとうがあったらしく、しばらく意識がなかったが、意識が戻ってみると必要最小限以外決してしゃべらず、病棟としては手の施しようがない、とのことだった。

婦長さんに帰室してもらい、ベッドサイドで、私と二人だけの会話をした。〈私は、ヤマナカといいます。この病院の精神科の医師です。今、やっと外来が終わったので、外科部長さんに頼まれて来ました〉「……」〈お名前は？〉「……」〈いったい、どうしたの？〉「……」〈気がついたら、ここの病院に入院していたってわけね〉「……」。

何をきいても、まったくこの通りで、無言の連続であった。十五分ほど、そうしていたが、まったく同様で、私は最後にこう言った。〈うん、いいよ。沈黙も一つの貴女の生き方だから。でも、毎週、こうして必ず来るから、十五分だけは、僕と会うことにしようね〉「……」。

次の週も、その次の週も、まったくこの通りだった。でも、私は、根気よく通った。外科的なものが完治するのには三か月かかるということだったので、三か月間このように通いつめた。

そのうち、少しずつ変化が見えはじめた。一か月ほどした頃から、二言三言、言葉が出はじめた。結局、三か月で分かったことといえば、彼女は、三十五歳前後の独身で、どこかの夜の仕事についていたらしいが、ある男が見受けするということで、仕事をやめてその男と一緒になったが、それは単なるセックス目当ての真っ赤な嘘で、おまけに酷い暴力があり、結局彼女は見捨てられ、絶望して自殺を図ったらしい……ということだった。

彼女は本名を決して語らず、彼女が示した住所に看護婦が行ってみると、ずいぶんと古い京町屋風の一軒家で、たんすなどの調度品や身のまわりの持ち物とてほとんどなく、どうも生活保護を受けていたようだった。電話で区役所に問い合わせてみると、以前から使っている名前は本名ではなく、本当はなんという名前なのかすら突き止められなかったが、生活保護を出す手前、役所の人と民生委員の計らいで、本人が主張しているその仮の名前のままで申請することとなり、今の通称がそのまま通用しているとの由。その名は私も知っているある有名人の名であった。むろん、当人とは似ても似つかぬ顔で、困り果てたが、仕方なく本人の名乗るに任せたのだという。

5 ❖ 外来通院へ

外科の、つまり、骨折や傷の具合はすっかり包帯も取れてすべく良くなり、普通の格好になった。あちこちの傷の跡はまざまざとしていたが、目鼻立ちの整った身綺麗な人だった。入院中、家族は誰一人訪ねて来られず、とうとう、約束の三か月が過ぎようとしていた。

〈あなたは、どうしたいの？　私は、以前とまったく同じく、十五分の時間ならとれるから、外来の方に通ってくれるかな〉ともちかけてみると、「はい、そうします」と言うので、土曜日のオンデマンドの外来に通ってくるようになった。

ちなみに、私は、この病院では一切の予約外来をとっておらず、すべての患者がオンデマンドであったし、すでに第2章でも述べたように、私が京大の教官たることなど、院長以外には一切明かしていなかったので、すべての患者が対等で、私は一市井の開業医そのものだった（ただし、私はほとんど薬を出さず、点数の低い精神療法のみだったので、赤字続きだった。そのため、私を見込んで採用してくださった院長が替わって新院長が着任された時点で、精神科外来を閉鎖すると一方的に宣言され、私はクビとなったため、その時点で外来は終結となることとなった。私は三か月無給でいいから、とすべての患者を他病院に紹介することに専心し、それを完了してやめたのだった）。

6 ❖ 彼女の特殊能力

外来に通いはじめてみると、彼女には特異な能力があることが分かった。それは、彼女は、「大の短編小説好き」で、しかし、診察時間はたった十五分しかないので、彼女の読んだ本の《ミニ紹介》というか、たいていは、実にコンパクトにまとめられた《ミニ・ダイジェスト》を書いてくるので、それを読んでもらう、という不思議な会い方だった。以下に、たまたま手元に出てきた一例だけを示すことにする。

『馬を呑み込んだ男』――クレイグ・ライス

「この男は殺されたに違いないんだ」刑事弁護士ジョン・J・マーロンは言い放った。「計画殺人だ。ダック氏はショック死した。あの精神科医の仕業に違いない」「そんなバカな」殺人科のフォン・フラナガンは言ってから、ふと口を噤《つぐ》んだ。二人は、手術室から移されたダックス氏の遺体を見下ろした。「ところでドクター・ナッシュはどこにいる?」「横になっておられます」看護婦が答える。「ショックで――、ダックさんの心臓が悪いのはもちろんうかがっていました。まさか、こんなことになろうとは。ちょっとした冗談だったんです。少なくとも、そのつもり……」「ダック夫人は診察室におられます。ドクターのところに」「急に息が止まって、ドクターとダック夫人はとても親しくしていらっしゃいます」。診察室へ行ってみた。「ところで、マーロン、どうして、この事件に首を突っ込んだんだい？」「ダック氏が俺の依頼人だったのでね。奥方の勧めで、この病院に来るということも、彼自身から聞いていたんだ、手術を受けに……彼は馬を呑み込んでね」「おい、マーロン、また、酔ってるな」「ダック氏は馬を呑み込んだと、信じていたんだよ」そして、フラナガンに「君だって、いつか口の中に、ネズミが飛び込んだような気がするって、言ってたじゃないか」二人が部屋のドアを開けると、ナッシュ医師は寝椅子に横になっていたが、そのハンサムな顔は真っ青。ダック夫人がそのそばで、ドクターの手を握っている。ダック夫人はびっくりして跳び上がり、「誰のせいでもありませんわ」と叫んだ。医師が「ダック氏は馬を呑み込んだという妄想に取りつかれていたんです。で、私はちょっとした芝居を打ってみようとしただけ――ダック氏に麻酔をかけ、ちょっとばかり、切開の跡をつけて、意識が回復する前に手術室に馬を連れてきておいた……。一風変わった治療法ですが、ともかく、手術して馬を取り出したと言えば、気分も収まるだろう、と。ところが、ダック氏は、その馬を一目見て、息を引き取ってしまったんですよ」「これは殺人だ！」マーロンは言った。「ダック氏の心臓が悪いのは分かっていたはずだ。ほんのちょっとしたショックで命取りになることぐらい。それはともかく、貴方とお美しいダック夫人は、今頃、将来の計画を立ててられるんでしょうな」「ちゃんと証拠があって？」ダック夫人は噛みつくように言った。「ありますとも、ご主人からお手紙を戴きましてね。病気のことも手術を受けることもすっかり書いてある。ただ、お二人がこのようなことを企んでおられるとはご存じなかっただけ」。後ほど二人はバーで一杯やりながら話していた。警部は「今でも、何もかも、君がでっちあげたような気がしてならないんだがね」「無理もないがね、しかし、ドクターは気が弱くて、おろおろしてしまい、すっかり泥を吐いたじゃないか」「包み隠さず話してくれ、マーロン」「ダック氏が馬を呑み込んだと思っていたことは確かなんだ。妄想に取りつかれていたんだよ。それで手術して馬を取り出せば、すっかり良くなると信じていた――そいつも確かなんだ」「じゃ、馬を見たとたん、ぽっくりと逝っちまったのは、なぜだ?」「それはねぇ」マーロンは根気よく答えた。「手術室にいたのは白馬だったが、ダック氏が呑み込んだと思い込んでたのは、黒馬だったからだよ」。

クレイグ・ライスという作家は、当時の私はまったく知らなかった。今は、簡単にインターネットで調べることができるので、ウィキペディアで調べてみたところ、「Craig Rice（1908-1957）は、アメリカ合衆国の推理小説家」とあり、「推理小説界のドロシー・パーカーといわれている」という簡単な説明。ちなみに、ドロシー・パーカー（Dorothy Parker, 1893-1967）とは、同じく「合衆国の詩人、短編作家、評論家、風刺家であり、その機知、皮肉、および二十世紀都市の弱点に向けた視点で知られている。パーカーは問題の多い不幸な子ども時代を過ごした後、『ザ・ニューヨーカー』などの媒体で文学作品を発表した」などとある。それはともかく、この小説は、最近になって分かったことだが、原題が"The Man Who Swallowed a Horse"という小説で、訳者は吉田誠一氏で、エラリー・クイーン編の『ミニ・ミステリ傑作選』（創元推理文庫、一九七五）の中に入っているのを発見した。とにかく、四百字詰め原稿用紙の一枚と三分の一にぎっしりと一千字も書かれた文字を見ると、実にしっかりと書き込まれており、訳本と彼女のダイジェストの両者を読み合わせてみると、ほとんどはこの翻訳文を元にしているが、見事に彼女流のコトバ遣いになっていて、その省略ぶりのうまさに感心させられる。

7 ❖ 当時の私の外来状況

私の外来は、一風変わっていて、私から自発的に薬を処方することはほとんどなかったが、以前の河合逸雄先生以来の方々には、先生が処方されていた薬をそのまま変更せず出してあげていた。たいていは、てんかん圏か、神経症あるいはうつ病圏、ないしは、統合失調症圏の方々であった。私が初診で見た方々の外来は、外来についていてくれた婦長の当初の言葉では、「一風変わっていて、初めは先生の趣味ばかりをきいておられると思った」というもので、「いったい、それで診察と言えるんですか？」と言っておられたが、聞いていたのは私の趣味などではなく、患者さんのそれであって、だから、ある人は、映画の話ばかり、ある人は漫画の話ばかり、ある人は好きなクラシック、ある人はテレビ・ドラマ、ある人は歌謡曲、ある人は食べ物の話、ある人は化粧品の話……と実に多彩で、「そんなことをいくら聞いても何の役にも立ちゃしない」と思っていたら、たいていは三か月もすると、いつの間にかみんな、表情も立ち居振る舞いもすっかり治っていて、そうなれば来なくなることに気づき、婦長さんは小言を言われなくなった。これは、私の《窓》(communication-tool) 論に基づく方法なのだった。

そんなわけだから、私も彼女の年齢は一体いくつで、今まで何をしてきた人かは、前に書いたこと以外、何一つ知らなかった。水商売をしていたと言われたわりには、まったくすれてなどいず、学歴なども、もちろんのこと一切分からず、氏素性はようとして知れなかったが、彼女は、見たところ三十五歳前後で、なかなかの教養と、なかなかの博識が知られたが、それ以上はまったく語られなかったので、よってここでは、やはりそのままとしておく。

8 ❖ 一年後

一年が過ぎた。彼女は、毎週まったく休まずに通って来て、結局、五十篇を超す短編小説を読み、それらをなんとも的確に私に語ってくれた。そこで私は、かねてから考えていた、あるアイデアを彼女にぶつけてみた。すなわち、以下に記載する、ＭＳＳＭ＋Ｃの提案である。彼女は、すぐにとても興味を示し、早速、取りかかった。ただし、彼女の方から、「一つ、私の提案も取り入れてほしい。物語を作るのは家でしたい」と言う。だから、その日から、とても奇妙な外来になった。つまり、第一日目は、ＭＳＳＭとコラージュのやりとりだけで、一週間後の第二日目には、その《物語》を持ってこられる。そして、その後、次のためのＭＳＳＭとコラージュのやりとりだけとなる。彼女の日常についてなども、まったく語る暇がなく、結局、彼女の来歴から何から、彼女の周辺などについては、最初と同じく、まったく分からないままであった。かくして、彼女とは、その後二年間、この形の《外来》が続く。そして、約百篇を超す、まったく《短編小説》としか言いようのない見事な作品が、毎回持参された。本当は百篇を超すすべてをここに載せたい衝動に駆られるが、むやみにページ数を増やすだけ、と思われては困るので、三回分だけを掲載することにしたい。

9 ❖ 彼女の最初のＭＳＳＭ＋Ｃと、その際に作られた「小説」

次に示すのは、彼女が最初に作ったものである。日付を見ると、原稿用紙の端に、一九九二（平成四）年十一月二十八日と十二月五日とある。すなわち、私たちは、十一月二十八日に第一回目のＭＳＳＭ＋

Cを行ったわけだ。

まず、じゃんけんをして、私が勝ったので、私が先にスクリブルをする。彼女は、ただちに「赤いベレー帽」を見つけた。交代して、今度は、彼女がぐるぐるを描く。私は〈リス〉を見つけた。今度は、私がぐるぐるを描く。彼女は「お父さん」と言った。次いで、彼女のスクリブルへの私の投影は〈黒ずくめの細い女〉だった。次いで、先日言っておいたので、彼女はあらかじめ家から切り抜きを持ってきていて、それを貼った。見ると、「Champs-Elysées」とあるではないか。〈え、シャンゼリゼ?〉ときくと、「そう」と答える。私は、手元にあったカレンダーの法隆寺の写真から〈森〉の部分のみを切って貼った(写真1・口絵6)。

彼女は、約束通り、これを持ち帰り、次の週、つまり、十二月五日に、このMSSMと原稿用紙を持参し、「こんな物語を作ったの」と言って読んでくれた。驚いたことに、やはり、以前とまったく同じく、四百字詰め原稿用紙

写真1

に、なんと一枚につき一千字近くも、ぎっしりと書かれている。学校もろくに行っていないとか言っていたが、漢字もきっちりと書かれており、それより何よりも驚いたのは、会話体をうまく交えて、文章はすっきりとまとまっており、構成が見事で、論理矛盾もまったくなく、まさに、一篇の《短編小説》に仕上がっていたことだった。以下に、彼女の書いた《物語》を書き下ろしてみる（ゴチック体にしたところがMSSM＋Cで出てきたイメージ。以下同じ）。

《彼は、人生のスタート地点からして恵まれていた。生まれた家は何代も続いた名門で、屋敷は、庭というよりは森といった方がいいような木々に囲まれていた。そこには野ウサギやリス、鹿までも顔を見せ、彼は動物たちと、一日遊ぶのだった。子どもは彼一人っきりで、あとができなかったので、両親は彼を慈しんだ。絵に描いたような美しい夫婦で、仲が良く、彼は二人が声を荒げたのを聞いたことがなかった。少し不幸なことに、彼は生まれつき体が弱かった。両親は大事をとって、学校には行かせず、それぞれの科目のオーソリティを雇って、勉強させた。彼は頭が良く、身体さえ健康ならと、両親を嘆かせた。彼は森に出て、動物たちを見ながら、本を読み、いろいろなことを知ったが、屋敷の外には出なかったので、外には世間というものがあり、荒波や牙剝くサメといったものがいることを知らず（本の上では知っていたが）に過ごした。両親とのインテリジェンスあふれる会話、エスプリのきいた話などをして、お互い笑いあって、幸福だった。だが、牙剝くサメが突然家の中に入ってきた。母が急に死んだのだ。彼は二十一歳だった。彼は悲しみにくれ、庭にも出ず、本を読む気もなく時を過ごした。母を愛していたその大きさに気づくばかりだった。父は、「君の母さんは、愛情を君にだけ捧げてきた。私にもチョッピリ分けてくれていたがね。後悔はあるまい」と悲し気に、しかし、しっかりと彼を励ました。やがて、彼も立ち直り、数少ない友人と連れ立って、シャンゼリゼ通りなどへ出かけるようになった。そこで、若い日本の女性と知り合った。折れそうな細い体を黒いセーターとスラックスで身を包み、赤いベレーと同じ色の口紅をつけただけの女性。彼は女性といえば、母親だけを見ていたので、ケバケバしい女性が嫌いだった。彼女は神秘的だった。本で日本のことに関心もあった。彼女はたどたどしいフランス語で話した。彼女はパリに来て、まだ半年、フランス語の勉強をしに来ていること、家が貧しく、カフェには週一回来るのがやっとのことで、とても楽しみなこと。できる限り質素に暮らしていること、などは彼にも分かった。「この世に黒という色があったことに感謝するわ。知的にも見えるでしょ」彼女は明るく笑った。綺麗だった。貧しいのに明るい。屈託のない彼女に、彼は魅かれていった。やがて二人は結婚した。父も喜んでくれた。日本の両親も呼んで、ささやかに式を挙げた。また、三人で笑い声の聞こえる日々が過ぎていったが、再び、サメが牙を剝いた。今度は、彼女が倒れたのだ。医者の見立てでは絶望的だった。彼女は、日本を恋しがり、いったん日本に帰り静養することになった。悲しい別れが訪れて、二か月後、日本から、彼女の死を報せる手紙が届いた。彼はまだ見ぬ日本へ旅立つ支度をしながらも、ボーッとして煙草をふかしていた。彼女の声が聞こえる。「私、このにおい好きよ。あなたの全部のにおいが好き。みな吸い込んじゃいたい」彼は泪した。いとしい人。母のときとは違う悲しみの感情が彼を押し包む。父は、「かわいい子だったね。いい女は早く旅立つのさ」彼は父にキスをした。「また、二人っきりだ。お互いにハンディも一緒。同じスタートから、やり直そう。去った者は戻ってはこないのだ」息子は力強く父の手を握った。哀しみばかりの人生なんてありはしない、彼は思った。》

私は、これを読んで、実に感心し、「赤いベレーの女」というタイトルをつけて、彼女の持参した原稿用紙の右の余白に書き込んだ。以降、こうした形で、面接が続くこととなる。「人生のスタート地点からして恵まれていた」という書き出しに、私と出会ったことへの《陽性転移》を感じたが、「牙剝くサメ」という、二度も出て来る《穏やかならぬ比喩》に、これまでの彼女の「容易ならざる人生」を感じとった。詳しいことは分からないが、私にとっては、少なくとも、そもそもの私との出会いとなった《自殺未遂》からして、それは容易に類推されうるものだったからである。

10 ❖ 約一年後の作品

これを皮切りに、私が学会などの出張で休む以外は、実に彼女の方の都合では一度も休むことなく、つまり、毎週一篇の短編小説が延々と出来ていったのだったが、ここでは、一九九三（平成五）年十二月十八日のものに、翌週の十二月二十五日、つまり、その年の最後の週の外来日に彼女が作った物語を記載することにする。

まず、じゃんけんで彼女が勝ったので、彼女が先にスクリブル。私は、それに、〈メリーポピンズ〉が傘を出して降りてくるイメージを描いた。きっと、その頃に見た映画の印象があったからだと思う。次いで、私のスクリブルに彼女は「F1レーサー」を見つけた。次いで、彼女のぐるぐるに、私は〈黒メガネの刑事〉を見た。すると、彼女は、「もう、ぐるぐるでなくて、コラージュする」と言い出し、持ってきたシャガールの絵から、なんと、「裸の女性」の部分だけを切り出して、それをうつぶせにして貼った。私は、いくぶんぎょっとしたが、穏やかなイメージにしたくて〈白樺林〉の写真を貼った（写真2）。

翌週、彼女の持参した《小説》である。

《萩原武はまだ小学校五年生だというのに親思いの子だった。四つ違いの妹かの子と仲良くしていたし、小さい時から、乗り物が好きで、車のオモチャがあればご機嫌で、手をやかせることのない子だった。そんな武の夢は、当然のごとくに、F1レーサーだが、両親のことを考えるとふんぎれない。小さいけど大人っぽい考えをする子だった。というのも、レーサーとは、怪我が大きければ常に命と隣り合わせの仕事だし、もし自分が死ねば、両親は悲しむだろうが、体が不自由になって生き残っても、もっと悲しむと思うからだった。本人も、もちろん怖い。だから、もっと大人になったとき、決めようと思っている心配症の子どもでもあった。萩原家では武は唯一の男の子だし、たとえレーサーになっても、一流にならなければ、お金など入ってこないし、三流スタッフともなれば、持ち出しだ。単なる

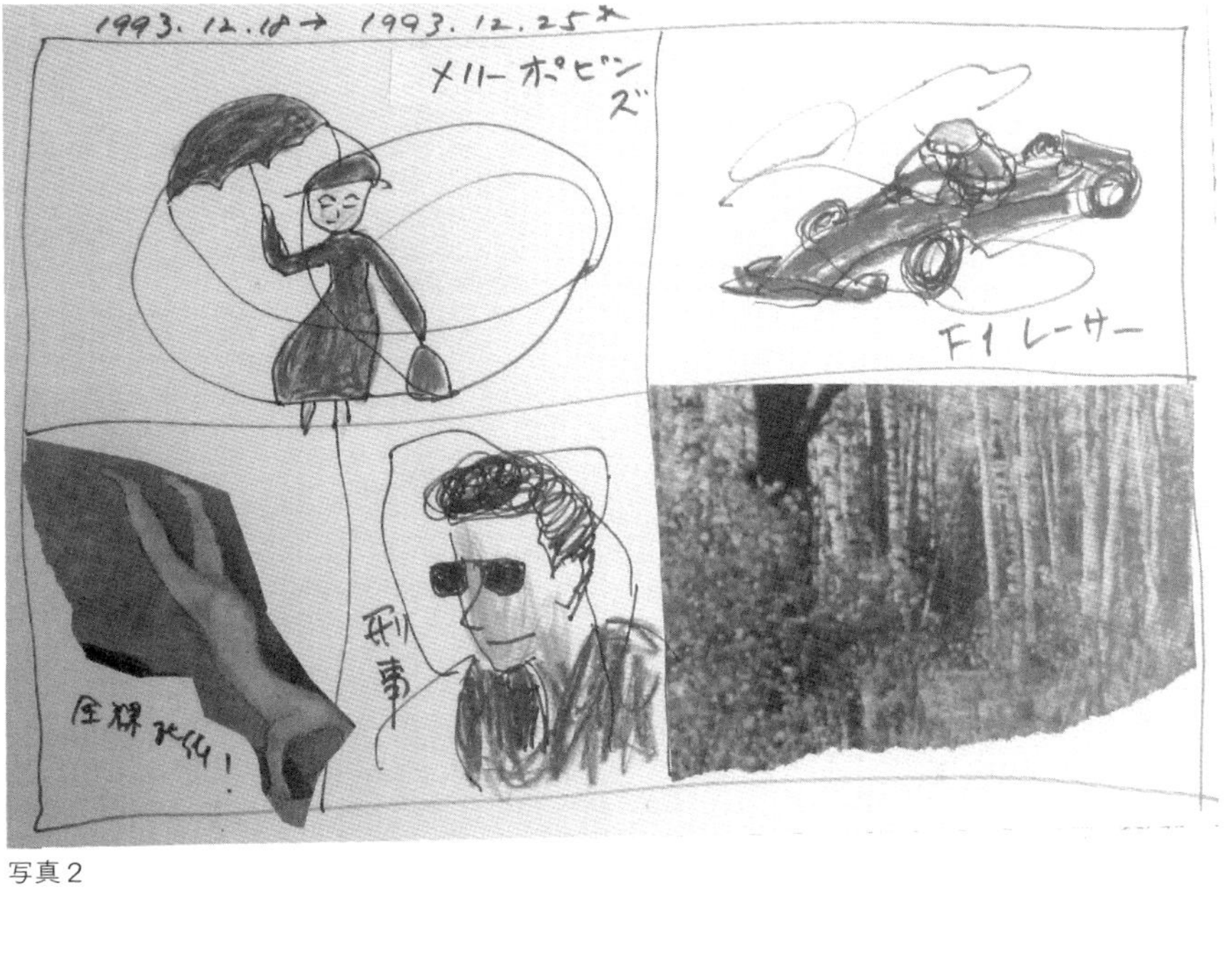

写真２

サラリーマンのこの家庭では、とても無理だと思うのだった。妹のかの子も、ちょっと変わった子で、大きくなったら、ドレスを着て、フリルのついた日傘をさして歩き、たまには空を飛ぶメリーポピンズになるのだと言っている。この二人は本当に仲が良く、これまた両親の自慢なのだった。

あれからかなりの時間がたった。駐在所の村田巡査は、朝から大変だった。人口二百人足らずのこの村では、今まで事件らしい事件は起こったことがない。この日になって、若い全裸の女性死体が発見されたというニュースの影響はびっくりするほど大きくて村を駆けめぐり、やじ馬がわんさと押しよせた。現場保存に村田巡査は躍起になっていた。ロープを張り、自分はその中にいて、発見者の安田さんに本署に連絡してもらい、刑事たちの到着をイライラしながら待っていた。冬だというのに汗をかいて。死体には自分のコートをかけてやった。これくらいならいいだろう。やがて、パトカーが三台もやってきて、刑事たちがワラワラと駆け降りてきた。発見者の安田さんは興奮しながらも得意そうに見えた。刑事たちがロープの中に入り、村人たちは一歩下がる。やがて林道〔注：私が貼った白樺林を、彼女は林道として使っている〕の奥の方にまでさかのぼって調べていた刑事たちが遺留品をもって集まってきた。靴、バック、下着、洋服……と、みな、ばらばらに撒かれたように落ちていたという。

黒メガネの刑事が安田さんにきく。「君が発見した時の様子を言ってくれ」「はァ、太郎と、ア、これ、犬のこってすがね、いつも六時半にはこの道を散歩するんです。最初は、マネキンが落ちているのかと思いました」「あッ、このコートは?」「ハッ、本官のモノであります」村田巡査はきりっと気をつけの姿勢で答えながら、まるでドラマの中みたいだと心の隅で思った。「あッ、そう。現場は、君、荒らされてないだろうね」「それは、もう、本官がしっかり見ておりましたッ」「有難う、よくやった。

大変だったろう、この人だかりじゃ」「ハイ」やがて、バックから、学生証が出てきて、東京の高校に通う萩原かの子、十六歳と分かった。すぐに家の近くの警察署とは連絡がとれたが、彼女の家には誰もいないとのことで、その理由は、母親は父親の付き添いで病院に詰めていたからだとの由。やっと母親とも連絡がつながり、こちらに向かうという。林道には、ところどころ昨夜の雪が残っているところもあり、二本のタイヤの跡が残っているところもあった。鑑識が動く。皆もテキパキと動く。村田巡査もいつかは一線でと、ムラムラしてきた。この平和な村にずっといてもいいと思っていたけど、溌剌とした刑事たちを目の前にして、心が揺れ動くのだった。事件は、本署扱いとなり、いろいろなことが分かってきた。かの子の父の方は、心臓が悪くて入院していること。母はそこにつきっきりで、子どもたちの面倒はまったく見ていなかったようであること、かの子には兄がいたはずだが、家にはいない。今、一体どこにいるのか分からないとのこと。

午後になって、東京から、母親が到着した。すぐにかの子と対面させる。面やつれてはいるがかなりの美人だ。「かの子……」とポロリと一滴涙が落ちてから後は、とめどなく流れ続けた。しかし、それ以上には取り乱すでもなく、どうしてかの子がここにこうしているのか、もう一つ呑み込めていないようなもどかしさを刑事は感じた。「娘さんに間違いはないね」「はい……」「死因はシンナーの大量摂取で、心臓がいかれたんですな。中毒死と言いますか」「え、シンナーで？」「ええ、お気づきでしたか？　いつから、吸っていました？」「まったく知りません。私はずっと病院で、家にはほとんど帰っていませんでしたので」「それほど、ご主人は悪いんですかネ？　子どもたちを放りっぱなしにするほど？」「数年も子どもたちの顔もろくすっぽ見てないんじゃァありませんか？　さっきのご対面のときに感じたんだが」「その通りです。さっき私はあの子の顔を見ながら、まあ、この子って、こんな顔してたんかと、こんな大人になってたと、しみじみ見入っていたくらいで……」「なんちゅう母親だ。あんたの知ってること、すべて話してくれんかネ……」「はい、たしか二年前でしたか、主人に……女ができました。それが、実は、初恋の女だったとかで、急に、私に別れてくれと言い出したんです。それまで、何の波風もたたない家庭で、子どもは二人とも仲が良く、私たちのことが好きで、私たちももちろんあの子たちが大好きで、明るい、ま、平凡な家庭だったんです。それを急に別れてくれと言い出して、そう言われても、私は、まだ主人を愛しているし、子どもたちも、このことで悪くならないかと心配しましたが、家庭は一遍に暗いものになったんです。以来、主人の帰って来ない日が続き、私は、この苦しさから逃れるために、お酒を朝から飲みはじめ、ふらっと朝から酒を買いに出るなど、まったく、家のことを顧みなくなってしまったんです。私は、私の悲しみだけに浸っていたんです。家の中がその間どうなっていたのか。私は、路上生活者のように、髪はボサボサ、着た切り雀で、それを娘のかの子は、人形のように何もしない私を、風呂に入れたり、着替えさせてくれたり、どちらが親なのか……分からないくらい。かの子は泣いていたと思います。私は、そのかの子にさえ、相当に酷いことを言ったり、愚痴ったりしていたと思います。今思うと、あの子が可哀そうで、胸が張り裂けそうになります。私は、もはや、母親なのではなく、ただの汚い女だったのです。そんなときに、主人が会社で倒れまして、……心臓でした。それからです。私は、必死で、あの女に主人を取られまいと、本来は、付き添う必要のない病院につきっきりになって……。主人をあの女から守っているつもりでした」「そうして、また、お子さんを放りっぱなししたんだ……」「申し訳ありません。私、どうかしているんです」そこへ、本署から、息子の武が車で家に戻った、との知らせ。そして、鑑識から、武の車と林道に残っていたタイヤの痕跡が一致した、とも。ところが、帰宅した兄は、妹の死などさっぱり分からないほど、どうもシンナーに酔っぱらっており、よくもまあ、この状態で帰宅できたものだということだった。警察官に伴われて、こちらに着く頃は、もう真夜中で、酔いからは醒めていた様子だが、母親の顔を見ても、まるで見知らぬ人の顔を見るようで、目に光がなかった。母は「二人とも、こんなにしてしまったのは私のせい……」と号泣した。一晩泊まって、翌日、やっときりっとした武にきく。「僕らは、両親の諍いのことは知っていて、悩みました。なんとか二人の愛をこっちに向けさせようと、たばこ吸ったり、酒飲んだり、ええ、それで家出もしたんです。でも、一向に気づいてくれない。とうとう学校へも行かず、夜の街をうろうろするようになり、そこでシンナーを手に入れたんです。吸うととても気分がよく、気持ちも明るくなって、かの子と二人で、わけもなく、家中を走り回って、笑い転げたり。快感でした。僕はラリーの選手になりたかったんです。けど、こんな状態では……夢は捨て、自衛隊に入ろうと何となく思ったりして、でも、PKO〔国連海外平和維持協力隊〕のこともあるし、まさか、入りたての僕が行かされるわけはないけど、ある日、砂漠で耳を切り落とされる夢をみて、しかも、いやにハッキリした夢だったんで、怖くなって。自分の弱さが厭でたまらない。両親は帰ってこないし、ますます兄妹してシンナーに溺れて……。あの日は、かの子がどっか遠くに行きたいっていうんで、雪でも降ってる町があればいいなと、シンナーを吸いながら、車を走らせて、町から村へと走り、林道で車を止めて、雪を見ていたのまでは覚えているけど、かの子がいつ車を降りたのか、まったく気づきませんでした。家に着くまで……。家に帰って、刑事さんに聞いて初めてかの子が……」武はここで初めて泪を見せた。「かの子は、メリーポピンズになったんだ……」。しかし、武の最後のこの言葉は刑事には理解不能だった。

結局、かの子はシンナーで幻覚をみて、雪の中での山男の幻覚体験によくあると言われるように、寒いのを暑いと錯乱の中で勘違いして、着ているものを次々と脱ぎ捨てて走り、力尽きたらしい、ということになった。武は一応東京へ送られることとなり、母親はかの子のひつぎの乗った車と東京へ帰ることになった。別れるとき、母と息子はじっと手を握り合った。こうして、猟奇的犯罪かとみられた事件は、一幕を下ろしたが、母と息子の、いや、母と兄の悲しみの幕が上がることとなったのだ。》

たった十五分のMSSM＋Cでの、お互いに投影し合った三つのイメージと、お互いに貼り合った二つのイメージのわずか五つのアイテムから、こんなすごい話が生まれてきたのだ。私は、「メリーポピンズになった娘」とタイトルをつけて、用紙の余白に書いた。

ここでは短編小説の形をとっているが、この中のストーリーには、おそらく間違いなく彼女自身の生活史の中から沁み出てきているものもあるに違いないと思った。しかし、私は、一切、そうした類の問いを立てなかった。精神科臨床もカウンセリングも、結局は、彼女たち・彼らたちが、自分で切り開いていく人生なのであり、「結論は、自分で見出すべきもの」だとの信念があるからである。

11 ❖ 外来閉鎖直前、最終回の彼女のMSSM＋Cと作品

この人のMSSM＋Cの作品を探していて、やっと出てきた作品なので、ここに掲載しようとして日付を見ると、MSSM＋Cの日が一九九五（平成七）年三月十一日とある。ということは、小説作品は翌週の三月十八日となり、その次の週は、患者さんたちとのお別れ会の日だった。つまり、MSSM＋Cとしては、彼女の最後の作品であり、実に、初診以来四年目の最後の面接だった。

いつものように、六コマに仕切ったのだったが、今回は、彼女は四コマしか使わなかった。まず、彼女のスクリブルに私が〈紫色の花瓶に挿した白い花〉を、私のぐるぐるに彼女は「鼻のない人」を投影

し、私は、ちょうど手元にあった〈カクテルグラスに落ちたサクランボ〉の写真を貼り、彼女は持参した「ゴッホの元恋人でモデルでもあった《シーン》の格好に似たヌードの女性」を貼った（写真３）。

翌週、つまり三月十八日に、彼女は最後に作った作品を持参した。

《今日、お昼近くに目覚めると、立て続けにくしゃみが出た。昨夜は久しぶりに志朗と飲んで、カラオケで十曲も唄ってしまった。外へ出たとき背筋がゾゾーッとしたけど、あの時風邪ひいたのかな。今日は月曜だし、というのは月曜はお店もわりと暇なので、休んでやろうかなどと考えながら、ベッドでごろごろしていると電話。

「はい」「美也子か？」「そうよ、何言ってんの志朗ったら」「いや、声がちょっと違ったからさ。かけ間違ったかと思って

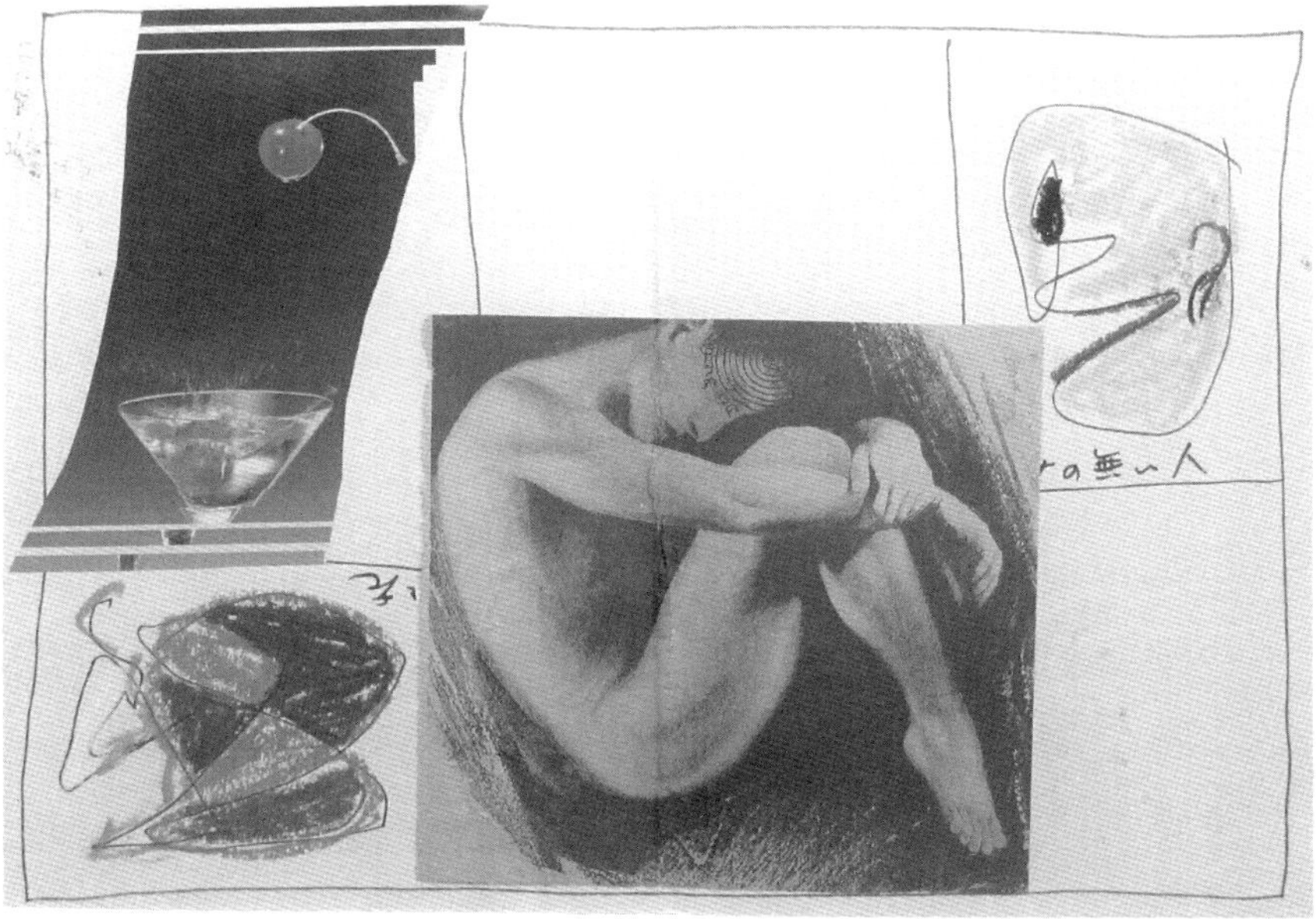

写真３

さ」「風邪ひいたみたい。それに昨夜唄いすぎたし」「そうか……風邪ひいてんのか。でも、悪いけど、起きられるんなら、ボンゴまで来てくれないかな。大事な話があるんだ」「なんで昨日言わないのよ」「いや、今日急にね」「仕方ないわね。二十分で行くわ」まったく、何だってんだ。急に大事な話って、美也子はちょっと気が重かったが、エイヤッとベッドから出て、ざっと顔を洗い口紅を薄く引く。パーマをかけた髪をさっと梳かす。それだけでも十分に美しい。美也子はニッと鏡に笑いかけて、厚手のセーターにGパン、皮のブーツといった格好でマンションを出る。ここから、ボンゴまでは歩いて十五分くらいかかるが、日ごろ歩かないので、むしろ、こういう時歩く。途中薬局で風邪薬を買った。ボンゴのドアを開けると、カウベルが鳴る。店はほぼ満席状態だったが、四人がけのテーブルを見つけて座る。志朗はまだ来てない。こんなこと初めてだ。いつも迎えてくれるのに。もう、何やってんだ。あいつは、人を、それも、病人を呼び出しといて、と、ちょうど席の横に置いてあるボンゴを、ポンと叩いてみる。コーヒーを運んできたママが「志朗ちゃんが遅れてくるなんて、初めてよね。事故にでも遭ったんじゃないといいけど」「まさか」「そうねェ」と、ママは行ってしまった。コップの水で、風邪薬を飲み、コーヒーにミルクをたっぷり入れて、一口飲んで、やっぱり、口の中もおかしいわ。味がしない。煙草を吸うと、途端にまたくしゃみが出た。「あら、花粉症なの?」とママ。「ううん、分かんない。風邪のせいだと思うけど」「目はカユくない?」「ない」「ハナがむずむずしない?」「しない」「じゃ、風邪かしら、大事にしなきゃ駄目よ」ママは、美也子が可愛くてならない。娘のように思ってるみたい。子どもがいないせいかも知れない。味のないコーヒーを飲み干しても、まだ志朗は現れない。イライラするなァ。今度はソーダ水を頼む。「グリーンのにしてね」「わかってますよ」と言ってマスターが出てきた。「やあ、いらっしゃい。顔色悪いんじゃない?」「そう」「志朗ちゃんが遅れてるもんだから、心配なのよ、それに風邪気味だって」と、ママが言う。「いけないなァ。風邪は万病のもとっていうからな」マスターは涼やかな目で本当に心配そうに、美也子を見つめる。マスターも美也子ファンなのである。その時、カウベルが鳴って、やっと志朗が来た。なんと、女連れだ。美也子は素早く女を観察する。二十五歳の志朗より、どうみても年上だ。服は金がかかっているものとすぐ知れるし上品ではあるが、でも平凡。お金持ちの奥さんってとこか。あいつ、またひっかけたのかしら？　遅くなったのは、私の存在が知れて、逢わせろってことになって、そのくせやっぱり、気後れして、行かないとかなんとかモメていたんだろ。イヤだなァ。こういうの。志朗のバカ。変なことに巻き込まないでよ。「やあ、ごめんネ。悪い、悪い」と、志朗は屈託がない。女は立ったまま、美也子に頭を下げる。美也子は座ったまま、軽く頭を下げた。二人は向かい側に座ると、ママが注文をとりに来た。それとなく、ママも女を観察しているよう。笑っちゃうなァ。二人はコーヒーを頼み、しばらくの間、三人の間に、白けたような空気が漂う。「で、いったい、話って何なの？」美也子が口を切った。志朗はハンケチでちょっとおデコを拭いて「それがね、急に、この人と結婚することになってさ」「ひエッ、結婚？」美也子は笑い出した。人間、思いがけぬことが起こると、思いがけない行動をとる。「あ、失礼」美也子はひとしきり笑ってから、謝った。志朗は美也子が笑ったので、ホッとしたようだ。「この人、高木圭子さんって言ってね。京都の料理屋の娘さん」と、圭子に向かって「この人は、僕より年上なんだけど、とてもお世話になった美也子さん」何、お世話になったって？　ハイハイ、確かにお世話はしましたよ。肉体から何から、着るもの、今乗ってきた車もね、と心で毒づく。女はわりとキツい目で「どうも、志朗さんが」とまた頭を下げた。「この間、友人の結婚式でね、隣に座って、話が合ってね」私のときも、電車で隣に座ったんじゃない。よく、まァ、隣り合わせになる人ね。「それで急にバタバタと……養子なんだけどね」「板前さんになるのね」「まァね」「私、母が病気などしてまして、今まで結婚なんて考えてへんかったんやけど、その母も去年、死なはりまして、父も心配して……」京都訛りで言う。「やっと、フリーターともオサラバ、寿司屋にもバイトしてたから、板前は嫌いじゃないしね」何をタワケたことを、寿司屋にいたと言っても、お茶くみと皿洗いだったじゃァないの。「本当にお世話になって、京都に来たら、寄ってよ」誰が行くか。まったく結構なことで。「そう、よかったわね。もう、フリーターって年じゃないしね」と美也子は皮肉っぽく言った。ちょっとショックで、ちょっとムカついてた。あまりに突然なので、今、志朗と別れ話をしてるというのに、実感がない。美也子は女の目も構わず、じっと志朗を見た。私が買ってやったカシミアの上下を着て、やはり買ってやった時計をはめて、他の女と逢う時ぐらい、自分で買った服を着ろョ。きっと美也子は嫌な目をして志朗を見ていたに違いないと思う。視線をカウンターに飾ってある花瓶の中の白い花に向ける。ママとマスターが眼を逸らした。気がかりで見つめていたに違いない。泣かないよ、と美也子は思う。実際、もう、二年も付き合ってかわり映えのしないグータラ男にアキが来ていたのかもしれない。だが、それと同時に、情が移っているのも確かだ。「僕たち、明日、京都へ発つんだよ。本当に急だけど。お父さんがマンションを用意してくれてね」ま、何から何まで、この男は自分でレールを引けないのかよ？　人が用意したレールの上しか走れないのか？「じゃ、何やかや忙しいので、これでサヨナラだね」「失礼します」「バイバイ」と、美也子は手を振った。席を立ちあがるとき、女はチラッと美也子を見て、笑ったようだ。ムッとした。お前が勝ったんじゃないよ。負けてやったんだ。私は志朗との結婚なんて、考えてもみなかったし。伝票を女が持って先に歩いていく。志朗はその後をついて行きながら、美也子の方を振り向いて、片手で「スマン」というように拝む。バカ。二人が出てゆくと、美也子はカウンターに移って、頬杖をついて、しばらくボワーッとしていた。今のは何だったんだ。ボリュームを絞ったアフロの太鼓の音が心にしみる。「はいッ」とマスターが薄い水色のカクテルを美也子の前に置いた。「ありがとう」「あ、ちょっと待って」とマスターはチェリーをカクテルに投げ入れた。一口飲むとお腹がカーッと熱くなる。「おいしい」「そう、これは、恋忘れ、今作ったばかりの新作カクテルだけど……」。

恋忘れか。本当に志朗とのことは恋だったんだろうか？　あのキュンと来る笑顔が好きだっただけじゃないのか？　ママが寄って来て「今夜休んだら？　ここで少し飲んで暖かくしてグッスリ眠るのよ」「うん、そうしようかな」いい人たちだなァ。「いつものかけて」「アフリカの星のボレロかい？」それを聞くととても切なくなるけど、夜空に満天のダイアのような星が見える気がする。ボレロを聞きながらマスターを見る。美也子はお父さんのように思っている。現役の俳優であり、若い時、二枚目として売り出したんだが、ある夜、タチのよくないヤクザに絡まれ、鼻をザクリと切り落とされたのだ。マスターは落ちた鼻を拾って氷で包み、救急車の中で失神しそうになりながら、ハナハナと思っていたそうな。運び込まれた病院で、手術を受け、幸いにも鼻はくっついたが、あの綺麗な鼻筋までは元に戻らず、横から見ただけではそうでもないが、正面から見ると左へ曲がっている。唇も左に引きつれてしまった。マスターは一年ほど家に引きこもって悩み苦しんだが、ある日、突然、この顔を売り物に個性的な俳優になろうと考え、今はその特有な個性でテレビや映画で渋い演技を見せてくれる。これらはみなママに聞いた話で美也子の生まれる前のことだ。えらいなァと美也子は思う。私なら、そんな場合、死ぬわ。ここに集まってくる人は、ま、むろん、有名人のマスターを見に来る人もいるけど、大部分がマスターの人柄と太鼓の音に魅かれてやってくる。美也子もそうだった。店から電話して休むことを伝えると、マスターとママは笑って同時に頷いた。本当に心配してくれているんだ。美也子は幸福な気分になった。「じゃあ、帰って寝るワ」「気をつけてね」「気を落とさずにね」と言わないところがいい。「風邪治ったら、また毎日来るから」「待ってるよ」部屋に帰ると、疲れがどっと出た。熱も出てきたようだ。さっきまでのことはまだ夢のようだ。眠りたい。ただ、今はひたすら眠りたいだけ。美也子は裸になって、ベッドに潜り込み、胎児のような姿勢で眠りにつく。こうすると安心なのだ。美也子はまだ二十二歳。本当の寂しさ悲しさは明日からやって来るだろう、泪をつれて。》

私は、これを読み、「突然の別れ」と名づけて、原稿用紙の余白に書いた。明らかに、私との《突然の別れ》のテーマも入っていることが知られるし、これをめぐる複雑な彼女の心中も、見事に織り込まれている。さしずめ、この小説での私の役どころは、グータラ男の志朗ではなく、どうも、マスターの方らしい。そして、ママでもあろう。とにかく、なんとも見事な書きっぷりで、本当に驚くばかりだ。

一方、「髪」とか「煙草」とかの漢字がしっかり書けているのに、例えば、「姿勢」というつもりだろうが「姿整」と表記してあったり、「満天の星」のつもりで「満点の星」と表記されていたりと、抜群の構成力と文章力であるのに、こうした妙な形で、学歴のないのが知られるのが、とても不思議だった。芥川賞作家や直木賞作家にも、学歴のないことがまったくハンディになっていない人たちがあるが、要するに、文学の才能とは、学歴などの教養ではなく、天性のものなのだということが分かろう。

とても悲しい付記

ここに、今、この一項を書き加えねばならぬことを、とても悲しく思う。

新院長の突然の「外来閉鎖宣言」の後、むろん、彼女らの診察を受ける場の確保のためのアンケートをとったり、受け入れのドクター側の確認をとったりして、当然ながら、彼女ご自身の希望も入れて、京都近郊のあるクリニックに紹介した。そして、そこに通ってくださっていたのも確認していたのだったが、私との「突然の別れ」の数年後、当時、私が彼女ともども診ていた別のクライエントのご母堂から、彼女の悲しい、しかもとても《悲壮な死》の知らせをうかがったのである。

それによれば、彼女に電話しても、手紙を出しても何の返事もないので、出かけてみたら、なんと、死後三週以上は経っていたのだそうだが、大家さんと警察の立ち合いで、彼女の死体に接したのだという。そのご母堂の表現によれば、「おそらく、何週間も何も飲まず食わずの状態で、布団の上で休んだままの姿勢で、餓死されていた」とのことで、「まるで、ミイラといっていい状態だった」とのことだった。身辺はほとんど臭わず、また、まったく汚れてもいなくて、実に《綺麗》な死にざまだったという。私には、誰とも交際を絶って自ら籠って死んだ《空海》の死が、すぐに連想されたが、時に聞く《荒行の修行僧》の死にざまともみえ、悲壮この上なかった。

結局、私との出会いとなった、例の《自殺未遂》のときの、包帯ぐるぐる巻きの《まるで漫画のミイラみたい》という出会いと、この別れの姿は、双璧をなしているではないか。結局、彼女は、私との出会いで十年あまり命を延長されたことになるが、その間に、彼女が書き上げられた百篇以上の《作品》は、彼女の、立派に《生きた証》となって、ここにある、と言って過言ではない。合掌。

［文 献］

1――山中康裕『心理臨床学のコア』京都大学学術出版会、二〇〇六

8

MSSMの変法（2）――MS（M）SM・MS＋dS

龍の子

細川美幸

1 ❖ はじめに[1]

MSSMの開発者である山中（一九八四）は、MSSMにおける物語作成における治療的特徴を、「無意識が投影したものを、物語を作ることで、再び意識の糸でつなぎとめることである」と述べている。MSSMは、物語を作る直前まで同一平面上で対等に絵をやりとりする交互法であるが、最後に物語を作る場面はクライエント個人に任される単独法であるという特徴（増澤、二〇〇八）をもっており、老松（一九九三）は、山中の言う「意識の糸」が、無意識内容が堰を切ったようにあふれ出すのを防ぐ安全弁として機能すると考察している。

しかし、実際の臨床場面において、物語作成の段階になったときに「一緒ならやってみたい」というクライエントに筆者は出会った。そこで、交互にスクリブルを行い、Story Makingも一文ずつ交互に行い、物語のしめくくりをクライエントに委ねる方法をとった。それをMutual Scribble (Mutual) Story Making（以下、MS（M）SM）と称した[2]（細川、二〇〇九）。MSSM、MSSM＋C（山中、一九八四）、d－MSSM（岸本、二〇〇五）との違いは、物語作成を〝交互に〟一文ずつ作成し〝共に〟創りあげていくという過程のため、最後まで交互法となる点である。

ＭＳＳＭは臨床現場にて非常に応用性の高い技法であることを実感する。本事例では最後のマスまで交互スクリブルを行い、加えて新たに一枚ずつ交互スクリブルを行う方法も用いた。筆者はこの方法をMutual Scribble + double Scribble（以下、ＭＳ＋ｄＳ）と呼んでいる。そのほか、物語作成をせずにすべてのマスを交互スクリブルのみで終えることもあった。最後の終わり方について、どの手段を選択するかは、毎回クライエントが決めており、その時その時の最良策をクライエントが主体的に選択しているのだと思われる。

本事例では、先述したＭＳ（Ｍ）ＳＭのもつ最後まで交互法であるという特徴や、ＭＳ＋ｄＳという終わり方が、事例の中でどのように治療的に作用するのかについて考察する。また、ＭＳＳＭの特徴の一つに、セラピスト自身も描く、という具体的な能動的関与が挙げられよう。心理臨床の面接で、クライエントの流れだけでなく、セラピスト側の能動的関与や治療関係についても検討したい。

2 ❖ 事例

（以下、セラピストの発言を〈　〉、クライエントの発言を「　」、その他の人の発言を『　』で表す。また、クライエントの絵や物語作成部分はゴチック体で示す。また、事例中に出てくる名称はあえて変更している。物語作成の部分も平仮名を漢字に変換するなどの修正を行っている。）

クライエント：Ａ、小四女児

面接経緯：幼少期は『何の問題もなく』病気も特になく、友達も多く過ごしていた。『ただ、神経質』であった。ストレスがたまっているようだと他者から指摘されることもあった。小学校低学年の頃は元気に登校していた。小二の頃、父親が倒れ、小三の秋頃、母親が仕事を始めた頃、Aは身体的暴力も含むいじめにあった。担任が介入し、しばらくしていじめはおさまった。小四になるとき、母親の実家のBに転入。五月から欠席が増え、『キーキーカリカリ』するようになった。Aは「話しても無視される」「言葉が違う」と言う。登校の準備はしているものの、朝イライラしている。夜寝る前に嫌なことを思い出して号泣する。『その姿を見て異常かな、病気ではないか』と思い、相談に至った（初回面接前の母親面接より。上記の『　』は母親の言葉）。

面接内容：

#1

〈困ってることとかって？〉「……」〈……〉「学校で嫌なこと言われたりする」〈どんな？〉「……」〈……あぁ、また聞く。またいつか教えて〉「（頷く）」。〈ことばにするの、苦手かな〉「（頷く）」〈じゃあ、お絵かきして遊ぼっか〉「（頷く）」。

筆者はA４の画用紙に枠を描いた後、MSSMのようにAにマスを作ってもらおうと思うが、なんとなく空間を切断するということがしっくりこず、やめ、枠の中で自由に描いてみようと思った。〈じゃあ、ぐじゃぐじゃって、描いてみて〉「……？」〈ぐじゃぐじゃ〜って。テキトーに〉「……（戸惑いながらも右下に小さく、でもしっかりと線を描く）」〈ありがとう！　じゃあ、これを、私が、何に見えたか……色をつけていきます（ネズミに見えてきたので色をつける）。こうやって、自由に線を付け加えたりして、見えたのを自由に描いてね〉「（見ている）」〈出来た、な〜んだ？〉「……ネズミ？」〈そう！　じゃあ、次は、Aちゃんね（ぐるぐる線を描く。そして紙を差し出す）〉「（受け取る。眺める。……ゆっくりと色をつけていく。しっかりとした筆圧。描き終えてクレパスを置き、紙を差し出す）〈ありがとう。分かった。カタツムリ？〉「（頷く）」。このようにして一枚の紙上で交互にスクリブルで遊ぶ。

交互スクリブル：〈ネズミ〉→「カタツムリ」→〈カエル〉→「サカナ」→〈雪だるま〉→「ハチ」→〈花（ひまわり）とハチ〉→「カブトムシとチョウ」（写真1）

◈筆者の感想等：Aとの出会いは、白くて、細くて、とがっていて、閉じていて、そして何かキラッと光るものが隠されている、というような印象だった。この回、筆者はつながる糸口を探していた。

#2

前回、交流がもてたことで、今回はMSSMに誘ってみようと思った。〈六～七マスくらいに〉という筆者の声かけにAは九マスに分けた。交互にスクリブルを行い、最後に一マス残ったときに、〈ここに、出てきたもの全部使って物語作るんだけど……〉「……」〈やって、みる？〉「（斜めに頷く）」〈う～んと、一緒に、やってみる？〉「（縦に頷く）」ということで、交互に一文ずつ書いて物語作成を行う（この方

写真１

法を、以下、MS（M）SMと表記する）。

MS（M）SM①：「ブドウ」「猫」「イチゴ」「トリ」、〈ゾウ〉〈モモ〉〈赤頭巾ちゃん〉「お化け」（写真2）（記録がなく、順不明。以下、「↓」の表記がない場合は順不明。）

◈物語①：《あるところに小さい猫がいました。「ニャーニャー」小さい猫は鳴いていました。子猫は、近くに、ブドウの木があることに気づいたら、後ろから誰かがついてきています。「ニャー誰かニャーこわいニャー」ふりむく前に、ネズミ色の長い鼻が見えました。「ニャーニャ?! もしかしてゾウ君かニャ?」「そうだよ、こんにちは子猫ちゃん。向こうにおいしそうな桃の木があったよ」「ニャ〜ンだ、ゾウ君か。こんにちは。私も見つけたよ。一緒に行こう」二人で桃を食べていたら、赤頭巾ちゃんがいました。「まあ、お二人揃って何してらっしゃるの?」赤頭巾ちゃんが言いました。

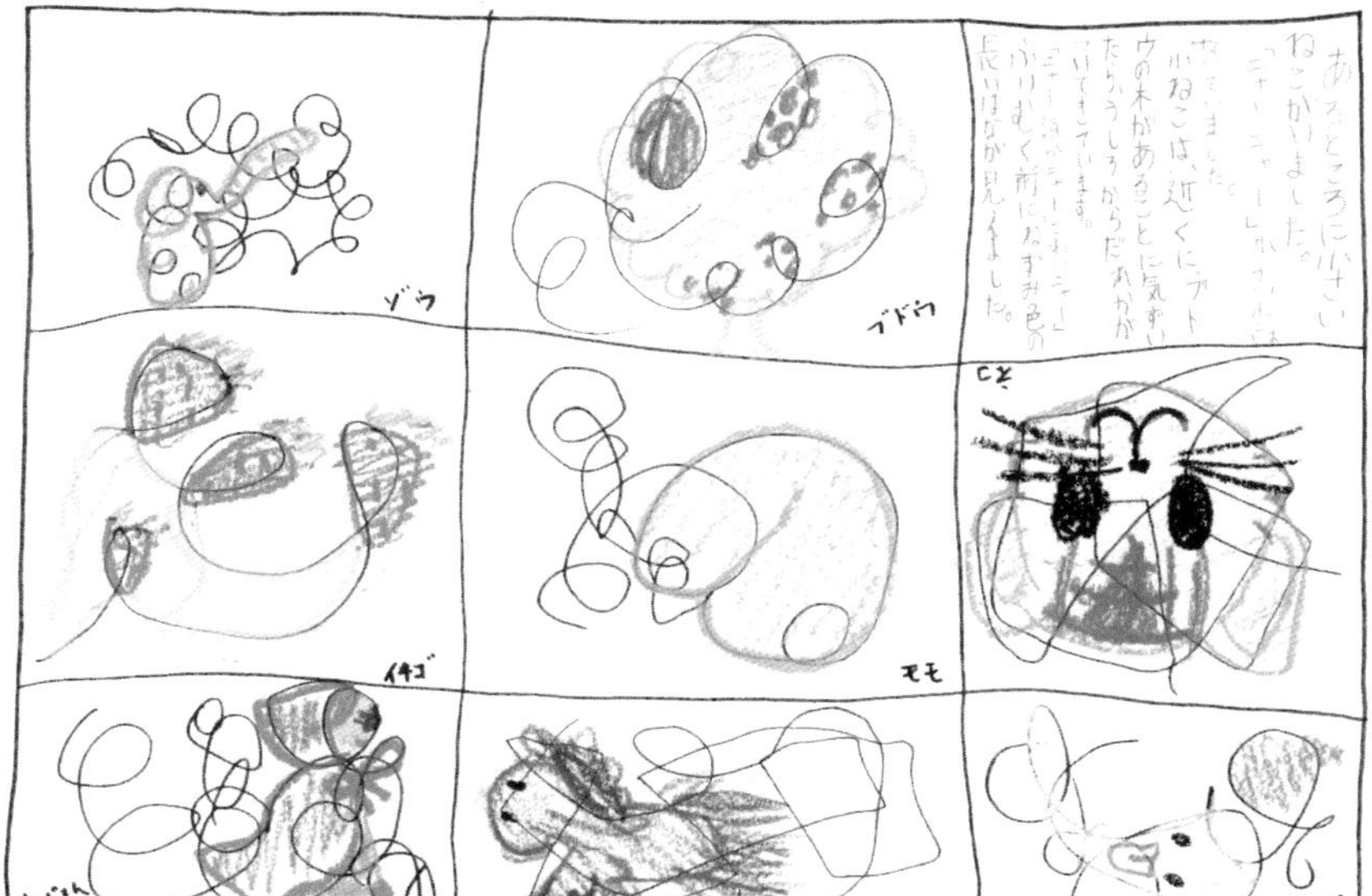

写真2

「お腹がすいたから、二人で食べにきたんだよ。でも、ここはお化けが出やすいって本当かい?」「うふふ、そうよ。私はもうお化けさんとお友達になったから平気だけど、あなたたちお二人さんは、びっくりしちゃうかもね」「だったらどうしよう~?　お化けと友達なんてこわいなあ。いちご畑に行く、どうする?　子猫ちゃん」「ニャーニャーそうだニャー。でも、仲良くなってみたいような気もするなあ~。ゾウさんはどう?」「うん、いいね。でも、お化けって、夜しか出ないいんじゃないの?」「あ……そっか……」「赤頭巾ちゃんは呼べる?」「うふふ、呼べるわよ。まかせて」赤頭巾ちゃんが呼んだら、草ががさがさと揺れました。ぞくぞくぞく……とみんな少し怖くなりました。「こんにちは、赤頭巾ちゃん。その二人は友達かい?」「こんにちは。そうよ。猫ちゃんと、ゾウさん」「はじめまして、私は、猫ニャー」「はじめまして。僕、お化けだよ。……ン?　僕が怖いのかい?」「そんなこと、ないよ。僕はゾウ。よろしく……」「よろしくね。ゾウさん、やっぱり、お鼻、長いのね」「うん。僕はこの長い鼻が自慢なんだ」「いいなあ~。僕は……自慢できることがないよ……クスン」「お化けなら、姿を消すことはできないの?」「そっか!　かしこいな~ゾウ君!　ありがとう」。おわり。》

◈筆者の感想等：ドキドキしながら物語作成をした。Aの「草ががさがさと揺れました」という表現に〈ぞくぞく〉と感動した。お化けと筆者の距離の近さを途中で反省した。

#3予定の日

キャンセル。担任によると、『最近三年生のときのことを思い出すと学校に行けなくなる、と話していた』。

#3

交互スクリブルを実施しながら「絵は得意。特選になったりする」とポツリと話してくれる。この言葉と、前回キャンセルになったことが筆者の中で重なり、〈前回は頑張らせてしまったかもしれない〉と思い、〈もしかしてさあ……物語とか作るの、苦手かな?〉と聞いた。すると「うん」と言うので、〈じゃあ……もう一枚（絵を）描く?〉と言うと、「やる」と答えた。筆者は、言語を使うと何かを壊しそうな感覚と、交互スクリブルだけでは収まらないAのエネルギーと表現意欲を感じていた。そこで、MSSMの物語を作成せず、最後まで交互スクリブルを行った後、A4画用紙を二枚新たに用意した。筆者とAとそれぞれに画用紙に枠を描き、交替し、一枚の画用紙いっぱいを使ってスクリブルを行い、遊んだ。出来上がったらそれぞれの絵が何かを言い当て合った。Aの作品を見て、〈カタツムリ!〉、セラピストの作品を見たAは「分かんない」と言う。〈ヒントは、地球にいません〉「あ!　宇宙人!」〈そう!〉と当ててくれた。以下、この方法をMutual Scribble＋double Scribbleと呼ぶ（以下、MS＋dSと表記する）。

MS：「モグラ」「トビウオ」「カンガルー」、〈リス〉〈木と鳥の巣〉〈ひつじ〉

＋dS①：「カタツムリ」、〈宇宙人〉

#4

絵を描きながら文鳥の話をしてくれた。「今の家には文鳥がいる。雄の太郎と雌の花子。太郎は〝結婚して〜〟と花子に言うけど、花子はゲーゲー鳴いて嫌がっている。ここ何日か太郎が花子の上に乗っていた。ぴょんぴょんしていた。花子苦しそうだった。でも今日の朝は二人仲良くしてた。チュッチュしてたり、くっついたり、つついたり」。

MS：〈ワニ〉→「へび」→〈オニ〉→「トリ」→〈ニワトリ〉→「ゾウ」

＋dS②：「花火」、〈母と赤ちゃん〉

◈**筆者の感想等：**筆者の〈母と赤ちゃん〉に、Aは「赤ちゃんに見えなかった」と言っていた。自分でも抱き合った男女に見え恥ずかしくなった。Aの語りもあわせて、何か生まれるのかな、と思った。

#5

MS：「パトカー」「にわとり」「さくらんぼ」、〈リス〉〈モモ〉〈怪獣〉

＋dS③：「木に集まるカブトムシ、カナブンやヘビ」、〈お地蔵さん〉

◈**筆者の感想等：**パトカーと木に集まる虫たちを見ながら、何かが出てきそうだ、何か守りたい、という気持ちが筆者の中に沸いていた。

#6（省略）

#7

MS：「ゾウ」→〈タコ〉→「アイスクリーム」→〈黒猫〉→「スイカ」→〈火のトリ〉

＋dS④：「龍（クレヨンだと影とか出しにくい、と言いながら）」、〈狐（と彼岸花）〉

◈**筆者の感想等：**この時、Aの「龍」の登場に、筆者は「出てきた」と思い、ドキッとした。そして一緒に戦う覚悟が沸き、それを意識していた。

#8

MS：〈王子〉→「ヘビ」→〈傘お化け〉→「風船」→〈ツバメ〉→「カタツムリ」

＋dS⑤：「山に住むトリ」、〈クマ〉

#9

久しぶりにMS（M）SMに誘ってみると、「物語作ってみる」と言う。

MS（M）SM：「恐竜の赤ちゃん」「もみじ」「ハート」、〈怪獣〉〈アヒル〉〈チーズケーキ〉

物語②：《あるところにお腹をすかせた恐竜の赤ちゃんがいました。「あーおなかすいたー」近くにたまたま友達のあひるがいました。「ねーねーガーコ、おなかすいたよー」と言うと、ふわふわとハートの風船が飛んできました。「何だろうこの風船？　中に何か入ってるみたいだけど……」恐竜の赤ちゃんはなんだかもっとお腹がすいてきました。「私の口ばしで突いてあげましょうか？」とガーコが言いました。「あ、ありがとう。何が入っているのかな？　ドキドキ……」ツンツンツン……ガーコが突くと……パーンッ　風船が割れました。「これは……もみじつきのチーズケーキ？　でもおいしそう」と言うと、恐竜の赤ちゃんはケーキに近づきました。そのときです！　ごー!!　横から怪獣がこっちに向かって火をはきます。「わあ!?　ちょっと待って何がしたいの?!　いきなり火を吐くなんて……」二匹は必死で避けましたが、尻尾に少し炎がついてしまいました。「あっちっちっち！」「あ、そうだ」と二人は思い出しました。「このもみじは何に使うんだろう？」「君たちおいしそうだね。ちょうどおなかがすいていたんだ」怪獣はどんどん近づいてきます。「えー！　ちょっちょっちょっとまってよー」二人は慌ててもみじをうちわのようにあおぎました。「おいし……あ、あれ、からだが……？」なんと、怪獣は、風で体が浮き上がり、飛んでってしまいました。不思議！　不思議な魔法のもみじだったんですね！「ふう……疲れてしまってもう倒れそう……。ガーコ、一緒にケーキ食べよう！」「うん！　食べましょう食べましょう♪」「ケーキって初めて食べたけど……すごくおいしいんだね！今日はすごく疲れた」「おいしかったネ！　私の背中で眠っていいわよ」。「ありがとう！　じゃあ……おやすみなさい」「おやすみ」。おしまい!!》

◈筆者の感想等：「今日はすごく疲れた」というAの言葉に、申し訳ないと思った。筆者の方が勇み足のように攻撃モードになっている。それを教えてくれるAに感謝した。

#10

MS（M）SM：「龍」「水の龍」「ヘビとイチゴ」、〈カエル〉〈ツル〉〈クジラ〉

◈物語③：《雨がザーザー降っています。カエルがゲロゲロ鳴いていいます。「ツル君、今日遊ぼうと言ったけど来ないなー。どうしたんだろ？」ツル君はちょっと考えていたのでした。そこへヘビ君がやってきました。「ツル君どうしたの？」「今日はカエル君の誕生日なんだけど、どんなプレゼントがいいかな？」ツルはヘビ君にたずねました。「そうだなあ～う～ん……」そのときわさわさと頭の上を龍が飛んでいきました。「あ、龍君こんにちは。一緒に考えない？」ツル君は急いだ様子で言いました。「オッケー！　間に合うといいなぁー」そこへ「僕も手伝うよー」クジラ君も遠くから声をかけてくれました。「どうもありがとう！　カエル君が喜ぶものは何かな？」「んー、何かなー。カエル君の好きなものや好きなことはなんだろう？」「たしか、雨が降っているときが好きとか……。でもやみかけちゃってるし、どうする？」龍「それは困ったなー。あ!!　僕の友達に水の龍がいるよ！」「わあ！　その子は雨を降らせられるの？」ツル君はすごく喜んでいます。「そうだよ！　頼んでくるよ！」龍君は急いで飛び立ちました。「ツル君まだかな……雨もやんじゃったし……。わっ！　龍君!?」「お誕生日おめでとう！　これからもよろしくね。これは、プレゼントだよ♪」と龍君が言った瞬間、雨が降ってきました。》

◈筆者の感想等：物語作成では、筆者はできるだけ破壊しないように、邪魔しないように、という意識だった。最後の一文に、Aからプレゼントをもらった気持ちになった。

#11

MS：「きつね」「葉」「龍の赤ちゃん」、〈スティッチの後ろ姿〉〈妊婦さん〉〈親鳥と卵〉

＋dS⑥：「恐竜」、〈ひつじ〉

#12

MS：「鳥」「ちょう」「ヘビ」、〈アヒル〉〈ガッツポーズした女の人〉〈おばあちゃん〉

＋dS⑦：「恐竜」、〈舟に乗ってる人〉

#13

MS：「りんごの木」「猫」「かもめ」、〈白金の蛇〉〈ネズミ〉〈パンを作るおばさん〉

＋dS⑧：「恐竜（立ってる）」、〈カエル〉

◈筆者の感想等：恐竜・龍シリーズが続き、今回、とうとうその龍が立ったことに驚いた。

（この頃、週に三〜四日学校か適応指導教室に行くようになっていた。）

#14

MSSM（※物語作成なし）**：**（省略）

「飼っていた猫が死んだ。新しい猫を、今、倉庫で飼ってる。その猫は拾ったとき、鳴かなかった。よっぽど何かひどいことをされたんだと思う。今はミャーミャー普通に鳴いてる」。

◈筆者の感想等：猫のことを語っているが、筆者にはA自身のことを語っているように聞こえていた。交互スクリブルでは「恐竜の赤ちゃん」が登場していた。
（学校か適応指導教室のどちらかに毎日行くようになっていた。）

#15

MS（M）SM：「ロケット」「猫の手」「猫のうしろ姿」、〈ボウシ〉〈ネズミ〉〈犬〉

◈物語④：《ある日、猫はいじけていました。「ネズミ君と仲良くなりたいんだけど、逃げられちゃう……」そこで猫は犬君に相談しました。「犬君、ネズミ君と仲良くなりたいんだけど、逃げられちゃう。どうしよう？」「う〜ん……そうだワン……このあいだ宇宙にロケットで行ったら大丈夫だったよ。宇宙では猫とネズミが仲良しだったよ」「えー、いいなあ。今度、私も連れてってよ。お願い！　ここでもそんな感じで仲良くすればいいのにね……」「オッケーだワン♪」「やったあ！　仲良くなれるキッカケができるかもね」「よし、じゃあ、さっそくその子に頼もうっと」と二人は帽子の女の子のところに行きました。「こんにちは。あ、犬君だ！　……この猫はだあれ？」「僕のお友達だよ。ねえねえ、あれ、あれを使って、宇宙を見せてくれないかい？」「オッケー！　いいよ。ちょっと待っててね！」猫はあれってなんだろう？と思いながらドキドキしていました。つづく……。》

#16

MSSM（※物語作成なし）**：**「ハート」「ユーレイ」「猫」、〈カエル〉〈おたまじゃくし〉〈お母さんと赤ちゃん〉

◈筆者の感想等：猫シリーズが続いているな、と思いながらユーレイが気になった。

#17

猫について尋ねると、「死んだ」と言う。「でもね、今飼ってる猫、すごく元気な猫で、天井の裏とかのぼっていく」と、元気な猫の鳴き真似をする。文鳥の話をしてくれる。「花子は可愛いけど、太郎は〝ギョエ、ギョエ!!〟って鳴く。オドオドしてる。うんこ、びちゃ！ってする。花子はコロコロして片づけやすいうんこなのに。花子のほうが強い。太郎は水飲んでるとき、水飲み場にガッ！て突っ込んで、飲むの。だからその後、餌を食べるときに、くちばしのまわりに茶色い餌がわ〜って付いて……」と、二匹の文鳥を対比して生き生きと語る。「そーだ。太郎描こう！（描きながら）一言で漢字を表すと、花子は、〝祝〟で、太郎は〝呪〟」。

◈筆者の感想等：文鳥の話をするAがとても生き生きしていた。雄の文鳥を滑稽に表現するAの姿がとても大事に思えていた。

#18

「先生、太郎持ってきた」とカメラを取り出す。「抜け毛の季節で……ひどい。花子様は可愛いのに……太郎は……足太い、くちばし汚い、何か付いてるし」といろいろ見せてくれる。また、「この前の土曜日、四十度近くの熱が出た。薬飲んで治った」と話していた。

◈筆者の感想等：Aの体調の変化は珍しく、身体と心に何か起きていると気になった。

#19

「いまどきの店に行った」と、買ってきたものを見せてくれる。適応指導教室の話をしてくれ、仲良しの中学生と「漫画描いてる」とも。服装などがあか抜けてきた。

＃20

◈風景構成法①：此岸のない川が左から右に流れ、その上に田んぼ、道がある。道の上に人間が倒れており、田んぼの中から龍のようなものが人間を襲おうとしている。山の向こうに鳥が二羽飛んでいる。手前にある木は川から立っているようで、道や山と重なり透ける。

出来上がった作品を一緒に眺めながら、〈この人、大丈夫？〉「さあ～(笑)」〈え～……何してるの？〉「寝てる」〈う～ん、危ないなあ。どうするの？〉「さあ～(笑)」〈ん～。……こっち(道)から人が来たら、その際逃げられる⁉〉「うん。バリア(バリアの線を付け足す)」〈あ～、それはいい。……でも、どのくらいもつの？〉「三分」〈えー！　ウルトラマンやん〉「(笑)」。

◈筆者の感想等：最近の変化が気になり、風景構成法に誘ってみると、表現してくれた。やはりまだ危ないとドキッとした。この龍がどうするのか。三分しかもたないバリア、ドキドキさせられる。

＃21

MS（M）SM：「ひよこが猫に食べられてる図」「恐竜みたいなの」「カメレオン」、〈タコ〉〈赤ちゃん抱っこしてるお母さん〉〈白い神様の蛇〉

◈物語⑤：(省略)

＃22

「修学旅行行った」〈え～⁉〉「お土産とか買った。楽しかった」。他にも家族で他県へ行ったことも語られ、筆者は驚く。文鳥のこと、「太郎は花子からやられる。でも仕返しをしない、優しい、太郎。水遊びも花子が先。太郎は足悪いのに、たまに花子に落とされる。この前、〝ギョッギョッ！〟って太郎が言ってた」〈お！　怒った〉「そう。最近、たまに怒る（笑）」と、話をしてくれる。そして、「先月は大変だった。いろんなとこ泊まったり、親戚が亡くなったり」と、夜中に親戚が亡くなったと電話がかかり、病院に行ったりして「怖かった」「大変だった」と話してくれた。

◈**筆者の感想等：**修学旅行に行って、「楽しかった」と言うAに驚いた。文鳥の太郎が主張しだしたことと、周囲の死と、何かが起きているように思えていた。

#23

MSSM（※物語作成なし）**：**「太郎」「カエル」「ヘビ」、〈リス〉〈とかげ〉〈エイリアン宇宙人〉

夏から秋にかけて親戚が相次いで亡くなっていることについて話す。

#24

MSSM（※物語作成なし）**：**〈リス〉→「バイ太郎」→〈胎児（赤ちゃん）〉→「ヘビ」→〈くじゃく〉→「立った太郎」

〈……（Aの作品を見て）〝バイ太郎〟？〉「うん。……太郎、死んだ」〈え!?……（絶句）〉……（見つめ合う。クライエントの目に涙）……「寒かったからか、知らないけど……（顔を覆う）」〈（筆者も涙）〉「花子も、太郎が死んだ次の日に……」〈!……〉「あったかいとこ、置いていたのに……。多分、ショックで、だと思う……」〈そう……〉……二人、涙。「夜中、ヒューヒュー鳴いてた。聞こえてた」。

◈**筆者の感想等：**文鳥の死は筆者にも言葉が出ないほど衝撃だった。しかし、一緒に弔う時間をもたせてくれたことがありがたく、Aの成長も感じた。

#25

（学校に毎日来ているという話を先生から聞いて驚く。）

〈学校に来てるって？〉「うん。中学校に行くから、それまでにならしておこうと思って」〈へえ〜〉「ふつ〜に学校行って、授業受けて」〈へえ〜、また、どうして〉「ん？　中学生になるし、と思って」〈自分で決めたの？〉「うん」〈へえ〜〉。

MSSM（※物語作成なし）：「普通の鳥（怒ってる）」「（以前飼っていた）猫」「かぼちゃ」、〈赤頭巾ちゃん（赤ちゃん）〉〈UFO〉〈お寺のおしょうさんがかぼちゃのたねをまきました〉

#26（最終回）

MSSM（※物語作成なし）：「鳥がボールもってる」「にわとり（がボールもってる）」「太郎花子（が〔ハートが描かれた〕ボールもってる）」、〈パンダ〉〈天狗〉〈カエル〉（写真3・口絵7）

◈風景構成法②：川は右奥から左手前に流れ、

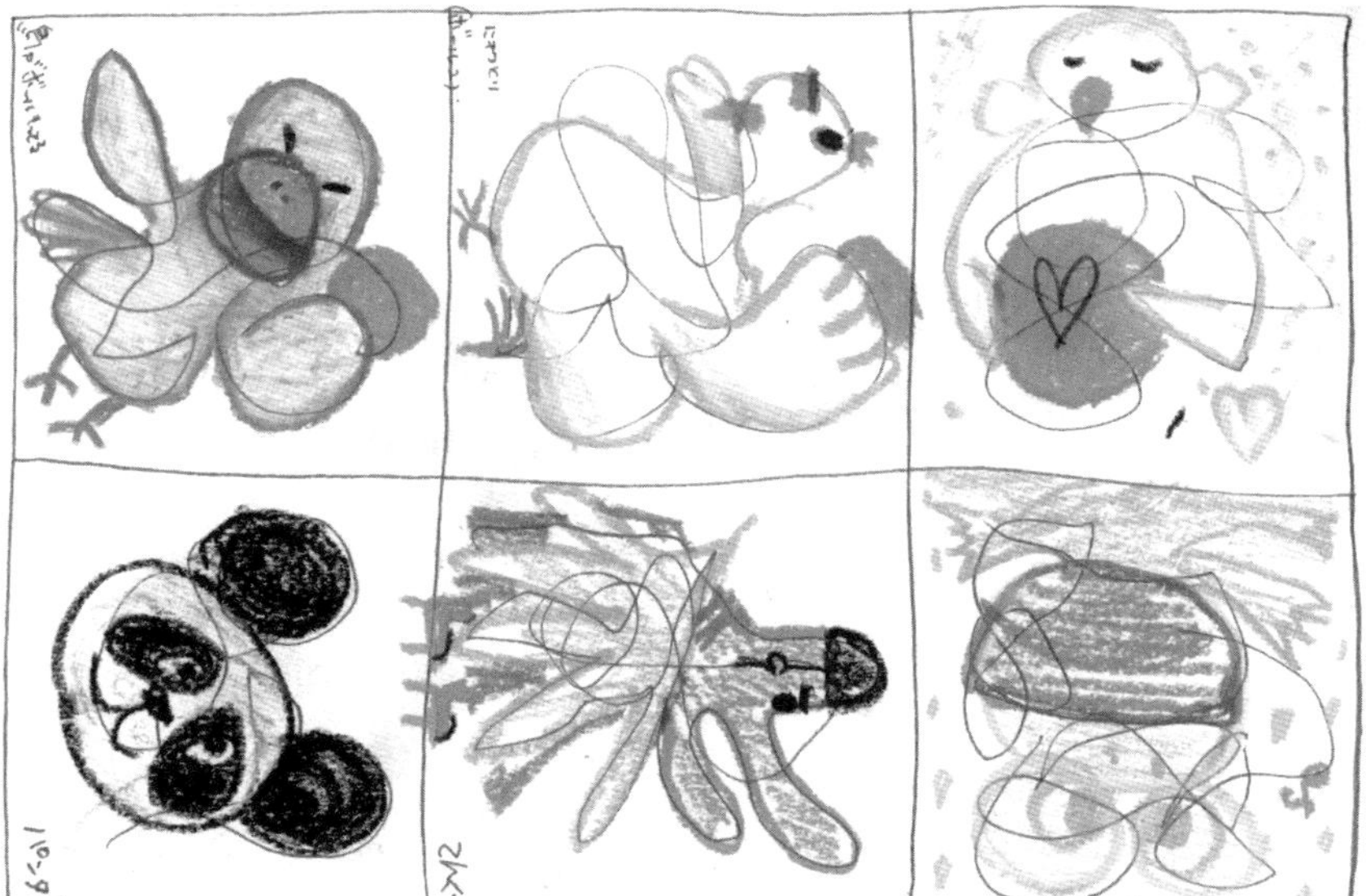

写真3

川の側には龍が石碑になって川を守っている。手前には家があり、屋根の上に猫が座っている。太陽が照り、奥にある大きな木の根元には花が咲いている。

◈**筆者の感想等：**ＭＳＳＭを描いてもらいながら、筆者の目頭と胸が熱くなった。大事なものを鳥たちが抱えている。Ａは大事なものを自分で抱えている。そして、これまで暴れていた龍は、最後、石碑となって川の守り神となっていた。このエンディングに、脱帽だった。

3 ❖ 考察

1 ＭＳ＋ｄＳ——パートナーになるまで

本事例で用いたＭＳ＋ｄＳは、最後に非言語であるスクリブルを同時に行うことで、その回を象徴的に収める、という特徴があった。表１に本事例のＭＳ＋ｄＳにおける「＋ｄＳ」の部分について、クライエントとセラピストの作品の一部を対照させ、一覧にした。詳細な説明は細川（二〇一一）を参照されたい。筆者が言葉を用いると邪魔してしまいそうな気がする、クライエントも言葉よりも描画での表現を得意としている、そして表現したいエネルギーが伝わってくる、そのような状況で、新たに紙一面を使ったスクリブルを行う手段を思いついた。言語による物語作成が「つなぐ」という側面があるのに対して、Ａ４一枚まるまる使った非言語のスクリブルは、「つなぐ」機能はほとんどなく、「それぞれに提示する」という段階であった。互いに提示し合い、共に眺めることを三回経て、クライエントのテーマと思われる「龍」が登場した。

＋ｄＳで見せるクライエントの内部にあるエネルギーの激しさは、画用紙一枚の中にやっとの思いで

表 1

	Cl	Th
dS①		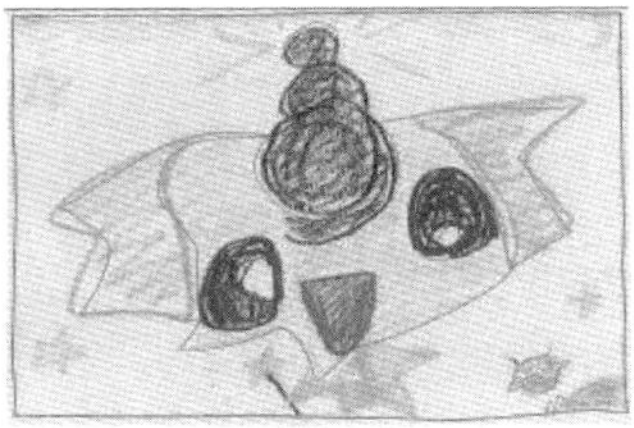
dS③	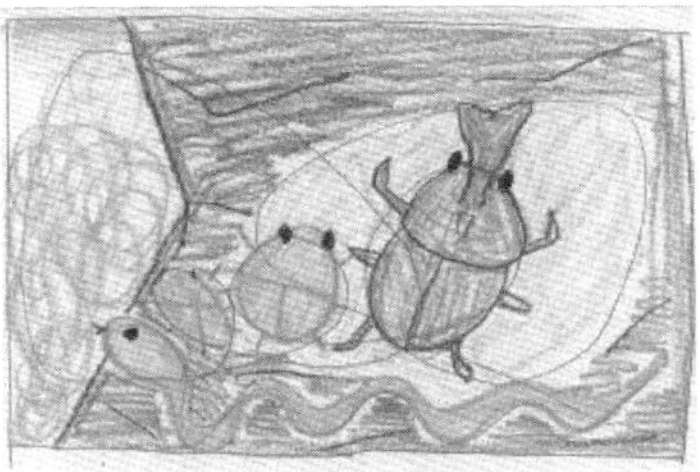	
dS④		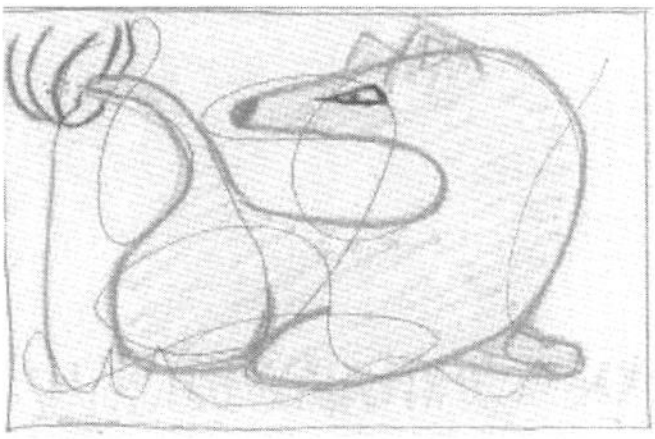
dS⑧		

ギリギリに収まっているかのようであった。描画は、時にはセラピストに対して、「このような自分の内面を受け止める覚悟と用意があるのか」という「挑戦状」として描かれる場合もある（村瀬、一九九六）。クライエントのテーマである龍が立ったときは、挑戦状に応え続けた筆者がクライエントからようやくパートナーとして認めてもらえた契約の時のようだった。

2　ＭＳ（Ｍ）ＳＭ――協働作業

筆者がＭＳ（Ｍ）ＳＭで大事にしていることは、クライエントに物語の最後をしめてもらうこと、セラピストは物語を展開させず、アシスト役に徹しようと意識すること、である。しかし、本事例のようになかなか後者が難しい場合がある。ＭＳ（Ｍ）ＳＭの特徴は、役割の交互性と、破壊・創造・現実吟味の協働性である。例えば、物語①の中では、猫やお化け、物語②でも怪獣やあひる、など物語作成の中でクライエントとセラピストとが瞬時に役割交替をくり返し、物語が作られていった。この役割交替は、時にはセラピスト－クライエント関係の役割固定までも払拭され、展開役－アシスト役もなくなり、両者対等の混沌とした関係になる。例えば、物語②の中で、セラピストが怪獣になって火を吐いたり、クライエントも同じ怪獣になって近づいてきたり、あひると恐竜の赤ちゃんたちを守るためにはどうしたらいいかを共に考え、なんとか危機を回避することができた結末となっている。このように、物語作成の過程は「意識の糸でつなぎとめる」というより、破壊と創造をくり返しながら、混沌の極みへ共に歩み、共に創り出した混沌の中から再び共に限界を設定し、交互に役割を担い、現実吟味と創造を協働作業していく過程のようであった。ただし、この作業を可能にするためには能動的想像で言うところの「ある程度以上の自我の強さの確立」（老松、一九九三）が欠かせず、混沌に身を浸しながらも、筆者はどこかで意識のアンテナを稼働させ、敏感でいることを努めた。

3　セラピストの能動的関与――異物になること

そもそものスクイッグルについて、中井（一九八二）は「治療関係をあぶりだす最も鋭敏なリトマス試験紙である」と比喩し、スクイッグルではセラピストの感情がほとんど剝き出しに近い形で表現されうることを述べている。本事例でもクライエントとセラピストと両者の感情が入り交じり、剝き出しになっていた。セラピストの能動性は、時にクライエントの攻撃性を煽ることもあるが、もしかしたらそれも、クライエントから導き出された何かの表出なのかもしれない。ＭＳＳＭはセラピストもクライエントも互いに、内側に「他者」という「異物が入り込む」（老松、一九九三）状態となり、それはクライエントにとっても〝自分ではない何か〟として実感される。特にＭＳ（Ｍ）ＳＭでは、クライエントとセラピストの両者にとって思い通りに物語が展開しない。両者とも異物の存在に実感が沸きやすい。そして、両者ともその異物を自らの中に取り込み、創造する力へと変容させていく。そのプロセスには、滑稽さのようなものが内包され、遊びの要素が両者を守っている。ＭＳＳＭは遊びという守りの中で、攻撃性を創造的に表現することと、創造性へ生みなおすことを可能にしてくれる技法であると思う。そして、セラピストの能動性が異物として機能し、クライエントがそれを受け入れていくことが、現実世界でクライエントが「他者」と共に生きることにつながるのかもしれない。互いに対峙することが、「本質を得る」（山中、一九七二）ことにつながることを、クライエントから学ばせてもらった。

［注］

＊1　本事例は細川（二〇一二）を基本に、加筆修正したものである。

＊2　ヘルメス心理療法研究会（二〇〇八）にて筆者が事例発表した際に、フロアにいらした長坂正文先生（現・東京福祉大学）がＭＳ（Ｍ）ＳＭと命名くださった。

［文　献］

1――細川美幸「『ユーレイみたい』と言われた中3女子とのＭＳ（Ｍ）ＳＭ」日本臨床心理身体運動学会第12回大会抄録集、三二～三三頁、二〇〇九
2――細川美幸「ＭＳＳＭにおける治療者の能動的関与の治療的視点――ＭＳ（Ｍ）ＳＭ、ＭＳ＋ｄＳの治療可能性」臨床心理身体運動学研究、13（1）、五三～六七頁、二〇一一
3――岸本寛史「ｄ－ＭＳＳＭ（double Mutual Scribble Story Making）法の治療的要因の検討」富山大学保健管理センター紀要　学園の臨床研究、4、三一～四四頁、二〇〇五
4――増澤菜生「非言語療法に関する研究――ナラティヴを生み出す三項関係とＭＳＳＭ」現代社会文化研究、41、四五～六二頁、二〇〇八
5――村瀬嘉代子「治療技法としての描画」臨床描画研究、11、二三～四三頁、一九九六
6――中井久夫「相互限界吟味法を加味したSquiggle（Winnicott）法」芸術療法、13、一七～二一頁、一九八二（『中井久夫著作集2巻　精神医学の経験　治療』岩崎学術出版社、二三六～二四五頁、一九八五）
7――老松克博「交互なぐりがき物語統合法における治療的な力のありかについて」日本芸術療法学会誌、24（1）、一二～一九頁、一九九三
8――山中康裕「精神療法的創造療法過程にみられる象徴表現について――Sandspielの精神医学への導入を中心に」名古屋市立大學醫學會雜誌、21（4）、七四七～七七五頁、一九七一
9――山中康裕「箱庭療法と絵画療法」［佐治守夫他編］『ノイローゼ――現代の精神病理　第2版』有斐閣、七五～九一頁、一九八四

細川美幸論文へのコメント

山中康裕

1

本コメントは、細川美幸による新法、Mutual Scribble (Mutual) Story Making（略称、ＭＳ（Ｍ）ＳＭ）（細川、二〇〇九）と、この方法を施した具体的事例へのコメントである。

ＭＳＳＭは、幸いにして、いまや日本各地において採用され、本事例を見られても分かる通り、セラピストによって、実に見事なmodificationを受けて、多種多様な変法が生み出され、それが実践的に効果をあげて、クライエントの《生きなおし》に、はっきりと功を奏している点を評価したい。

こうしたクライエントが、確実に立ちなおり、生きなおしていくことをこそ、私は《臨床的エビデンス》と呼ぶのであって、現今の似非科学的操作によって、何パーセントが増えた・減ったという類の、およそクライエントにとってどうでもいいような数値や、統計的ないし、いわゆる実証的事実のことを、私はエビデンスとは言わない。

2

しかも、ここでは、上記のＭＳ（Ｍ）ＳＭのみならず、ほぼ同時的に展開した、Mutual Scribble + double Scribble（ＭＳ＋dＳ）という別の新法まで紹介されている。事例を読んでいくと、それらが必然的に招来されねばならなかった事情が分かり、これらが、方法のための方法を目指したものではなく、実に、《絶妙なタイミングで案出されてきた》ことが知られるであろう。本書中の、別の論文で書いてあったことだが、ＭＳＳＭの素晴らしさ・すごさは、こういった、「幾多のバリエーションを許容する懐の深さや、《遊び》を生み出したり」するところである。そして、セラピスト自身、かたくななセラピー状況から、肩の力を抜いて、まさにクライエントによって遊ばせてもらう状況まで、真の意味で語っており、そういった意味でも、このセラピストの臨床能力の高さを知るのである。

3

それでは、これらの新法を胚胎させた、本事例Aちゃんのコメントにかかろう。

Aちゃんは、小二で父親が倒れ、小三で母親が仕事を始めざるを得ず、その頃から身体的暴力も含むいじめにあいはじめ（心の守りの薄い子は、こうして、二重の意味で傷つくのである）、小四で母親の実家に転居して、しばらくしてから、「キーキーカリカリ」するようになった、ということでやって来た。

片親の喪失などを背景に、転居せざるを得ず、新しい土地で「言葉が違う」などの表向きの理由で、その実、守りの薄さゆえの心的アンバランスが誘発する心の隙をついて、《無視《シカト》》《いじめ》が始まる。こうした背景をもつ子には、だから、問題が山積している。つまり、とても大変な状況下で、自身の心の安全の発達が脅かされ、極端な対人不信のある子どもにとって、いかなるセラピーも、容易には彼らの心を開くのは難しい。ところが、このセラピストは、即座に、Aちゃんのこういった心的状況を把握し、Aの印象を《白くて、細くて、とがっていて、閉じていて、そして何かキラッと光るものが隠されている》と捉えているが、この感性の鋭さと的確さ、そして、守りの確実さに感嘆させられる。

彼女は、このMSSMとて無理強いしないどころか、Aの主体性の復興に意を注いで、まず、《空間を切る》ということに抵抗を感じ（このクライエントにとっては、幾多の《喪失》を経験して、外的に《切断されて》生きてきたわけだから、この感性は最も必要な配慮なのだ）、一枚の画用紙の中で、いくつかの交互スクリブルで対応する。かくして、少しずつAちゃんの心が開き、彼女の心の中に押し込められていたものが、徐々に外に出てくるようになっていく。この回のことをセラピストは、《つながる糸口を探していた》と述べている。こうした何気ない配慮が彼らの心を守り、かつ開いていくのは、わざわざ「北風と太陽」の話を引用せずともよかろう。次回、MSSMに導入し、MS段階でのお互いの投影はうまくいくが、最後のSMの段階でのやりとりを再現してみよう。

〈ここに、出てきたもの全部使って物語作るんだけど……〉「……」〈やって、みる？〉「（斜めに頷く）」〈う～んと、一緒に、やってみる？〉「（縦に頷く）」ということで、交互に一文ずつ書いて物語作成を行う。

いかがであろう。私が唸ったのは、「斜めに頷く、縦に頷く」という、臨床観察の端的な的確さであり、とっさに思いついた、物語をも《一緒に》やってみよう、という提案の自由さである。ここにおいて、MS（M）SMは、始まったのであった。

4

それにしても、この初めてのMS（M）SMでの、物語制作のやりとりは、なんという見事な豊かさであろう。彼女が見抜いた通り、Aちゃんの心は、きわめて豊饒な内容をもっていたのである。しかも、終了後の、セラピストの反省がいい。「Aの『草ががさがさと揺れました』という表現に〈ぞくぞく〉と感動した。お化けと筆者の距離の近さを途中で反省した」というものである。臨床とは、こうした一瞬一瞬のたましいとたましいのぶつかり合いの中から生み出されてくるものなのだ。本例は、こういうふうに書いていったら、どこまで続くか分からないほどに宝石がいっぱいで、だから逆に、このコメントは、ここらで筆を擱くことにする。豊富すぎる連想の渦をしっかりと留めるためである。

9

MSSMの変法（3）――C－MSSM①
不定愁訴を訴える女子中学生への適応を例として

小野けい子

1 ❖ はじめに

山中（一九八四）創案のMSSMは、描画法の中でもすぐれて治療的な方法である。

「色彩誘発MSSM（Color Eliciting Mutual Scribble Story Making：C－MSSM）」は、MSSMの変法の一つであり、本章では、めまいなど、不定愁訴を訴える女子中学生への適応を例として、この方法の提唱を行う。本法は、最初のぐるぐる描きも黒サインペンではなくクレヨンを用いる方法である。筆者が色彩誘発MSSMを用いるようになったのは、次のような経験によっている。

筆者が一人の非行少年にMSSMを用いていたとき、クライエントは毎回鋭くガチガチとした誘発線を描き続けた。それは、大変攻撃的であると同時に痛々しい描線であった。筆者はその激しく、またある意味で痛々しい線を温かく柔らかく受け止めたかった。誘発線も温かく柔らかい線で描きたくて仕方がなくなった。黒のサインペンでは十分表現できない気がして、筆者は、ピンクのクレヨンで丸く柔らかい誘発線を描いた。クライエントは、それにふとっちょの羊を投影した。そして流れが変わった。激しくバウンドした野球のボールがこのピンクのふとっちょ羊に当たって優しく受け止められ、ゲームが続行する春の日のできごとの物語が作成された。色は、感情を伝えるきわめて強いメッセージ性をもっている。こうして、筆者は最初のぐるぐる描きの時から、黒のサインペンではなくクレヨンを用いるようになったのである。この方法では、クライエントの感情もより喚起されて表現される。よりニュートラルであるからこそ、黒のサインペンによる誘発線の良い点もあるし、よりメッセージ性があるからこそ、色彩による誘発線の良い点もある。また、物語の書き入れについて、山中（二〇〇五）は「クライエントが語るのをセラピストが書くのもよし、クライエント自らに書いてもらってもよい」としているが、筆者は困難な場合を除き、クライエント自身に物語の書き入れを依頼する。無意識から投影された複数のイメージを一つの物語の中に統合して「おさめる」という自我の関与した創造的統合過程には「おさまりをつける」という治療的働きも入ってくる（小野、二〇〇八）と筆者は考えており、物語の中に「おさめる」だけでなく、残された一コマの空間に物語を「おさめる」ことも大切にしているのである。

以下に、色彩誘発ＭＳＳＭ（以下、Ｃ－ＭＳＳＭと略記）を用いて行っためまい、頭痛といった身体の不調を訴える女子中学生に対する心理療法過程を紹介する。

山中（二〇〇七）は心の内奥に、「こころとからだの融合領域」としての「イメージ領域」を措定しており、ＭＳＳＭを行っていると、本人が意識していないにもかかわらず、客観的な身体水準の現象がイメージの中にパラレルに表現されるのみならず、ＭＳＳＭの中で象徴的な課題を果たしていくことで、不思議にも身体水準の問題が解決する事例に筆者もしばしば遭遇する。本事例は、めまい、頭痛といった身体の不調がＣ－ＭＳＳＭの中で解決していった事例でもある。

2 ❖ 事例概要

クライエント：眩暈《めまい》モモ（仮名）、初診時十四歳、中学三年生、女性

主訴：めまいや頭痛によって外に出られなくなり、学校にも行けない。風呂も一分くらい、食事も家族と食べられない、とのことで来談された。

家族：母、妹、弟。父はクライエントが四歳時に病気で急死されている。

現病歴：初診七か月前に学校でめまい、頭痛などのパニック発作様の症状があってから、それ以降、しばらくは頑張って登校していたが、五か月前に発熱し、その後はほとんど登校できなくなった。めまいや頭痛によって、次第に外出もできなくなり、現在では、生理も止まってしまった。自宅にこもって絵や漫画を描いたり、テレビやビデオを見て過ごしている。

治療構造：大学病院の外来、週一回五十分の有料面接。医師による投薬は、塩化セルトラリン錠二十五ミリグラムを一日一回夕食後。

インテーク時のバウムテストと風景構成法：インテーク面接時に他の臨床心理士によるバウムテストと風景構成法を施行している。

バウムテストを見ると、包冠線の不連続は見られないが、画面左上に縦十四センチの小ぶりな木が描かれている。画面左に内界を、画面右に外界を投影するものが多いことから、外界から身を引いていること、また、上に描かれていることは、現実に根ざして生きていないことを描いているとも言えようが、ボーランダー（Bolander, 1977）によれば、左上に描かれた小さな木は父性的な支持の欠如を示唆しており、モモさんのように子どもの頃に父親を失っている人が描くことがあるという。幹の両側の線に山中が「離接」と呼ぶ線（山中・岸本、二〇一一）の不連続が認められ、ヴィトゲンシュタイン係数から換算して約四〜

五歳時を示していることから、この離接も父親の死亡の時期と対応している。

風景構成法を見ると、大地がなく、浮いた空間に川が流れ、同じく空に浮いた山に向かって道が伸びているかのような風景が描かれた。そもそも、めまいとは拠って立つ基盤が不安定であることを意味しており、眩暈モモさんの描かれたバウムテストと風景構成法は、眩暈モモさんの経験している不安定な世界を体感する思いのするものであった。

3 ❖ 色彩誘発MSSMを中心とする心理療法過程

＃1（X年十月十二日）

筆者がモモさんと初めて会ったこの回は、モモさんの来院六回目であった。それまでは医師が母との み面接し、本人は診察室への入室を拒否していたとのことで、当日初めて本人と面接ができたと紹介された。筆者はそれまでの経緯もその場で初めて知った。会ったとき、モモさんはとても緊張している様子であった。筆者が自己紹介をし、前述したようなやり方でC－MSSMを始め、ピンクの丸いぐるぐる描きを描くと、モモさんは、スムーズに水色の線を続けて「雪だるま」を描いた。まだ心は雪のように凍っているのだろうか、指が震えている。続いて、モモさんが黄色で描いてくれたぐるぐる描きにセラピストは、麦わら帽子を投影して、〈麦わら帽子の女の子〉に仕上げた。モモさんは、C－MSSMを楽しみはじめた様子で、セラピストの黄緑のぐるぐる描きに「団子三兄弟」を投影し、それぞれの団子にコミカルな楽しい顔を描き入れながら、モモさんの顔も笑っている。最後にセラピストが描いた黄色いぐるぐる描きにセラピストは〈踊っている人〉を投影した。モモさんがみかん色で描いたぐるぐる描きに、モモさんは「猫の顔」を投影した。そして、次の物語を最後のコマに書き入れた（写真1）。

◈**物語：**（以下、ゴチック体が投影されたアイテム）《**雪だるま**が恋をしました。その子は黄色の**麦わら帽子**をかぶった子でした。その子の家は**団子屋**さんでした。その団子屋さんでは**踊りを踊っている人**がいて、**猫**が店の前に座っていました。いつか**麦わら帽子の子**と**お団子**を食べたい、そう思いました。》

モモさんは「とても楽しかった」とのこと。C－MSSMで遊ぶ中で、侵襲的ではなく、心の奥に働きかけてイメージが湧き出し、凍っていたモモさんの心が生き生きと動き出していく過程を見ることができる。これこそC－MSSMの特徴と言えよう。

＃2（X年十月十九日）

C－MSSM：①クライエント「蝶」→②セラピスト〈大きく口を開けて眠っている人〉→

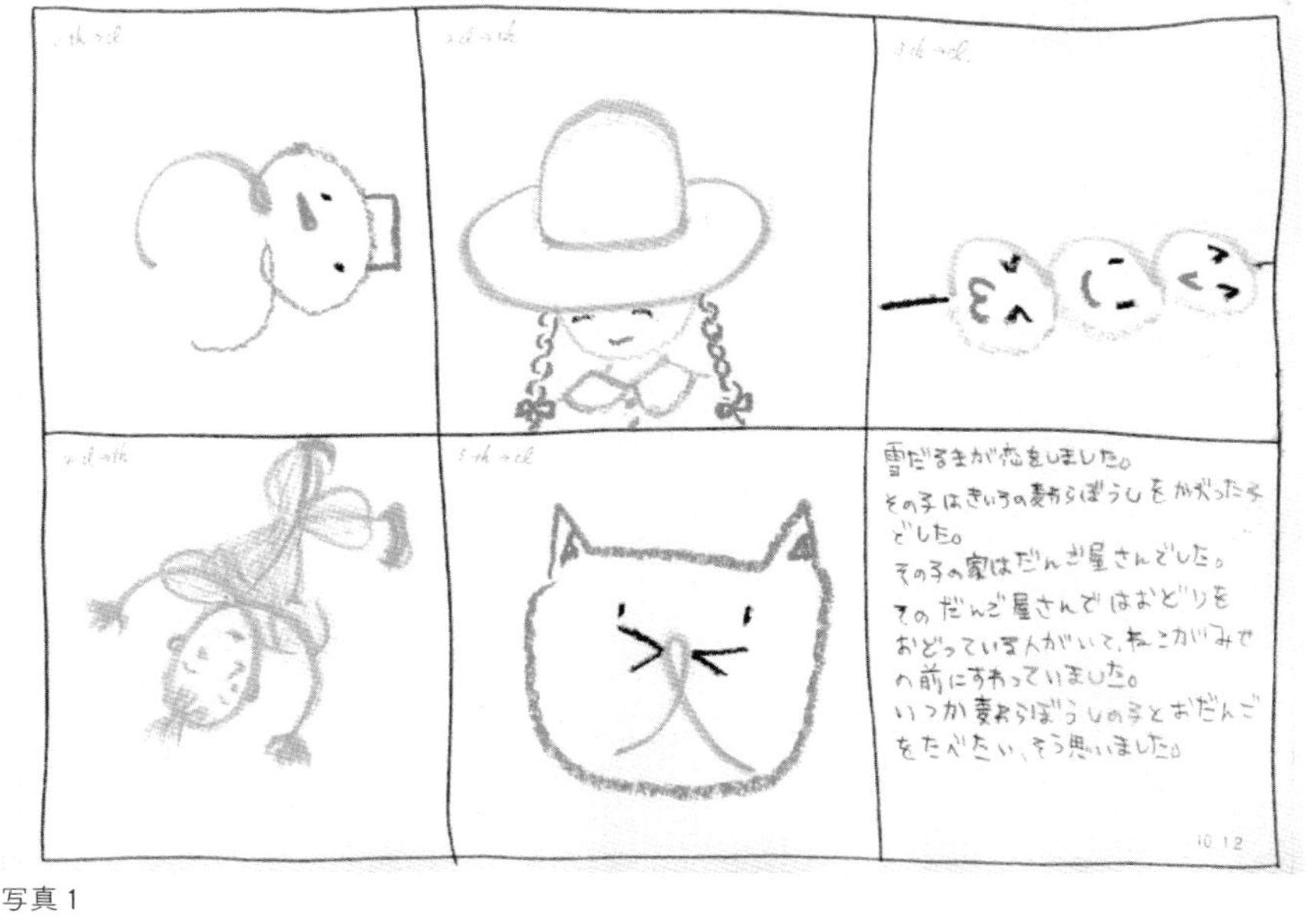

写真1

③クライエント「桃」→④セラピスト〈赤いリボンをした、アニメ『魔女の宅急便』のキキ〉→⑤クライエント「浜辺の風景、砂遊びで作ったようなトンネルのある小さな砂山と赤いバケツ、赤いカニも描かれている」。

◈物語：《ある日チョウチョが飛んでいる庭で昼寝をしている人がいた。その人は夢をみた。魔法使いのキキと浜辺で遊んでいる夢だった。そこにはカニがいて、そのカニは砂山で遊んでいた。すると、海から波に乗って桃が流れてきた。キキたちはその桃をおいしそうに食べた。それが今日みた夢。》

C－MSSMでは、クライエントの投影したイメージのみならず、セラピストの投影したイメージもまた、二人の関係性の中で湧き出したイメージであるから、大切にしたい。『魔女の宅急便』のキキの物語は、十三歳になって魔女修行のために親元を離れ、一年間、遠くの町で暮らす少女の話である。一人前になるためのイニシエーション（通過儀礼）の儀式と心理療法過程は、ある意味類似している。夢みる人は、夢の中でキキと浜辺で遊んで最後に一緒に桃を食べているが、多くの文化で、桃の果実は成熟した女性を象徴すると言われる。十四歳の眩暈モモさんは、キキと同様のイニシエーション過程をこの治療の中で行っていくのだろうか。

＃5（X年十一月十六日）

C－MSSM：①クライエント「海を泳ぐクジラ」→②セラピスト〈微笑む女の人〉→③クライエント「蝶」→④セラピスト〈ハンガーにかかった黄緑の服〉→⑤クライエント「赤い鉢のピンクの花」。

◈物語：《クジラが海を旅していると、真っ赤な植木鉢のある家がありました。近づいてみるとその植木鉢にはピンク色の花が咲いていて、まわりには蝶が飛んでいました。しばらくその家のまわりを泳いでいると、髪を後ろにまとめた美しい女の人が洗濯物をしていました。その時のとても明るい笑顔と

黄緑色のシャツが今でも忘れられません。》

雪だるまがクジラになったけれど、まだ遠くの海から美しい女の人を眺めている。

#9（X年十二月二十一日）

C－MSSM：①クライエント「キツネ」→②セラピスト〈アリ〉→③クライエント「みどり色のきのこ」→④セラピスト〈横顔の人〉→⑤クライエント「ピンクのリボンをつけた少女」（写真2・口絵8）。

◈**物語：**《キツネは、一人でご飯を食べていると、ピンクのリボンをつけた女の子が話しかけてきました。「キツネさん、一緒に遊ばない？」その女の子はキツネを連れて、山の頂上へ行きました。すると女の子がめずらしいみどり色のきのこを見つけました。キツネはそれを手にとると、きのこのかさの中から、これまためずらしいアリが出てきました。アリがびっくりするのを見て、女の子は、あったところに戻してあげました。

写真2

キツネと別れ、家に帰り、みどり色のきのこのこと、めずらしいアリのことをお父さんに話すと、一冊の本を持ってきてくれました。そこには、みどりのきのこの中に住むアリは山の神様と書いてありました。そのことがあってから、女の子は自然を大切にして、神様、山の動物たちを守ろうと、キツネに話しています。》

キツネは可愛い女の子に話しかけられ、おとぎ話のような、みどり色のきのこに住むアリの話が展開し、現実にも不定愁訴を訴えるモモさんの身体（自然）との関係が好転している。

＃10（X年十二月二十八日）

C－MSSM：①クライエント「水に浮かぶ鳥」→②セラピスト〈ピンクの蓮の花〉→③クライエント「ワニ」→④セラピスト〈ワイングラス〉→⑤クライエント「赤いカチューシャをした少女」。

◈物語：《蓮の花が咲いている湖に、ワニと、一羽の鳥が住んでいました。鳥はある日、湖の近くの家にワイングラスをもった赤いカチューシャの女の人が住んでいるのを見かけました。その女の人は一人でとても寂しそうにしていたので、鳥はワニに何かできることはないか相談しました。するとワニは、この池にある蓮の花をあの人にあげればきっと元気になると伝えました。鳥は急いで蓮の花をくちばしにくわえ、ワニと一緒に、家の近くへ行きました。ワニは、自分がいると怖がられてしまうと言い、湖の中にもぐっていきました。鳥はすぐに家のドアをたたき、女の人が出て来ると蓮の花を手に乗せました。その時、鳥が突然人間の姿になり、二人は一緒に暮らすことになりました。その姿をワニは笑顔で見つめていました。きっとワニは、鳥が女の人に恋をしていることに気づいたのでしょうね。》

動物（自分の中の動物的側面・身体）との関係はますます深まり、この頃にはモモさんの不定愁訴はまったくなくなり、この回の後、生理が再び始まっている。登校も順調である。

#11（X＋一年一月十一日）

C-MSSM：①クライエント「ピンクのラクダ」→②セラピスト〈男の人〉→③クライエント「魔法使いのお婆さん」→④セラピスト〈女の人の顔〉→⑤クライエント「黄緑のバラ」。

◈物語：《ある砂漠に、魔法使いのお婆さんととても珍しいピンク色のラクダが住んでいました。そのお婆さんは、ある日、砂漠で迷ってしまった男の人と女の人に会いました。その二人は恋人同士で、旅に来ていて道がわからなくなり、困っていました。お婆さんは今まで困っている人を助けたことなど一度もなく、人間に怖がられていたので、どうしようか迷っていました。すると、ピンクのラクダが自分のこぶの中から黄緑のバラを一輪出しました。それをあの人に渡せば願いが二つかなうと言って、ラクダはお婆さんにバラを渡しました。お婆さんはその二人にバラを渡し、「家に帰りたい」「二人で幸せに暮らしたい」と願うように言いました。その二人は一瞬にしてお婆さんの前から消えました。無事に帰ったのかと安心して帰ると、そこにはさっきの人がいました。その二人は、家に帰ることではなく、「お婆さんに感謝をしたい」「自分たちだけでなく、お婆さんにも幸せになって欲しい」。そう願ったのでした。それからはみんなでとても幸せに暮らしました。》

もはや動物の人間の少女への恋の話ではなく、人間の恋人たちが登場したが、砂漠（エネルギーの枯渇した世界）で道に迷っている。ピンクのラクダがこぶの中から黄緑の魔法のバラを取り出し、このピンクのラクダの助けと、魔女・恋人たちみんなの好意によって、魔女も（良い人へと）変身を遂げ、世界は変貌し、「それからはみんなでとても幸せに暮ら」す。「金のリンゴ」の童話のように、多くの童話の中で、主人公は動物の助けによって無事に難を逃れるが、ピンクのラクダも、魔法のバラも、あたかも自己（self）の象徴であるかのような働きをしている。

＃12（X＋一年一月十八日）

C－MSSM：①セラピスト〈槍〉→②クライエント「ウサギ」→③セラピスト〈靴〉→④クライエント「ライオンの顔」→⑤セラピスト〈お坊さん〉。

◈**物語**：《ある日、**ライオン**が散歩をしていると、小さな**ウサギ**が寒そうに震えていました。**ライオン**が見た瞬間に**ウサギ**は震えた体で逃げて行ってしまいました。**ウサギ**に怖がられていたのです。**ライオン**は自分は怖くないと伝えましたが、**ウサギ**は怯えたままでした。ある日、**ライオン**は一本の**槍**をみつけました。村人が落としていったのでしょう。でも自分が届けたら怖がられてしまうと思い、あの**ウサギ**に頼みました。初めは怖がっていた**ウサギ**ですが、**ライオン**が実は優しいのだと気づき、届けてあげることにしました。**ウサギ**は近くのお寺にいる**お坊さん**に**槍**を届けました。その**お坊さん**は動物の言葉が分かるようで、**ウサギ**が言っていること、**ライオン**のことを全部分かっていました。**お坊さん**はお礼にと奥から持って来た**靴**をくれました。**ウサギ**はその**靴**を**ライオン**に渡しました。すると**ライオン**は**ウサギ**さんの方が寒そうだからと受け取るのを断りました。その優しい**ライオン**と**ウサギ**の行いは**お坊さん**に届いており、**ウサギ**は月に、**ライオン**は太陽になることを命じたのでした。「お坊さんは動物の言葉が分かる」震えるピンクのウサギは、かつての眩暈モモさんを思い出させる。「ライオンとウサギの行いはお坊さんに届いており」といった記述は、治療者との関係を述べているようでもある。神話学者ケレーニー（Jung & Kerenyi, 1951）は、「神話は根拠を説明する。神話は本来、『なぜ』に答えるものではなく、『どこから』に答えるものである」と述べ、神話はものごとを説明するためにあるのではなく、基礎づけるためにあるとしている。モモさんは、自らを基礎づける天地創造神話を、自らの手で創造していこうとしているかに見受けられる。

#18（X＋一年三月二十一日）

高校に無事合格し、登校も順調である。この回には、再びバウムテストと風景構成法を描いてもらった。バウムは成長して地面に落ち着き、風景構成法の川も地面に落ち着いた。私たちの心臓が左にあるからなのだろうか、左側に内界を、右側に外界を投影するものが多いのであるが、川は流れの向きを右に変えて外界方向に流れ出し、右側の世界に通じる道も描かれている。田んぼの統合度は少し低いが、美しい黄緑で塗られて、早苗が育っているように見える。しっかりとした家が立体的に描かれ、木には遊ぶブランコがついていて、人も花に囲まれた可愛い女の子となった。動物も人間と仲の良い犬が描かれている。付加では太陽が描かれ、外界方向から光を注いでいる。季節は春とのことである。

#19（X＋一年四月四日）

C－MSSM：①クライエント「ピンク色のクラゲ」→②セラピスト〈犬〉→③クライエント「豊かな胸の女の子」→⑤セラピスト〈田んぼで田植えをしている人〉→⑥クライエント「カタツムリ」（写真3）。

◈物語：《ある町外れの村に一人の女の子がいました。彼女の名前は真理。真理はお母さんと、犬の真白との三人家族でした。真理は小さい頃からモデルになりたいという夢をもっていました。けれど、真理の家はとても裕福とはいえない暮らしをしていました。ある日、お母さんと田んぼに田植えをしにいくと、カタツムリが、田んぼに落ちて苦しそうにしていました。カタツムリがとても可哀相なので、真理は手ですくいあげ、犬の真白の背中で暖めてあげました。その日を境に暮らしが一変しました。田んぼで育てていた米が高く売れたり、その田んぼでピンク色のくらげを見つけたり、今までとは違うことが沢山起こりはじめました。真理はカタツムリがお礼をしてくれたのだと思い、カタツムリを見つけた田んぼに向かい、大きな声でお礼を言いました。「ありがとう!!　私は頑張ってモデルの夢を叶

えるね」。》

＃1で雪だるまが投影された描線とよく似た形の水色の描線に、若々しい女性の胸が投影され、はつらつと健康的な娘さん（真理）が描かれたのが印象的であった。物語の主体も動物から女の子になり、お礼を言う社会性まで身につけている。動物・犬は家族の一員（身内）として真白という名前までもって真理を助けており、カタツムリは、冬に死んだ化石のようになるが、春には一回り成長してまた活動を始める再生を象徴する生物である。

＃23（X＋一年六月十三日　最終回）

C―MSSM：①セラピスト〈矢の刺さったハート〉→②クライエント「ピンクのカピバラ」→③セラピスト〈赤いバラの生けられた花びん〉→④クライエント「テルテル坊主のついた傘」→⑤セラピスト〈セーラー服の女の子〉。

◈物語：《モモは、近くの公園でみんなとおし

写真３

ゃべりをするのが大好きな女の子。ある日モモのクラスに転校してきた男の子に恋をしてしまいました。モモのハートに矢が刺さって、その子から目が離せなくなりました。その数週間後、モモは思い切って、その男の子をデートに誘いました。その男の子は笑顔でOKと言ってくれましたが、家に帰って天気予報を見ると雨。雨だと出かけられなくなってしまうので、モモはテルテル坊主を二つ作って傘に飾りました。大好きな彼のために一生懸命だったのです。そして当日見事に青空が広がっていました。モモは、テルテル坊主に感謝して嬉しそうに出かけていきました。ゲームセンターに行って、ピンクのカピバラのぬいぐるみを取ってもらい、モモは、ますます男の子に夢中になりました。帰り道、男の子が、真っ赤なバラをプレゼントしてくれました。今でも大切に飾ってあるようです。二人の恋の行方は、あの時取ってもらったカピバラだけが知っていることでしょう。》

多くの文化で桃の果実は成熟した女性を象徴することを先に述べたが、本章での彼女のニックネームの根拠となった「モモ」という名の女の子が登場した。男の子に恋をし、自分からデートを申し込んで、実際に素敵なデートをする物語を作成し、モモさんは巣立っていった。

4 ❖ 考察

考察1　思春期の課題

青年期の始まりは、思春期的身体発育（急激な身長の伸びという量的変化と、性的成熟という今まで経験しなかった質的変化）の始期をもってし、青年期の終わりは人格的・社会的成熟をもってするのが一般的である。急激に変化する性をもった身体を自らのものとして受容することは、青年期の重要な課題である。思春期にめまい・頭痛・生理不順といった身体の不調を訴えて来談した眩暈モモさんの、融けて消えてしまいそうな雪だるまから、豊かな胸をもつ娘さん、男の子に恋をしてデートする「モモ」に至るまでのC－MSSM過程は、モモさん自身が、自らの身体の女性性を確認し、女性であることを肯定的に受容して成長してゆく過程であったと思われる。この過程は、童話的物語から神話的物語を経過し、現実的世界の物語に戻って終結に至っているが、こうした深い経験過程を容易にしているのも、MSSMの優れた特性であると言えよう。

考察2　「こころとからだの融合領域」としての「イメージ領域」

ユング（一九六〇a）は、普遍的無意識と身体の間にプシコイド（psychoid）領域があり、それは「こころ」とも「からだ」とも言えない領域と考えた。山中（二〇〇七）は心の内奥に、「こころとからだの融合領域」としての「イメージ領域」を措定している。箱庭療法を行っていると、身体での出来事が象徴的に箱庭で表現されて、箱庭の中で変化を遂げ、箱庭の中で課題が達成されると、不思議と体が良くなっているといったことに遭遇することが知られている（例えば河合、一九六七）。

MSSMにおいても同様のことが生じ、本事例でも、めまい・頭痛を訴える女子中学生は、C－MSSMの中で、動物とだんだん仲良くなっていく物語を進展させ、「母と本人と真白という犬が家族」という物語を創る頃には、すっかり自分の動物的側面である体との関係は良好になった。本人が意識していないにもかかわらず、客観的な身体水準の現象がイメージの中にパラレルに表現されるのみならず、C－MSSMの中で、象徴的な課題を果たしていくことで、不思議にも身体水準の問題が解決する。身体表現による症状言語が、イメージとして取り出され、メッセージとして取り扱えるものとなり、セラピストに受け止められ続けられると、創造的な活動の中で、症状は消え、問題が解消されてゆくかに見える。

考察3　クライエントの色彩誘発線とクライエントの感情

ユングは「描画法は無意識の破壊力から十分に安全な距離をとって患者の心をとらえる方法として有効である」と書いた後で続けて「色彩を用いることによって患者は、自分の感情を絵画の中に表現できるので、より効果的である」(Jung, 1960b) と書いている。先に述べたように、色は感情を伝えるきわめて強いメッセージ性をもっており、クライエントの感情もより表現される。クライエントの用いる誘発線の色もクライエントの感情をセラピストに伝える大きな手がかりである。今までの研究(小野、二〇一四)で、クライエントは赤のような、「情熱的」で「華やか」でもあるが、「危険」であったり「激しい」「攻撃的」でもある色や、紫のような、アンビバレントな感情、未分化な感情、不安定な感情を表現することが多いとされる色をよく用いることが示されている。眩暈モモさんも赤や紫の誘発線をよく用いており、こうした誘発線に対し、セラピストの適切な反応が求められるのもC－MSSMの特徴であると言えよう。

考察4　セラピストの色彩誘発線と心理療法の器

色彩誘発線は、ロールシャッハテストの色彩ショックに見るように、対象によっては侵襲的でありうるが、セラピストである筆者は、桃色、水色、黄緑色、みかん色をよく用いていた。これらの色は、ユングの言う四つの心理機能である感情、思考、感覚、直観を象徴する赤、青、緑、黄色に近い色ながら、より「柔和な」「柔らかな」「優しい」「好きな」と評価される色であることが、今までの研究(小野、二〇一四)で示されており、セラピストは色彩誘発線によってクライエントに対する「無条件の肯定的配慮」を伝えているかのように見えた。C－MSSMは、ぐるぐる描きによって無意識への退行を促すがゆえに、しっかりとした守りが必要とされる心理療法である。治療構造の守りのほかに、枠づけによる守りがあり、さらにセラピストの受容的な色彩誘発線は、C－MSSMをさらに守りの厚い心理療法としている。

考察5　色彩誘発線によるイメージの広がりと深い無意識への導入

MSSMにおいては、黒いサインペンの描線を手がかりに形を見つけ出す課題が課されるのに対し、C－MSSMにおいては、形と色を手がかりに投影物を探す課題となる。筆者の経験では、C－MSSMの誘発線の色は感情を動かし、色と形の手がかりの増加はイメージを膨らませ、物語の展開を促し、心理療法過程に良い効果をもたらすことが多かった。形だけ合う不思議な色のもの、例えば、#9の「みどり色のきのこ」、#11の「ピンクのラクダ」「黄緑色のバラの花」が投影されても、そのことでかえって、「山の神様の住むきのこ」「特別な力をもつラクダ」「魔法の花」などのファンタジーを誘発して興味深い物語の展開を促したりもした。C－MSSMを用いた事例では、この事例のように神話的あるいは童話的物語が展開し、最後に現実的な世界の物語に戻って終結を迎える例が少なくないのであるが、こうした深い無意識の体験は、ぐるぐる描きによる退行のみならず、色彩誘発線の使用によって、このようなファンタジーを誘発し、深い無意識の世界への導入が容易になったことと関係していると思われる。

考察6　色彩誘発MSSMの適応

山中（一九九九）はMSSMの適応について「比較的侵襲度が低く、いわゆる精神疾患から心身症状、あるいは、自閉傾向の子どもにまで応用しうる、優れて治療的な方法である」としている。筆者の自験例でC－MSSMを主なツールとして適応した事例は、ICD－10分類で言うF40恐怖症性不安障害、F41.0パニック障害、F43.1外傷後ストレス障害、F43.2適応障害、F45身体表現性障害、F50摂食障害、

F94.0選択性緘黙、F98.1非器質性遺糞症などで、「F4神経症性障害、ストレス関連障害および身体表現性障害」のクライエントが多かった。これらのクライエントたちは、もともとＭＳＳＭを好む者が多いが、白黒写真とカラー写真との相違に比すように、圧倒的にＣ－ＭＳＳＭの方が好まれることが多かった。不登校児には様々なタイプが含まれるが、不登校児の多くはＣ－ＭＳＳＭを好み、治療的効果を得られるものが多かった。その一方で、F84広汎性発達障害のクライエントの中には、色も形も両方合うものを強迫的に見つけ出そうとして苦労をしてしまう者や、なかなかイメージが広がらない者もいるし、統合失調症圏のクライエントでは疲労を訴えたため、適応を中止した者もある。ロールシャッハテストにしろ、風景構成法にしろ、色彩ショックが大きい意味をもつことを考えれば、色彩を用いない方がよい場合があるのは当然であり、また、ぐるぐる描きは箱庭の砂と同様に、明らかに意識の退行を促すため、配慮が必要とされる。筆者はF20統合失調症への適応は行っていない。

以上、上に挙げた山中（一九九九）の言葉を用いると、Ｃ－ＭＳＳＭの適応は、ＭＳＳＭに比して、いわゆる神経症圏や心身症状のクライエントには、より深いコミットメントを可能にして治癒力を発揮することも多い一方、適応範囲はＭＳＳＭより狭く、いわゆる精神疾患、自閉傾向のクライエントへの適応に限界をもっているというのが現在の筆者の見解である。

〔文献〕

1――Bolander, K. (1977) *Assessing Personality through Tree Drawing*. New York: Basic Books.（K・ボーランダー『樹木画によるパーソナリティの理解』髙橋依子訳、ナカニシヤ出版、八五～八六頁、一九九九）

2――Jung, C. G. (1960a) The structure and dynamics of the psych. *CW8*. Princeton, New Jersey: Princeton University Press, pp.176-177.

3――Jung, C. G. (1960b) The psychogenesis of mental disease. *CW3*. Princeton, New Jersey: Princeton University Press, p.260.

4――Jung, C. G. & Kerenyi, K. (1951) *Das Göttlich Kind: Eine Einführung in das Wesen der Mythologie.* Zürich: Rhein-Verlag.（C・G・ユング＆K・ケレーニイ『神話学入門』杉浦忠夫訳、晶文社、二二頁、一九七五）

5――河合隼雄『ユング心理学入門』培風館、一九六七

6――小野けい子「MSSM療法の可能性」精神療法、34（5）、五一七～五二五頁、二〇〇八

7――小野けい子「色彩誘発線の治療的要因に関する研究」『色彩誘発MSSM療法におけるイメージを媒介とする治癒に関する試論――色彩誘発MSSM療法と箱庭療法の事例研究を基に』京都文教大学博士論文、七〇～八〇頁、二〇一四

8――山中康裕「箱庭療法と絵画療法」〔佐治守夫他編〕『ノイローゼ――現代の精神病理　第2版』有斐閣、七五～九一頁、一九八四

9――山中康裕『心理臨床と表現療法』金剛出版、一九九九

10――山中康裕『こころと精神のはざまで』金剛出版、二〇〇五

11――山中康裕「絵画療法の本質」臨床心理学、7（2）、一五八～一六四頁、二〇〇七

12――山中康裕・岸本寛史『コッホの『バウムテスト［第三版］』を読む』創元社、二〇一一

小野論文へのコメント

山中康裕

1

小野さんの「C－MSSM」は、彼女独自のアイデアで、「色彩誘発MSSM」というものである。この方法の発案の意図は、「筆者が一人の非行少年にMSSMを用いていたとき、クライエトは毎回鋭くガチガチとした誘発線を描き続けた。それは、大変攻撃的であると同時に痛々しい描線であった。筆者はその激しく、またある意味で痛々しい線を温かく柔らかく受け止めたかった。誘発線も温かく柔らかい線で描きたくて仕方がなくなった。黒のサインペンでは十分表現できない気がして、筆者は、ピンクのクレヨンで丸く柔らかい誘発線を描いた」というものである。

つまり、この少年のように、アグレッシブで、「激しく、またある意味で痛々しい線を」描くのに耐えられず、「温かく柔らかく受け止めたかった」という意向が働いての、やむを得ず、しかしとっさに思いつかれた、治療者の臨床的センスからのものだったのである。

そして、このことは、ここに報告された「めまいや頭痛によって外に出られなくなり、学校にも行けない。風呂も一分くらい、食事も家族と食べられない」とのことで来談した中三、十四歳の女子中学生に適用した事例にも、生き生きと生きている。

その証拠に、第一回目を終えた後、クライエントは、「楽しかった」と答えているではないか。

通常、われわれの臨床場面を訪ねてくるクライエントは、心の中に《痛み、苦しみ、恨み、妬み、怒り》といったネガティブな感情をいっぱい抱えていることが多い。そうしたクライエントの、荒れて殺伐とした心を、温かく包み込むようなカラーの誘発線で誘発するという発想そのものがすでにきわめて治療的なのであり、筆者は、この事例をスーパーバイズするにあたって、ただちに、この方法の優れた点を指摘し、これを論文にされるようアドバイスしたのだった。それは、見事に奏功して、なんと、彼女の博士論文にまで昇華したのである。

2

この事例の、第二回のときに、著者は、「クライエントの投影したイメージのみならず、セラピストの投影したイメージもまた、二人の関係性の中で湧き出したイメージであるから、大切にしたい。『魔女の宅急便』のキキの物語は、十三歳になって魔女修行のために親元を離れ、一年間、遠くの町で暮らす少女の話である。一人前になるためのイニシエーション（通過儀礼）の儀式と心理療法過程は、ある意味類似している。夢みる人は、夢の中でキキと浜辺で遊んで最後に一緒に桃を食べているが、〔中国の『詩経』をはじめとして〕多くの文化で、桃の果実は成熟した女性を象徴すると言われる。十四歳の眩暈モモさんは、キキと同様のイニシエーション過程をこの治療の中で行っていくのだろうか」と考察している。

そうなのだ、これら、クライエントとセラピストの投影し合うイメージが、各々個人の内的なものを投影し合う以上に、お互いの意識－無意識が微妙に絡んで、いわば、マリオ・ヤコービの言う《分析的人間関係》を現出し、お互いがお互いを包み込んで、不思議な投影空間を形成することは、本書第3章の細川美幸論文のコメントで触れておいたので、そちらも参照されたい。

3

考察1の「思春期にめまい・頭痛・生理不順といった身体の不調を訴えて来談した眩暈モモさんの、

融けて消えてしまいそうな雪だるまから、豊かな胸をもつ娘さん、男の子に恋をしてデートする『モモ』に至るまでのC－MSSM過程は、モモさん自身が、自らの身体の女性性を確認し、女性であることを肯定的に受容して成長してゆく過程であった」というのは、そのまま素直に、その通りであろう。

これが、思春期という人間の発達過程の中で最も重要な時期の過ごし方なのであり、抜け出し方なのである。そうした時、大人から見れば、ほんのちょっとした些細なことが、彼らにとっては、とんでもなく高い障壁であったり、とんでもなく深いクレバスであったりするのであり、それを乗り越えていくときに、こうした象徴的な方法に手を貸すのが、この方法の隠し味なのだ。

4

からだという媒体を用いて発せられている、いわゆる《身体症状》が、何故に、ここにも取り上げられているような、《イメージ》を用いた方法で変容していくかについて、著者は、考察2で次のように述べている。

「ユング（一九六〇ａ）は、普遍的無意識と身体の間にプシコイド（psychoid）領域があり、それは『こころ』とも『からだ』とも言えない領域と考えた。山中（二〇〇七）は心の内奥に、『こころとからだの融合領域』としての『イメージ領域』を措定している」として、身体症状（somato symptom）の「症状性」が「メッセージ性」に変容すると、治療的な展開が起こってくることを提示した私の立論の一部を紹介している。この考えは、世界で初めて写真療法をドイツの学会で発表した際に、胚胎したものであった。

それはともかく、小野けい子さんの考案になる、この色彩誘発MSSMは、すぐれて治療的な方法であることを、ここで、もう一度確認して筆を擱く。

10

MSSMの変法(4)——C－MSSM②

広汎性発達障害青年期男子との色彩誘発MSSM
——退行と成長の物語

石川裕子

1 ❖ はじめに

「広汎性発達障害」は社会性、コミュニケーション、想像力の三領域の障害とされ、「象徴的または創造的遊び」の苦手さが指摘される。しかし、彼らはむしろ、独自の世界に豊かなイメージをもっていると考えられる。ただ、MSSMなどの表現療法は、彼らから「難しい」「意味が分からない」などと拒否されることが多いのだが、本事例では、色彩誘発MSSM（C－MSSM）（小野、二〇一一）を心理面接に取り入れることが可能であった。C－MSSMで描かれたイメージと物語は、「死」の世界から「生」の世界へと変化し、本事例の広汎性発達障害の青年は、現実の世界を主体的に生きはじめた。C－MSSMが青年の変容と症状に果たした役割について、物語、イメージ、双方向のメッセージ性などから論じる。

2 ❖ 事例概要

事例：草太君（仮名）、男子、十八歳、高校三年生。

初診時主訴：遅刻を改善できない。何もかもすべてが面倒で仕方ない。将来への展望がない。

初診時診断：広汎性発達障害（F84.9）、AD／HD（不注意型）

面接構造：クリニックの児童・思春期精神科専門外来での診察後、臨床心理士による心理面接五十分、有料（時間内で、母親面接も約十分個別に行った）。ここではX年九月の初回からX＋二年一月まで、約一か月に一回、十七回分を示す。

投薬：アトモキセチン継続処方

家族構成：父、母、同胞（プライバシー保護のため詳細は省略）

生育歴・現病歴：乳児期には大人の模倣や人見知りがなく、発達全般・言葉の遅れがあった。対人コミュニケーションの弱さ、こだわりの強さ、偏食などは、軽減しつつ現在も続いている。小学校では周囲の理解に恵まれ、少数の友人もいて、普通に登校できた。中学校では勉強についていけず、友人関係の問題からひどくいじめられ、中三半ばに不登校になる。幸い、進学した高校は受容的環境で、数人の親しい友人もできた。だが、進級後、ほぼ毎日遅刻、「何もかも面倒」な気持ちが強い。また、高校入学後から下に落ちたものに触れなくなり、触るとパニックを起こすようになった。

面接経緯：X－一年五月から、カウンセリングが前任者により約一年四か月（十三回）行われた。約九か月後、「遅刻」は解消したが、「無気力、不潔恐怖」は続いている。高校卒業前のX年九月、前任者退職のため、担当は筆者となった。

初回印象：ひょろっとしたやせ形、黒系の服装、緊張でかたくなっている様子。進路などについて一緒に考えていけたら、と伝えると、かすかに頷く。視線は下を向いて目は合わない。ふわっと座っているのだが、重さを感じさせず、乾いて軽く色のない印象だった。

3 ❖ 心理面接過程

（以下、「 」は草太の言葉、〈 〉は筆者の言葉、〔 〕内は筆者が感じたことである。）

前期：攻撃と死の時期（#1～7）

#1（X年九月六日）

先日職場見学に行ったと聞いていたので、〈どうだった？〉と聞いてみる。「んー、何だかよく分かんない」。「分かんない」が多く、話は発展しない。〈ゲーム好きだって聞いてるけど？〉草太は嬉しそうに笑顔で話しだす。『外人狩り』ゲームをよくやる。オンラインのフレンド全員で、外人をヘリコプターで一斉攻撃、リンチするのが面白い」。人種差別的「集団的いじめ、リンチ、殺し」のゲーム内容に筆者は戸惑い、楽しそうに笑いながらゲームを語る草太をどう受け止めたらよいか分からないまま話を聞いていた。面接の最後に、〈やりたい仕事はある？〉と聞くと、「んー、暗殺者とか？」と真顔で答える。〈へぇ、面白いね〔バーチャルと現実の境界が曖昧なのかと不安になる〕。でも、実際にやったら刑務所に入れられちゃうよね？〉草太が笑顔で頷いたので、ほっとする。

◈バウムテスト：用紙上方四分の一ほどに、ふわふわっと薄く小さな木を描いた。宙に浮いたような木。

◈風景構成法①：中央やや下を横真一文字に流れる川。川に橋、道は田につながる。左に高く尖った大きな山。空に棒人間、「宇宙から落ちてきた」。「春の昼間」。色鉛筆でうっすらと彩色した。

母親面接：中学時代は一番つらい時期で、人間扱いされていないようないじめられ方をされた。高校は安心な環境なので、中学でのつらさが、今になって症状で出ているように思う、とのことだった〔筆者は母親の話から、草太は過去にされたことをゲームで表しているのかもしれないと思った〕。

#2（X年十月四日）

うつむきがちで、あまり表情がない。「分かんない」「忘れた」という返答ばかり。眠そうだが、ゲームの話になると笑顔が出て、よくしゃべる。無理かと思ったが、C－MSSMに誘ってみる。〈あのさ、面白いのあるんだけどやる？　ここに、ぐるぐるとか描いて、見つけ遊びするの〉。意外にもあっさりと草太は頷いた。

（以下、MSSMの〈 〉は筆者の投影、「 」は草太の投影、物語内のゴチック体は投影したものを示す。）

C－MSSM①：「戦闘ヘリ」→〈雷と嵐〉→「手」→〈野原とウサギ〉→「蛇」（写真1）。

◈**物語：**《**嵐**の日、**戦闘ヘリ**で　**蛇**と**ウサギ**をヘリで殺しました。》

C－MSSMでは色クレヨンを用いるが、「汚い感じ」で触れないとのことで、色鉛筆を使用した。投影や物語はすぐにできた。物語を読みあげて、〈あ～殺されちゃったんだねえ〉と筆者がつぶやくと、草太はとても嬉し

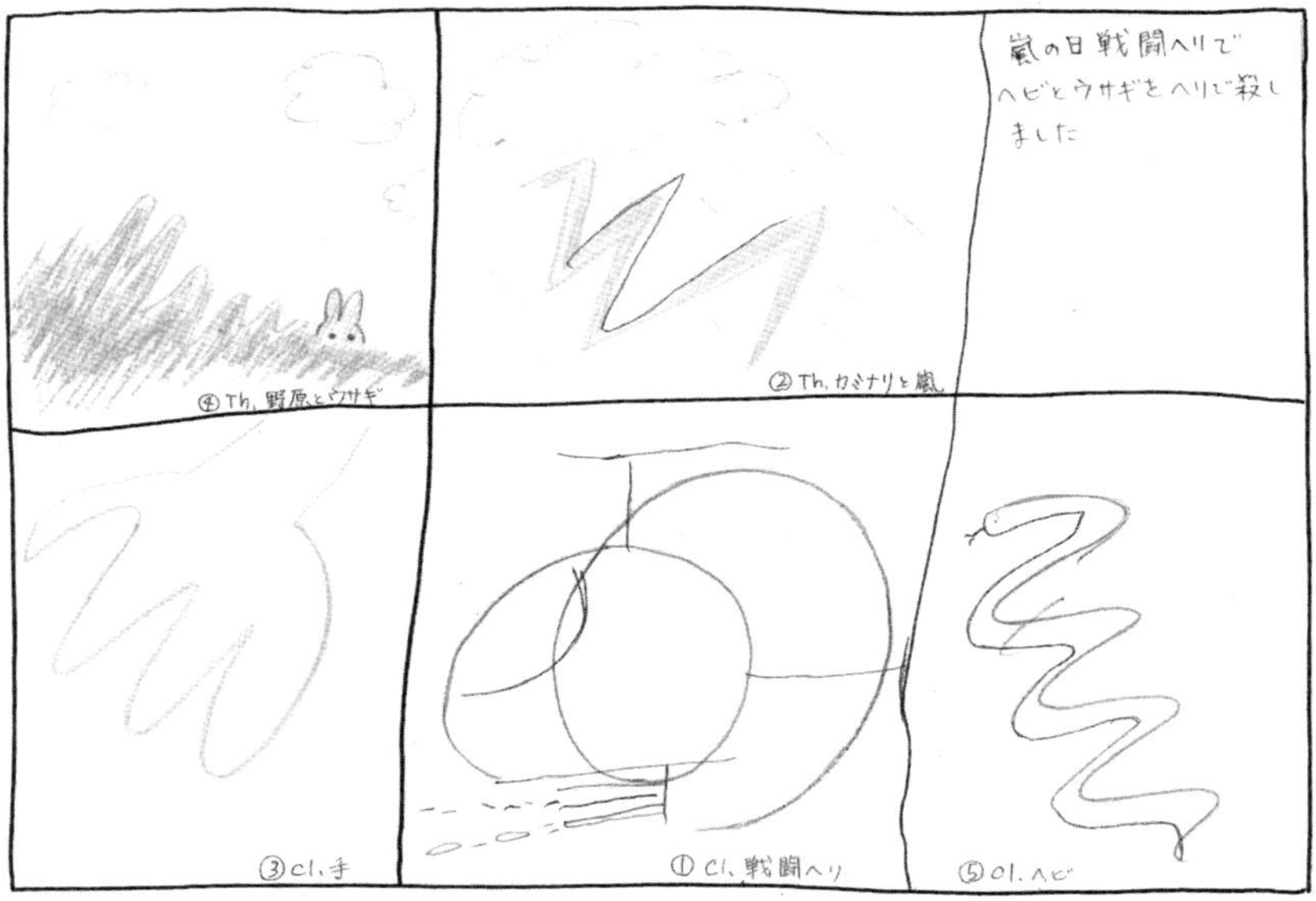

写真1　＃2　C-MSSM①　誘発線は、草太はHB鉛筆と黄緑、筆者は紺、黄緑、茶色で

そうに、にこにこと頷く。

#3（X年十一月一日）

「分かんない」が多いが、少し話すようになる。「学校ならゲーム作り、仕事ならパソコンとかしたい」「今、広い自由なところで旅をするゲームをしてる。主人公は金髪で青い目の女の子。魔法大学、盗賊ギルドなんかで修行する」〈へえ、すごいね〉。目線が上を向き、目が合うことが多くなった。

C-MSSM②：「タコ」→〈道と女の子〉→「蛇」→〈アンパン〉→「車」。

◈物語：《車が道を走ってたら、アンパンにタコと蛇がたかってたので、はね殺しました。》

C－MSSMでは「殺し」の世界が続いている。

#4（X年十二月十三日）

表情が明るくなった。最初からよくしゃべる。「ゲーム『旅と修行』はクリア。オンラインゲームで、ドM（マゾヒスト）のフレンドPをいじめてる。Pは怒って、〝負け惜しみ乙〟って言ってくる」。

C-MSSM③：「負け惜しみ乙」→〈あーあって人〉→「飛ばされた外人」→〈船〉→「ヘリコプター」。

◈物語：《ヘリに外人吹っ飛ばされて、負け惜しみ言ってたら、負け惜しみ乙って言う。》

#5（X＋一年一月十日）

〈お正月、どうしてた?〉「んー、遊びに連れていかれた。映画を見たり。ゲームはやってない。ゲーム機が壊れて。学校は、パソコンの練習をする学校がいいと思ってる」。

母親面接：不潔恐怖がおさまってきた。以前は外に出たがらなかったが、家族で外出できた。

#6（X＋一年二月七日）

今までとは違い、筆者を見て嬉しそうな表情になる。〈この頃どう？〉「朝は起こされる。学校がない日はコタツでだらだら。学校見学に行った。空きが出たら決まると思う。ゲーム機は不調、就職したら買ってくれそう。就職したら、少ないけど給料がもらえると思う」〈おー、いいね〉。

◈風景構成法②：中央を横真一文字に流れる大きい川。流れる人、川面に広がった血、魚。「人がピラニアに食われてる」。草太は嬉しそうに笑う。〈人は生きてる？〉「死んでると思う」。山の急斜面にたくさんの大きな石。「岩が転がり落ちてる」〔川面に血を流しながら流れる死体や、山から転がり落ちてくる岩を見て、草太は思った以上に相当に大変なのだと感じる〕。

#7（X＋一年三月七日）

「外人狩り、ドMのフレンドPをみんなでボコボコにしていじめてる」〔聞いているうちに、ずっとゲームでいじめられ殺されていたのは、中学校で「人間扱いされないようないじめ」を受けていたという彼自身ではなかったかと、ぼんやり思っていたことが、はっと筆者に入ってくる。大変な場面であったと、自分の迂闊さに焦る〕。〈Pはみんなにやられてるの？ 怖いね。大変だね〉〔草太の味方になりたいと思い、やられている側に心を寄せる〕。草太は嬉しそうに笑う。「奴はドMだから」〈そう、でも、大勢でボコボコにされたら怖いよ〉「奴はドMって決めつけてる」〈そうなの。でも、かわいそうな気がするな……〉。草太は何か言いたそうにしたが、曖昧な表情のまま黙っていた。

（写真2）

C-MSSM④：「ヘリ」→〈落ちるが、無事でのぼる人〉→「船」→〈アヒル〉→「アイスクリーム」

◈物語：《Pが殺されてて落ちたら、船に乗ってアイス食べてた。》

物語の中で殺されたが、生き返っている。ゲームのリセット的蘇生であるのかもしれないが、筆者は良い兆しと受けとった。

後期：交流と変容の時期（#8〜17）

#8（X＋一年四月二十五日）

就業支援校に入学した。〈学校はどう？〉「行かされてる。面白くない」。突然、草太が「昨日は心霊現象があってよく眠れなかった」と言う。〈えっ、心霊現象？〉「夕方寝て、夢をみて起きると、それもまた夢だった。二度目に起きて、何かいそうだと思って自分を写真に撮ったら、自分の後ろに人が写っていた。家族に見てもらうと、おじいちゃんではないか、ということになった。おじいちゃんだと思うと怖くなくなった」〈おじいちゃんは？〉「おじいちゃんは、二年前亡くなった。家によく遊びに行った。優しかった。夢の中では、誰かが頭に手を置いてなでてくれているようだった」〈おじいちゃん、来てくれたのかな？〉

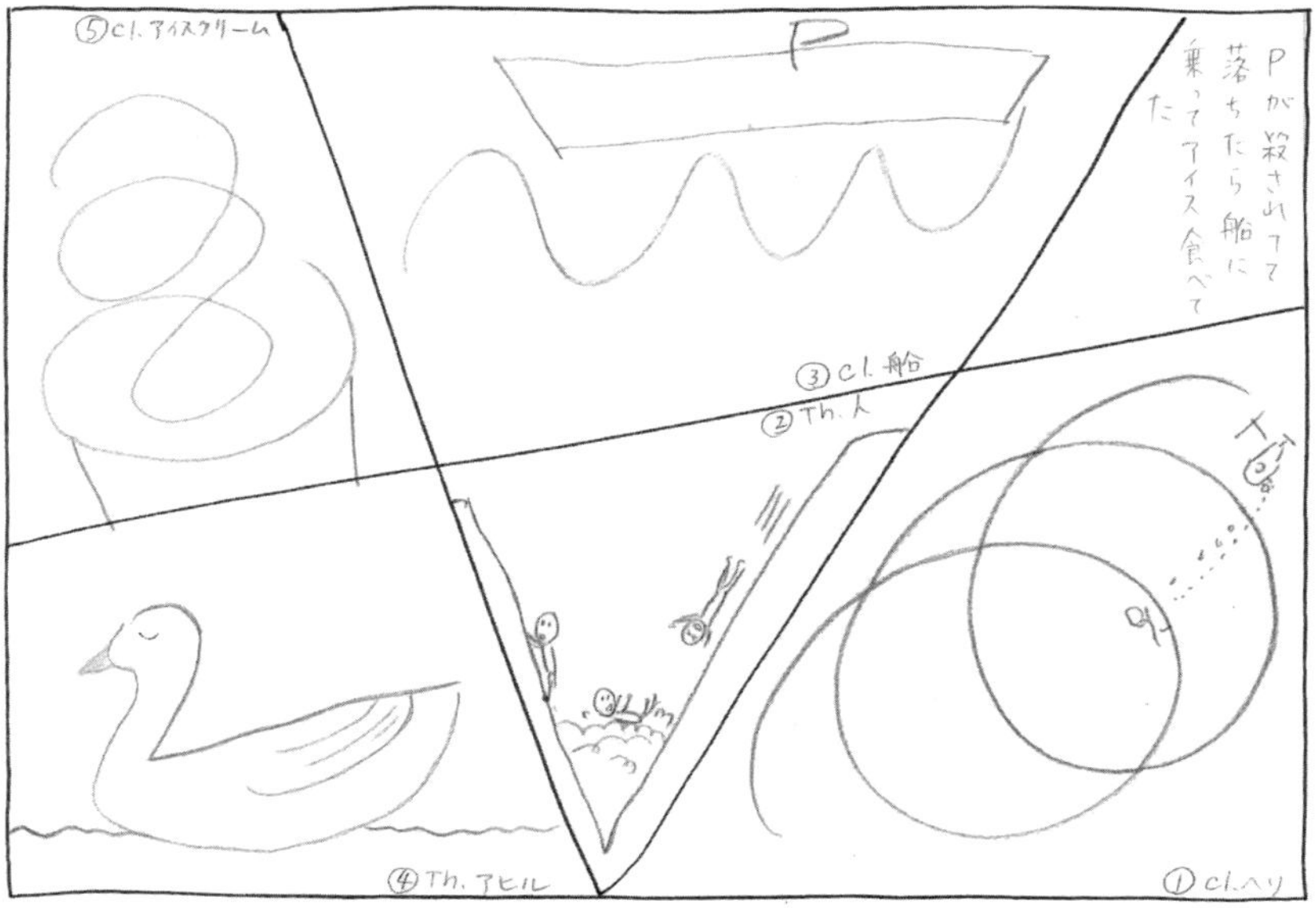

写真２　＃７　C-MSSM④　草太の誘発線はすべて赤色。投影にも赤色を多用した

「うん、多分」〈おじいちゃん、好きだった？〉「うん」。お亡くなりになった祖父を思い、しんみりした気持ちになり、二人でしばし黙る。C－MSSMで、草太は初めて「殺し」のない平和な物語を書いた。

C－MSSM⑤：「タコ」→〈クジラ〉→「木」→〈風船〉→「タコ」。

◈物語：《二ひきのタコが、クジラと木のまわりで遊んだ。》

#9（X＋一年五月二十三日）

「学校はまあまあ、ゲームはトロフィー集め、たまに外人狩り」〈外人がいじめられてかわいそう〉「奴はMだから」〈でも、いじめられたら痛いし、本当は嫌なんじゃ？〉「んー、そうかも」。面接終了間際、今までになく草太にもう少し話したそうな、名残惜しそうな表情が見られる。〈今、何か困ってることある？〉「ある！」。ゲームを買うのにお小遣いが足りなくて困っていることをたくさん話した。

C－MSSM⑥：「水の出るホース」→〈傘〉→「蛇」→〈アイス〉→「オレンジ」。

◈物語：《傘をさした蛇が、アイス食べてオレンジ食べてホースで水をまきました。》

#10（X＋一年六月二十日）

「最近ゲームで、Kって人に、人間性のない人って言われた」〈どうして？〉「攻撃して殺して大笑いしてたら、人間性のない人って。攻撃が悪質で。面白くないからやめた。ごめんねって言って」「最近、高校時代の友達と、オンラインゲームで遊んでる」。卒業前に仲違いした友人とまた遊べるようになった。

C－MSSM⑦：「いも虫」→〈山〉→「タコ」→〈外国人の男の子〉→「おでん」。

◈物語：《おでん食べながら　人が山をのぼる。いも虫と会ったりタコと会った。》

#11（X＋一年七月十八日）

食べ物の話になる。「ごはんは嫌い、野菜も好きじゃないけど、かなり食べられるようになった」〈すごいね、頑張っていろいろ食べられるようになったんだね〉。ほめると、草太は驚いたように大きく目を見開き、筆者をしっかりと見る。まるで生まれて初めてほめられた子どものようだと思う。

◈風景構成法③：中央を縦に貫き天に抜ける川。山の斜面を人がのぼる。大きな田、人が「耕している」。

#12（X＋一年八月二十二日）

問いかけによく答え、よく笑う。筆者も草太の話がおかしくて、二人で笑い転げる。

C－MSSM⑧：「木」→〈とんぼ〉→「綿あめ」→〈オバケ〉→「太陽」。

◈物語：《オバケととんぼが仲よく夕日見ながら綿あめを食べた。》

微笑ましい物語。〈いいね、一緒に食べるとおいしいよね〉。草太は頷き、微笑む。

#13（X＋一年九月十九日）

「風邪ひいちゃって」三十九度の熱が一晩出た。「家ではゲームや映画、殺人鬼が人を殺す連続ドラマを見た」〈殺されるの？　怖いね〉。草太はとても嬉しそうな笑顔になる。草太は自分からゲーム以外のこともよく話した。

◈風景構成法④：尖り山につづら折りの道がついた。山道に四つん這いの人。「熱射病になった」。横真一文字の川に流される人、空にも人がいる。右の空に三日月。「秋の真夜中」。

母親面接：学校に行く日を週二日から三日に増やす、と草太が自分から言い出した。「自分で何かする」と言うのは小学校以来でびっくりした。外出時の不潔恐怖によるパニックにも対処できた。

#14（X＋一年十月十七日）

しっかり筆者を見てよく話す。最初の頃のように「忘れた」「分かんない」と言うことはなくなった（家でもよくしゃべるようになった、と後で母親からうかがう）。

C-MSSM⑨：〈傘〉→「アメ」→〈オバケ〉→「蛇」→〈ケーキ〉。

◈物語：《傘をさしたオバケは蛇とケーキとアメを食べた。》

#15（X＋一年十一月二十八日）

草太が、普通の青年のような印象に変わる。「ゲームでフレンドと、別のフレンドを三十分ボコボコにいじめて遊んだ。面白かった」〈三十分もやられたらたいへん。逃げないの？〉「スカイプで引き止めた」〈やられてばかりじゃ、つらいね〉「相手にもさせようとしてるんだけど……弱くて」。

C-MSSM⑩：「フック」→〈傘〉→「ゾウ」→〈山〉→「海」→〈島〉→「カタツムリ」。

◈物語：《傘をさしたゾウとカタツムリが山にのぼり海を泳ぎ島に上陸した。》

筆者は、力強くアクティブな物語に感動する。〈すごいね〉。草太は満足そうに微笑む。

母親面接：どうして毎日学校へ行かないのか、ずっと草太を理解できなかった。最近、それはどんなに彼には大変なことだったか気づいた。今まで分かってあげられなくて、本当に申し訳なく思った。

#16（X＋一年年十二月二十六日）

「オンラインゲームで、めんどくさくて、うっとうしい奴がいる。スカイプで、引き止めてくる。押しつけがましい、うざい」。憤懣やるかたない様子。〈どうしてるの？〉「ごめん、とか言って流してる、今オフライン」「あれ？　今までとは立場が逆になった。何か意味があるのかな？と思う」。

C－MSSM⑪：「ゴキブリ」→〈テント〉→「お金」→〈芽〉→「豆」。

◈物語：《テントにゴキブリが住んでいた。豆と種とお金を食べられた。》

#17（X＋二年一月二十三日）

「親は自分ばっかお金を使って、ゲームを買ってくれない」〈どんなの買うの?〉「家電とか、車とか」〈仕事したら自分で買う? 卒業はいつ?〉「分かんない、千年後?」。

C－MSSM⑫：〈双葉〉→「お団子」→〈パン〉→「貝」→〈馬〉（写真3・口絵9）。

◈物語：《馬はパンを食べると貝になる。貝が団子を食べると葉っぱになる。》

絵を見比べ、時間をかけて物語を作った。〈すごいお話、面白いね、変身しちゃうんだね〉。草太はにっこりする。

母親面接：草太は、最近よく笑うようになった。小さい頃は、本当にキラキラした笑顔の子だった。それが、小学校高学年くらいから

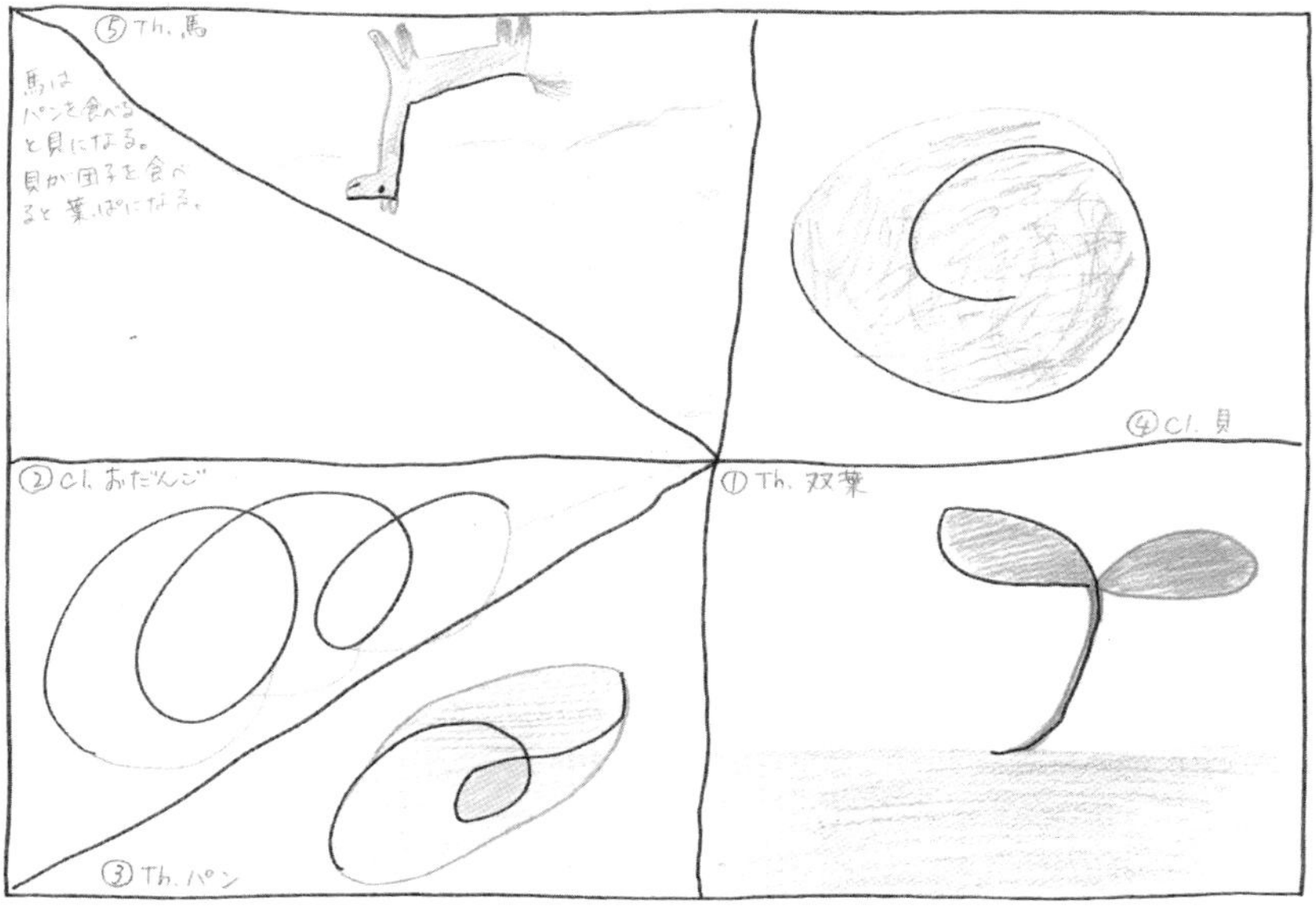

写真3　#17　C-MSSM⑫　この回のみ誘発線は黒ペン。草太は貝とお団子を金色で彩色

あまり笑わなくなって。中学校ではまったく笑わなくなって……。高校に入り、クリニックに来たあたりから少しずつしゃべるようになった。先日、草太はネットでしつこい人からお金を要求されたが、ネットの友人に相談し、自分で警察に通報して事情を伝え、解決することができた。警察から事情を聞き、草太が自ら動き、解決したことに、両親は大感激した。筆者は、母親が草太の「キラキラした笑顔」をずっと心に抱いていたことに感動し、予想を超える草太の行動力に驚き、共に喜んだ。

事例の報告はここまでだが、この後も面接は継続し、草太は就職を果たし、現在は立派に働いている。

4 ❖ 考察

1 死から生の世界へ——主体と客体の転換

草太に起こった変化について、C－MSSMで作られた物語を再びたどりながら考察を進めたい。物語を通読すると、草太の物語世界は、前期の#7のC－MSSM④を境に大きく変化していることが見てとれる。前期#2、#3の①②では「殺す」ことがテーマである。#4の③でも殺意ある攻撃は行われているが、簡単には殺されず、負け惜しみを言うに留まっている。そして、#7の④では、「殺されて落ちたら、船に乗ってアイス食べてた」とされ、ここでは「殺されて落ちた」、「死」に対し、「蘇り」がなされている。「蘇り」は、草太の好むバーチャルゲームの単なる「リセット」とも捉えられるが、#7の④を境に、「殺す」「殺される」という〝死〟のテーマは消失し、#8の⑤からは「遊ぶ」「食べる」「会う」という〝生〟のテーマが現れてくることを鑑みると、④は草太の心の世界の転機を示していると捉えられる。そこでは、彼の中で、何かが死んで、新しい何かが生まれたのではないかと思われる。

そして、〝誰が殺したのか〟ということに着目すれば、主体として「殺した」という①②の記述から、客体として「殺された」という④の受動的記述への変化があり、ここには草太の物語世界の「対象と視点の転換」が見られる。#7の面接の中では、「ゲームで『リンチし殺していた外国人』は実は彼自身ではなかったか」という筆者の気づきと「対象と視点の転換」もあった。「対象と視点の転換」は、物語の世界と言葉によらない無意識の通路を介し、クライエントとセラピストの双方に起こっていたのではないかと考えられた。

2　食べることの意味

「食べ物」に着目すると、前期#4の③までは草太は食べ物に投影することはなかったが、#7の④以降の後期には、頻繁に「食べ物」に投影し、食べている。「食べ物」は、エネルギー、生命力の源である。初回で草太には重さが感じられず、エネルギーは枯渇していたかのようであった。物語の中で食べ物を何度もくり返し食べ、筆者がそれを喜び見守ったとき、彼の心はいくばくか満たされ、心の深部のエネルギーの流れに変化が生じたのかもしれない。

「食べる」という行為は、「攻撃性」と「交流性」の二面を内包していると、多田（一九七五）は述べ、以下のように論じている。物を「くう」というのは、その物を噛み砕き破壊することであり、「くう」という言葉にはこの攻撃性があらわに出ている。「くう」から「たべる」へと、食の文化は進化した。「たべる」というのは「たぶ」という動詞の口語表現である。「たぶ」は「賜ぶ」という意味であり、神がくださるものをいただくという神人共食の宗教性、食の「交流性」の側面（神と人間がともにあるというコミュニオン――交流）の表れである。また、松村（一九五五）は、「飲食を共にするという現象が、異なる社会集団・異なる世界の成員の間に、…（中略）…それまで存在していなかった或る不可分な連関を成立させるという観念・信仰が、多くの民族の間に実在している」としており、そこから織田（一九九〇）は、「同じものを食べることによって、体験を共有し、共通のアイデンティティをもつことになる」と「食事」の象徴的意味について考察している。

前期の#6の風景構成法②では、人がピラニアに「食われ」ていた。MSSMの中で食べ物を「食べる」ことができるようになったのは、#7の④を境にした後期にかけてである。「くう」から「たべる」へ。前期での「攻撃性」が、後期では「交流性」に変換していると読み解ける。そして、#12の⑧では、「オバケととんぼが仲良く夕日見ながら綿あめを食べた」と物語がつづられ、続く#14の⑨でも、「オバケは蛇とケーキとアメを食べた」のだ。他者と体験を共有できるようになり、共通の感情やアイデンティティをもちやすくなった、つまり、草太が現実の人間社会で生きやすくなってきていることがうかがえる。

3　退行の物語

最後の回、#17のC－MSSM⑫では、思いもよらぬ物語がつづられた。「馬はパンを食べると貝になる。貝が団子を食べると葉っぱになる」。脊椎動物である馬から無脊椎動物である貝に、動物である貝から植物の葉っぱに「なる」という、進化論的見地からすれば「退行」の物語である。心理学的な「退行」について、ユング（一九五二）は、「退行は、適応に踏みだすことをためらっただけでも、その瞬間に少なくともそれとはわからない形ではすでに始まっている。外界からの要請にしたがって生きることができないというような場合についてはいうまでもない」と述べている。草太が適応的になればなるほど、周囲はさらなる適応を期待し、要求水準を上げる。草太は少ししんどくなって、殻の中に戻り、土中に潜り、土から生える葉っぱになりたくなったのかもしれない。しかし、ユングはまた、「治療はこれとは逆に退行を援助しなくてはならない。それも退行が『出生以前の』状態に戻るまで、である。…（中略）…退行の究極の、とはいえ無意識的な目標は、このような『精神的』または『象徴的』な生と前進の可能性である」とし、「退行していくリビドが母の身体性にはまりこんで動けなくならないように、象徴が、表現、橋、指示として力を貸す」としている。また、織田（一九八六）は、「現実的な治療者患者関係が確立してはじめて、患者は治療的に退行できる」とし、「退行の持つ治療促進作用」と「退行できる」ことの重要性について述べている。#17の⑫での象徴と物語は、草太がようやく退行できる段階に至り、前進できる可能性を示していると捉えることができるであろう。

4　言葉に内包されるもの

また、「なる」という言葉を筆者は「変身」としてのみ捉えたが、「なる」という古代語には三つの区別があったことを、本居宣長は『古事記伝』（一七九〇）で指摘している。一つは、「無かりし物の生り出る」、二つには「此の物の変わりて彼の物に変化（なる）」、三つには「作事（なすこと）の成終わる」であり、丸山（一九七二）はそれらを、“be born”“be transformed”“be completed”としている。宣長の論から、丸山は「生・成・変・化・為・産・実などがいずれも昔から『なる』と訓ぜられ、それらの意味をすべて包含してきたということは…（中略）…古代日本人にとって、これらの意味を包括する『なる』のいわば原イメージがあったのではないか」とし、「原イメージとなったものは、おそらく『ウマシアシカビヒコヂ』の『葦牙《あしかび》』が『萌え騰がる』景観であろう」と、日本人の古層意識を論じている。

また、「葉っぱ」は「草」でもあるが、創世において「人」は「草」のように自然に発生したと古代日本では考えられていたという三浦（二〇一〇）の論もある。これらの古層意識に触れたとき、双葉の芽である「葉っぱ」からは「葦牙」のように萌え出る成長のビジョンが、そして、「葉っぱになる」とは、

「人」として「生（変、成）る」ことではないかと、「新生、変容、自己の個性化」のイメージが浮かび上がる。「退行」と思われた物語は「成長」のイメージを包含し、物語と言葉には、様々な可能性が内包されていたのである。

5　双方向のメッセージ性

草太とのC－MSSMでどうしても筆者が投影したくなってくるものに「傘」があり、⑥⑨⑩と三回も投影している。傘は雨を防ぐ、いわば守りの道具である。弱々しい感じの草太を庇護したくなる気持ちが、傘を投影させたのかもしれない。だが、傘は守りの「メタファー」であると同時に、筆者から草太への「メッセージ」であったかもしれない。「傘」が、「一人だけで頑張らなくていいんだよ」というメッセージとして草太に届いていたら、と思う。無意識の領域から互いにメッセージを送り、受けとり、また返す。幾度もの双方向のやりとりを可能にする描画療法は、MSSMをおいては他にないように思う。

山中（二〇〇七）は、絵画に表現された「悲痛な叫びや絶望、あるいは怒りや悲しみの表現」の「メッセージ」を、「受け手がはっきりとあって、それをしっかりと受け止めたならば、必ずや、その絵は変わっていく」とし、今まで身体や心の病気として表現されていた「症状言語」が絵画として表現され、「メッセージ」として受け止められると、「症状性はメッセージ性へ」と変容しはじめ、「症状性」は消えていく、と述べている。そして、「これをきっちり受けとめるセラピスト的な人が存在すれば、かえって『彼ら自身の独特の在り方』を認めつつ、『彼らなりの健康さ』を表現する意欲と方向性が見いだされていくであろう」としている。山中の論を拙事例に重ねると、MSSMを介しての絶えざる双方向のメッセージの授受は、クライエントの変容と症状の緩和をもたらしたと考えられるのである。

5 ❖ おわりに

広汎性発達障害の青年は、現実よりバーチャルゲームの中にリアルがあり、現実を生きる意欲は希薄であった。言語で核心に迫ることはなかったが、C－MSSMの中で描かれたイメージと物語は、「殺し」と「死」の世界から、「生」と「交流」の世界へと変化し、青年は楽しみを家族と共有できるようになった。そして、彼は主体的に行動し、現実を生きることができるようになった。

本事例が言語的面接のみであったなら、おそらく筆者は、彼の危機的な心の状況や、本当の大変さが分からずに、カフカの小説『城』の如く、城の周辺をさまよい続け城壁の中に入れず、表面的な関わりに終わっただろう。C－MSSMで描き、物語を作りながら、私たちはお城の中に入って、一緒に遊んだのかもしれない。C－MSSMを介し、クライエントとセラピストは「内的な共有体験」（織田、一九八六）をもつことができたと言い換えることもできるだろう。C－MSSMは、色がなく無彩色に見えたクライエントが、実は心にたくさんもっていた輝く色彩をあらわにし、こころの「城」の奥深くへと案内してくれる「通路」であった。

謝辞

執筆を快諾してくださった草太君とご家族に、心より感謝いたします。

〔文献〕

1――Jung, C. G. (1952) *Symbole der Wandlung: Analyse des Vorspiels zu einer Schizophrenie. Vierte., umgearbeitete Auflage von "Wandlungen und Symbole der Libido".* Zürich: Rascher Verlag.（C・G・ユング『変容の象徴　下』野村美紀子訳、ちくま学芸文庫、一〇七～一〇九頁、一九九二）

2――丸山眞男「歴史意識の『古層』」『日本の思想6　歴史思想集　別冊』筑摩書房、一九七二（『忠誠と反逆――転形期日本の精神史的位相』ちくま学芸文庫、三六二～三七二頁、一九九二）
3――松村武雄『日本神話の研究　第2巻』培風館、四三五頁、一九五五
4――三浦佑之『古事記を読みなおす』ちくま新書、三〇～三二頁、二〇一〇
5――本居宣長『古事記伝　三之巻』一七九〇（大野晋・大久保正編集校訂『本居宣長全集　第9巻』筑摩書房、一二四～一二五頁、一九六八）
6――織田尚生『ユング心理学の実際』誠信書房、一一一頁、一九八六
7――織田尚生『王権の心理学――ユング心理学と日本神話』第三文明社、一二五頁、一九九〇
8――小野けい子「色彩誘発MSSM法の提唱――男性恐怖症を呈した女子中学生に対する適用を例として」日本芸術療法学会誌、42（1）、七一～八四頁、二〇一一
9――多田道太郎「たべる――神人共食の宗教性」〔作田啓一＋多田道太郎〕『動詞人間学』講談社現代新書、一〇四～一〇五頁、一九七五
10――山中康裕「絵画療法の本質」臨床心理学7（2）、一五八～一六四頁、二〇〇七

石川論文へのコメント　山中康裕

1

石川さんのケースは、広汎性発達障害の十八歳高校生男子だという。この年齢の特徴として、案の定、ゲーム・ゲームにはまっており、殺戮と攻撃のテーマが満載である。第一、市井の人気漫画やアニメも、例えば『進撃の巨人』や『ガールズ&パンツァー』など、およそ非現実的で、殺戮どころか人肉食すら頻繁な、エグすぎるか、高校生の女の子が戦車軍団に身を投ずるなどという攻撃的なテーマをもつものが大道を闊歩しているくらいだから、もう、われわれ化石人から見たら、到底やってられない時代なのだが、こうしたものを、自分たちの日頃の鬱憤を晴らす代償的なものとして、やっとこさ生きにくい現実を受け入れていかざるを得ない彼らにとっては、最も受け入れやすいものたちなのであろう、と深いあきらめの気持ちで受け入れざるを得ない現実でもある。

2

ケース自体に戻る。石川さんの事例報告も、どこかかたくて、最初の家族像にも、同胞、とだけ記載され、それが兄なのか姉なのか、はたまた弟なのか妹なのか、何人なのかの記載がまったくない。それはそれでいいのだ。私なら、「えーっ、それじゃあ、はっきりと分からないんですけど……」と逡巡するが、深追いはしない。むろん、こうした対応しかできないのは、いじめや心ない仕打ちをいろいろと受け続けてきている彼らにとっては、致し方ない現実なのだから。

3

しかし、とても幸運だったのは、石川さんも書かれている通り、こうした少年たちが、「難しい」「分からない」とえてしてリジェクトしがちなのに、このMSSMを受け入れてくれたことだった。まずはよかった、と胸をなでおろす。しかし、始めてみると、殺しのテーマ、外人をぶっ飛ばす、などと物騒なことから始まった。しかし、途中ではっとセラピストも気づくように、こうした被害者とは、他ならぬ彼自身だったのである。学校になかなか行けず、遅刻の常習犯だったのは、まるで針の山のような現実に、這うようにしてうなだれて、やっとこさ適応せざるを得なかったからであり、彼らにとっては、学校に通うというのが拷問や責め苦の毎日であることを理解すると、彼らの表現の意味がうっすらと見えてくる。すなわち、彼らのこうしたネガティブな表現をきっちりと受け止めていくと、やがて、彼ら自身が、《死と再生》のテーマを生きられるようになっていくのだ。

4

さて、11回目の風景構成法③について、石川さんは「天に抜ける川」という表現で書いておられる。私自身もそのような表現を使ったこともあるが、これは、私の《川が立つ》という表現をしているLMT上で最も大切な兆候の一つであり、これについて、再度、一言だけ触れておく。

これは、それまでの世界像から、百八十度ないしは真反対に「世界観が変わった」展開点(turning point)に出てくるもので、第3章の細川美幸論文のコメントでも触れたように、私がこれを発見した一九七〇年代では、通常発達では小学三〜四年生頃に現れてくるものだったが、京都大学の河合俊雄君の報告では、最近は、中学一年頃へと、三〜四年くらい遅くなってきているらしい(ということは、精神的発達の遷延が生じているとみられる)。この《川が立つ》が見られたということは、十八歳のこの少年にも、やっとこの「変化」が生じてきたということで、これは、これ以後の他の場面では、「まるで生まれて初めてほめられた子どものようだと思う」というセラピストの記載や、「家でもよくしゃべるようになった」という母親の報告にも表れている。

5

この展開点（turning point）を通った後、それまでの《殺しのテーマ》から《食べるテーマ》へと移っていることは、とても興味深いことである。著者も述べている通り、《食べる》ことによって《生きる》ことが支えられていくからだ。ＭＳＭという、「一見遊びごとの中の些細なやりとり」の中にでも、ちゃんと人間の根本テーマが表現されている、ということを知らしめるだけでも、この方法が、まさにセラピー（therpy）、つまり治療法であることを如実に語っている。

世間では、統合失調症や発達障害の類、つまり、精神病水準や発達異常は、治りにくく、薬物療法の適応であると言って、心理療法から排除し、切り捨てていく風潮があるが、私が断固、そうしたことに異議を申し立てているのにも、こうした生きた証拠（evidence）があるからなのだ。

6

さらに、本論文で出色なのは、考察における、《退行》（Regression）の意味と、《なる》（werden）という言葉への深い論考が続いていることだ。

《退行》に関わる、ユングやクリスやエレンバーガーの論をここでもう一遍論ずることはしないが、そうした本格的な治療論も、こうした一見些細な方法からも可能であることを示した点でも大きく評価されるものであるし、本居宣長の『古事記論』など、国語学や日本古代学・歴史学などへの言及から、《なる》ということの、進化論的・深層心理学的・生成論的・存在論的な次元にも通底する本論の考察も見事である。

先日、たまたま私は本居宣長の郷里、松坂城の城跡近くにある本居宣長記念館を訪ねたのだったが、彼のこうした先駆的業績を、彼の書いた几帳面な文字の一筆一筆に、つぶさに味わってきた直後だっただけに、感慨も一入《ひとしお》なのであった。

11

MSSMの変法(5)——d－MSSM

食べられないという体験の深層の容体・様態

岸本寛史

1 ❖ はじめに

筆者がMSSMを臨床で用いたのは、心療内科で診療をしていた四年半に過ぎないが、その限られた経験の中でも、MSSMによって助けられたことが何度もあった。まだ駆け出しの頃、山中康裕先生のワークショップに参加して初めてこの方法を体験したとき、絵を描くのが苦手な私でも、あまり抵抗なく取り組めると感じたことが印象に残った。とはいえ、この方法が、それほどまでに治療促進的な力をもっているとはまだ知る由もなかった。

確かに、この後で論じるように、MSSMはすぐれて治療的な方法である。しかし、本論に入る前に強調しておきたいのは、どれほど優れた治療法であっても、方法や技法が前面に出て、これで治療をしよう、と意気込んだ時から患者の姿が見えなくなりはじめる（筆者は医師なので、「クライエント」ではなく「患者」という言葉を使わせていただく）。あくまでも、患者の話を聞きながら、患者とつながることのできる「窓」（山中、一九八四、一九九二）を探していくというスタンスを保つことが基本である。MSSMもそういう「窓」の一つとして位置づけたい。方法が突出しては、せっかくの力も削がれてしまうからである。とはいえ、筆者の限られた経験の中でも、この方法がなければ窮地を脱することができなかったろうと思う患者が何人も浮かんでくる。引き出しの一つとしてMSSMを持っておきたい。

2 ❖ d-MSSM——MSSMの変法

筆者に与えられたテーマは「MSSMの変法」だが、筆者が行っていたdouble-MSSM（以下、d-MSSM）は、変法といっても、もともとはMSSMの創案者の山中がワークショップで行っていた方法をそのまま臨床場面で用いたにすぎない。

事情はこうである。MSSMは周知のように、一枚の用紙がセラピストとクライエントの間を行き来する。しかし、山中は、ワークショップでは時間短縮のため、二人組のペアをつくり、本来は一枚の画用紙が行き来するところを、二枚の画用紙を用いて、それぞれが自分をセラピスト、相手をクライエントとみなして、同時にぐるぐる描きをして投影を行うという方法で実習を行っていた。

実習をやりながら、二枚で行うと、ぐるぐる描きと投影とがセラピストと患者の間で同時並行的に進むので、まったく対等に取り組めること、さらに、ぐるぐる描きや見えてきたアイテムを描きはじめるタイミングで相手との波長合わせや駆け引きが行われることにも気づき、これをそのまま治療場面に活かせるのではないかと直感したことが、d-MSSMを行う動機となった。なお、MSSM全般の方法や先行研究のレビュー、実践的活用のための展望については、今田の論文（今田、二〇〇八）が参考になるので参照されたい。

3 ❖ d-MSSMのやり方

具体的な方法について述べる。用意するものは二枚のA4のケント紙（あるいは画用紙）とサインペン、色鉛筆である。山中は八つ切りの画用紙を用いているが、筆者は当時、一回三十分の面接を行っており、診療時間の制約も考慮して、A4にした。最初はクレヨンと色鉛筆の両方を用意していたが、ほとんどの患者が色鉛筆を好むため色鉛筆にした。

まず最初に、画用紙をお互いに一枚ずつ持って、それぞれが自分の画用紙に枠付けを行い（枠付け法）、それを自由に五つに区分け（コマ取り）する。奇数で分けると、最後に物語を書くときに自分で区分けした用紙に物語を書き込むことになり、自分で作った枠に自分で収めるということを暗黙裡のうちに行うことができる（これも自己治癒力を増す仕掛けの一つになっているのではないかと思う）。

次に、五つの中から一コマを選んでもらい、「最後に使うので、（そのコマの）隅の方に印（サインペンで点をつけるだけでよい）をつけておいて」と頼み、「そこは最後まで使わずにとっておいて」と話しておく。この教示をずっと保持できるかどうかも見立ての一つにつなげることができる。つまり、最後に使うと伝えたにもかかわらず、途中で誤ってこの枠内に描きこんだ場合、現実検討力の低下なり、セラピーの今後の展開の中で枠を踏み越えてしまう危険性なりを頭の片隅に留めておく方がよい、というように見立てにつなげられる。

そして、残りの四コマの中から好きな一コマを選んでもらって、そこにぐるぐる描きを行う（描かれた描線を「ぐるぐる線」と呼ぶことにする）。最初はセラピストがやり方を示しながら導入するとスムーズだが、多くの患者はすぐに何をしたらいいか得心して、自分でも描きはじめてくれる。例えば、私が写真2の音符のコマの「ぐるぐる線」を描いたところ、それを見て患者（この患者については、後に事例で取り上げる）は写真1の蚊取り線香のコマの「ぐるぐる線」を描いてくれた。「ぐるぐる線」が出来たところで、互いに画用紙を交換して、相手のぐるぐる描きに投影を行う。見えたものが分かるように彩色したり、線を足したりして仕上げ、そのコマの空いたところに見えたものを文字で書いておいてもらう。写真の例では、患者が音符を見て（写真2）、私は蚊取り線香を見た（写真1・口絵10）。

ここで、それぞれが相手の枠付けした用紙を持っている。残り四コマのうち印のついている一コマを除いた三コマの中から一コマ選んでぐるぐる描きを行い、「ぐるぐる線」が描けたら画用紙を交換する。この時点で自分が枠付けした画用紙が戻っている。患者はお化け（写真1）を見つけ、私は白鳥（写真2）を見つけた。このように、同時にぐるぐる描きを行い、交換して、また同時に見つける作業を行う（私の場合は、大概は患者が先に見つけて仕上げはじめ、私は四苦八苦しながらそれを追いかけることになった。たまに私が先に見つけた場合でも、相手が描きはじめるのをそのまま待ち、相手が色鉛筆を取ったのにワンテンポ遅れて私も仕上げはじめることが多かった）。

これをもう一往復くり返すと、印をつけた一コマが残った状態で自分が枠付けした画用紙が手元に残る。最後に、投影された四つのものを（順不同でよいので）用いて物語を作り、印をつけたコマにその物語を（文字で）書いてもらう。最後に画用紙を交換して相手の物語を読んで（基本的には黙読して）終了となる。お互いの物語について簡単に話し合うこともある。

以上のように二往復して物語を作ってもらうと、所要時間は大体三十分である。先に述べたように、筆者は面接の枠を三十分に設定して行っていたので、d－MSSMを行うことで面接時間はほとんど費やされる。患者が遅れて来るなど、種々の事情で時間が足りなくなった場合は、途中で終了として、次回に続きをしたり、あるいは相談して次回はまた最初から行ったりするなど、適宜柔軟に対応してきた。

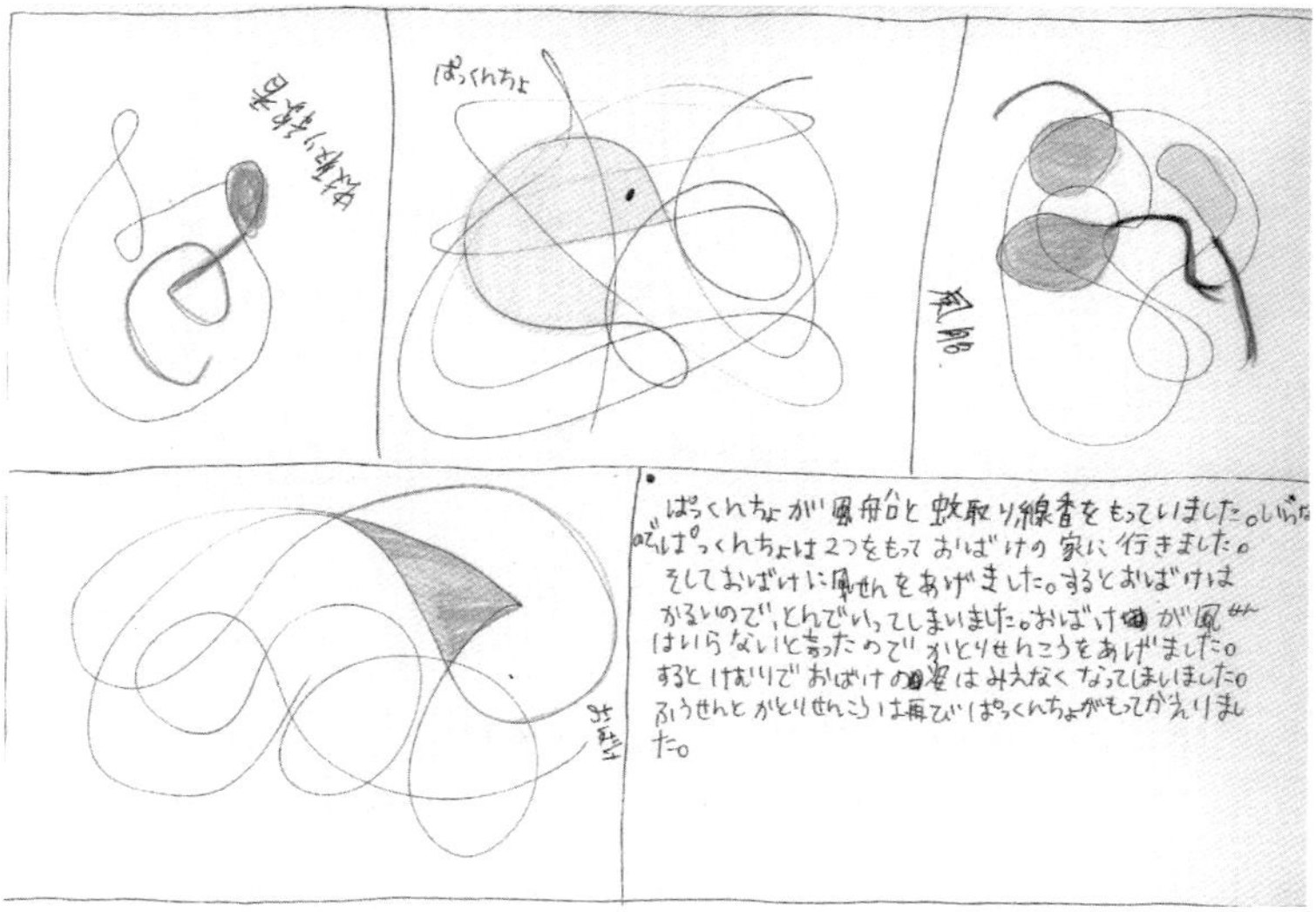
ぱっくれちょ
ぱっくれちょが風船と蚊取り線香をもっていました。いらないのでぱっくれちょは2つをもっておばけの家に行きました。

そしておばけに風せんをあげました。するとおばけはかるいので、とんでいってしまいました。おばけが風せんはいらないと言ったのでかとりせんこうをあげました。

するとけむりでおばけの姿はみえなくなってしまいました。

ふうせんとかとりせんこうは再びぱっくれちょがもってかえりました。

写真1

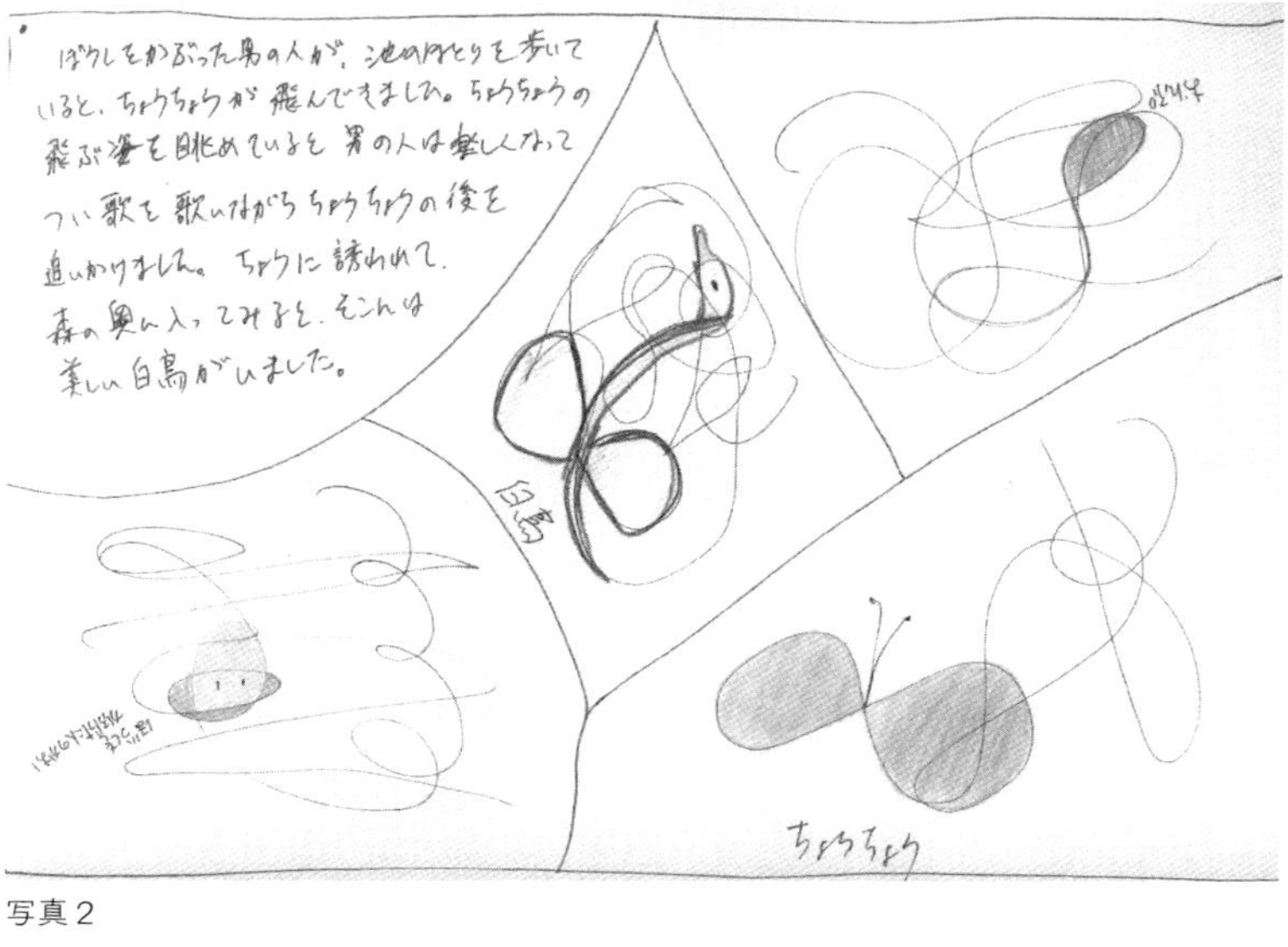
ぼうしをかぶった男の人が、池のほとりを歩いていると、ちょうちょうが飛んできました。ちょうちょうの飛ぶ姿を眺めていると男の人は楽しくなってつい歌を歌いながらちょうちょうの後を追いかけました。ちょうに誘われて、森の奥へ入ってみると、そこには美しい白鳥がいました。
白鳥
ちょうちょう
写真2

4 ❖ 事例

ここで事例を述べる。筆者が心療内科の外来を担当していた四年半の間に出会ったケースで、当時は、完全予約制、初診は一時間、二回目以降は三十分（週一回もしくは二週に一回）という枠組みで診療を行っていた。

患者は十四歳の女性で、学校医からの紹介である。紹介状には、中学校入学以降、摂食がきわめて低下し、体重は中一の入学時に四十八・七キロであったのが、中三の四月に四十二・四キロ、六月には三十八キロと低下。八月二十一日に筆者の外来を受診した時には三十四キロとさらに低下していた。身長は百五十八センチでBMIは十三・六、BMIによる適正体重の六十二パーセントしかなかったが、身体面の管理は日頃連携をしている内分泌内科にあらかじめお願いしていたので、筆者は心理療法に専念できる態勢で診察に臨んだ。

#1（初診時）

ご本人と付き添いの祖母と二人で入室。半そでのシャツとスカートで、一目見ただけでやせているのが目立つ。本人はうつむいたまま、恐る恐るという感じで入ってこられる。「今日は来てくれてありがとう。困っていることを話してくれますか？　どういう感じですか」と尋ねてみるが、本人が黙っている様子を見て、すぐに付き添ってこられた祖母が、「食事がとれなくて、もともと食が細かったんですが、とれなくなったので……（以下略）」と口を挟まれる。家族構成を尋ねても、本人はほとんど無言で祖母が答える。母は病気で入院中のため、祖母と父と弟の四人で暮らしている。ここで、祖母に席をはずしてもらってもよいか、と尋ねたところ、わずかに頷かれたので、祖母には席を外してもらう（祖母の話は看護師が聞く体制を整えていた)。その後本人と話すが、やはりほとんど答えが返ってこないため、バウムに誘うと、これにはすっと取り組まれた。

縦置きの紙の左半の中央に、紙高の五分の一ほどの高さの小さい木。平行幹と樹冠というシンプルな構造。開放した幹の上端を覆うように左優位(およそ二:一)の雲状樹冠が描かれる。枝はなく実が四つ。描き終わった後で、「リンゴの木?」と聞くと、うんと頷いてくれた。

絵は描いてくれたので、さらに風景構成法も行った。気になった部分は、天に抜ける川、川に交差してしまった山の稜線、枠からはみ出して見えない山の頂上、川よりくねくねした道(一見、道の方が川に見える)、ピンクのウサギ、といった点。季節は春で、時間は昼と答えてくれた。

終始ほとんど無言だったが、風景構成法の季節を答えてくれたことと、絵を描くのはそれほど嫌いではなさそうなので、描画を通してなら関われるのではないかという感触を得た。治療構造を説明して次回の相談をしたところ、週一回の通院に同意され、予約を入れた。

(以下、〔 〕が彼女、〈 〉が私の投影であることを示す。)

#2

ほとんど無言のため、d-MSSMに誘う。最初に「ぐるぐる線」を描いて見せて、同じように「ぐるぐる線」を描いてもらい、交換したところで、デモンストレーションをかねて私が、彼女の「ぐるぐる線」に〈蚊取り線香〉を見つけ(写真3左、写真1)、描いたものを見せると、少し笑顔になる。そして彼女は〔おんぷ〕を見つけた(写真3右、写真2)。並べてみれば明らかなように、彼女が見つけた〔おんぷ〕は私の〈蚊取り線香〉に形態的には非常に類似している。しかし、同じような形を描きながら、彼女は音符という、具体的な形はもたない(ゼロ度の身体をもつ)が、音の高低と長短を指し示す記号をそこに見て、表現してくれたのだ。後で振り返って考えてみれば、これは彼女の身体像を見事に表していると受けとれなくもない。いずれにせよ、こうして、ほとんど言葉を発することのなかった彼女が、MSSMという媒体を通してなら、「ぐるぐる線」を描いたり、見えるものを形に表してくれたのである。表現の窓は開かれた。

次いで、それぞれがぐるぐる描きをして交換した。一度目のやりとりでやり方を心得た彼女は、表情も緩んで少しだけだが柔らかい感じになっていた。今度は私が〈白鳥〉を見つけ（写真2）、彼女が〔お化け〕を見つけた（写真1）。「ぐるぐる線」を描いて交換する時に相手が見つけたものをお互い知ることになるのだが、私は彼女が見つけた〔お化け〕を見て、少しドキッとすると同時に、〔お化け〕は、ある意味では彼女の病態の本体をなすものかもしれず、このストレートな表現から、彼女が私を信頼してくれたと感じた。

次に見つけたのは、彼女が〔帽子をかぶった男の人〕（写真2）、私は〈風船〉であった（写真1）。「帽子をかぶった」という形容詞から、彼女が単に人や物の姿をそこに見ているのではなく、そこに動きや息吹も感じていて、それを言葉に表してくれる力があると感じた。このような表現は今後もくり返しなされる。

最後に彼女は〔パックンチョ〕を（写真1）、私は〈蝶々〉を見つけ

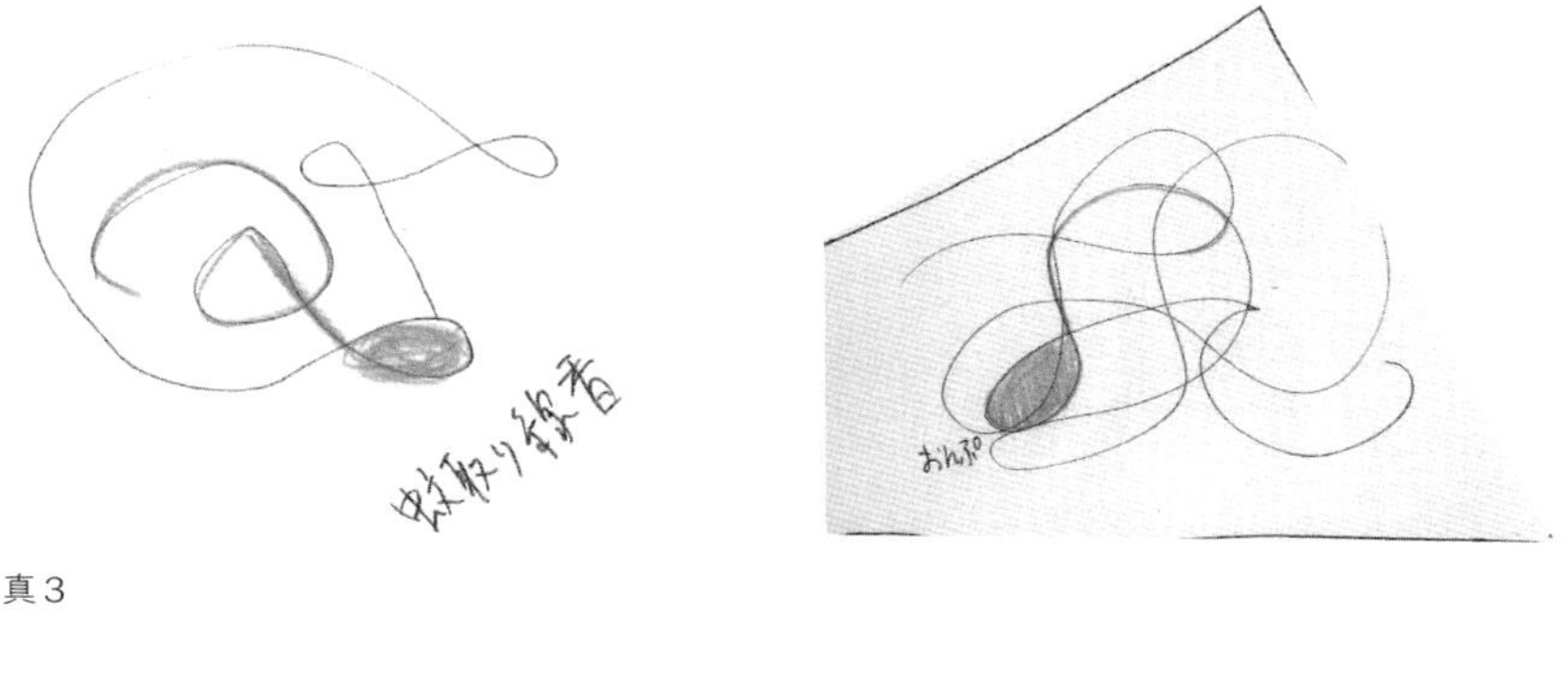

写真３

た（写真2）。今回の執筆にあたり、調べて分かったことだが、パックンチョはチョコレート菓子で、彼女が描いているのは「パックマン」であろう。彼女の無意識的な書き間違いかもしれないが、パックマンを見ながら、そこに食べ物の名前を書き込んでいたことから、すでに彼女には食べ物が見えていたのかもしれないと想像が広がる。とはいえ、これはリアルタイムに実際の診療場面で気づいたことではなく、私の印象に残ったのは、〔お化け〕と〔パックンチョ〕のいずれも大きく口を開いている姿であった。この口はいったい何だろう。食べたいという気持ちの表れだろうか、それとも大きく開いた口に飲み込まれるような怖さを表現しているのだろうか。このように、ぐるぐる描きを同時に行い、見つけるという作業も同時に行いながら、患者について思いめぐらすことができるのが、MSSMにはないd－MSSMの大きな一つの特徴と言える。以下、各回で見つけられたアイテムは、以下のように、彼女が枠付けした用紙に描かれたアイテムを先に、私のそれに描かれたアイテムを後に記すこととする。また、すでに述べたように、〔　〕は彼女が、〈　〉は私が見つけたものである。

〈蚊取り線香〉・〔おんぷ〕→〔お化け〕・〈白鳥〉→〈風船〉・〔帽子をかぶった男の人〕→〔パックンチョ〕・〈蝶々〉

二往復終わったところで、彼女にこれらの四つのものを使って物語を作り、残った一コマに文章で書いてほしいと伝える。すぐに彼女はその課題に取り組み、物語を書きはじめる。私も物語の筋書きをどうするかあれこれ考えながら、彼女が書きはじめるのを見て、書き込んでいく。両方が書き終えたところで、用紙を交換して、それぞれが相手の物語を黙読する。

◈彼女の物語：《パックンチョが風船と蚊取り線香を持っていました。いらないので、パックンチョは二つを持ってお化けの家に行きました。そしてお化けに風船をあげました。すると、お化けは軽いので飛んでいってしまいました。お化けが風船はいらないといったので蚊取り線香をあげました。すると煙でお化けの姿は見えなくなってしまいました。風船と蚊取り線香は再びパックンチョが持って帰りました。》

◈私の物語：《帽子をかぶった男の人が池のほとりを歩いていると、蝶々が飛んできました。蝶々の飛ぶ姿を眺めていると、男の人は楽しくなって、つい歌を歌いながら蝶々の後を追いかけました。蝶に誘われて、森の奥に入ってみると、そこには美しい白鳥がいました。》

彼女の物語は、〔パックンチョ〕が、〈風船〉と〈蚊取り線香〉（いずれも筆者が見つけたもの）を持ってお化けの家に行くと、これらのアイテムで〔お化け〕がいなくなるというシンプルなものであるが、治癒への展望を垣間見せてくれる感じがした。

一方、彼女の方は、私の作った物語を興味津々という様子で一生懸命読んでいた。この間、お互い言葉は交わさなかったが、読み終わったところで、「ありがとう。じゃあ今日はそろそろ時間になったけど来週も来てくれますか」と言うと、彼女は頷き、「ありがとうございました」と一言小さな声で言って帰られた。貝のように口をつぐんで何も話してくれない彼女が、d－MSSMという窓を通してなら、これほど豊かに話してくれることは驚きであり、これなら一緒にやっていけるのではないかとの感触を得た。

以上が初診時の出会いと、d－MSSMを導入した際のやりとりである。初回の出会いは特に大切だと思われるので詳しく記したが、紙数も限られているので、先に記した表記法に則って、その後の展開を要点に絞って記していく。この事例は他でも論じている（岸本、二〇〇五a、二〇〇五b）ので、関心がある向きはそちらも参照されたい。

#3　〈蝶々〉・〔魚〕→〔鉛筆〕・〈ネクタイ〉→〈人魚〉・〔帽子〕→〔タツノオトシゴ〕・〈仮面〉

#4　〈ラッコ〉・〔魚〕→〔蝶々〕・〈車〉→〈木〉・〔バナナ〕→〔あざらし〕・〈犬〉

#5　〈山と月と湖〉・〔金魚〕→〔野球のボール〕・〈ヘリコプター〉→〈木の芽〉・〔女の子〕→〔かさ〕・〈男の子〉

表情がかなり硬く、彼女の物語もかなり困った結末になっていて、何か非常に困った事態に陥っていると推察されたが、尋ねても返事はなく、詳細は分からなかった。

#6　〈一休みするラクダ〉・〔蝶々〕→〔口を大きく開けた魚〕・〈自転車の女の子〉→〈おにぎり〉・〔飛び跳ねる鯨〕→〔バナナ〕・〈潜水艦と深海魚〉

◈彼女の物語：《ある日散歩をしていたラクダが一休みをしました。そこでお昼になったのでバナナとおにぎりを食べようとしました。すると海から口をあけた魚が飛び出してきて、おにぎりとバナナを食べてしまいました。ラクダはお昼ご飯を食べ損なってしまいました。》

三つ目の投影で私はおにぎりを投影した。食べ物を投影することに迷いもあったが、どう見てもおにぎりにしか見えなかったので、〈おにぎり〉を描いた。彼女の物語（ラクダは、魚がおにぎりとバナナを食べてしまったので、食べ損なった）は、彼女の食べられないという体験の深層の容体・様態を描き出しているのではないかと思われた。

#7　〈アヒル〉・〔モグラ〕→〔亀〕・〈座っている人〉→〈だんご〉・〔きのこ〕→〔栗〕・〈白鳥〉

◈彼女の物語：《だんごを持った亀が歩いていました。そこに栗を持ったアヒルがよってきて、団子と交換してほしいと言いました。でも亀は栗が大嫌いでした。なので、断りました。するとアヒルは無理やり食べてしまいました。するとアヒルは団子をのどに詰まらせてしまいました。》

#8　〈スタートの姿勢〉・〔手をあげて喜ぶ人〕→〔サングラスをかけた卵〕・〈ヨット〉→〈吾亦紅《われもこう》の花〉・〔ランプからでた魔人〕→〔自転車に乗る人〕・〈おにぎりと梅干と沢庵〉

#9　〈チューリップ〉・〔羽ばたいている鳥〕→〔女の人〕・〈考えている人〉→〈雪だるま〉・〔男の人〕→〔ウサギ〕・〈犬〉

この時点で初診より二か月が経過していた。二つめが両方とも人だったので、顔を見合わせて笑う。ストーリーも、二人とも散歩のイメージで再び顔を見合わせて笑った。このような偶然の一致は、時々生じる。後で経過を振り返ると、この回は一つの転換点になっていたと思う。この回、彼女は髪を短く切っていたことも、ここで何らかの変化が生じていることをうかがわせる。内分泌内科のカルテによると、この頃の体重は四十三キロになっている。

その後、五週連続でキャンセルの電話が入る。

#10　〈犬〉・〔鯨〕→〔亀〕・〈白鳥〉→〈車〉・〔カエル〕→〔狐〕・〈洞窟〉

一か月半ぶりに来院。一見して、体重が増えていて、顔も丸くなっており、身長に見合った体重となっている。まるで別人のよう。どうですか、と尋ねてもただ笑うだけ。いつものようにやる?と尋ねると、わずかに頷くので、d－MSSMを行った。

#11 〈てるてるぼうず〉・〔着物を着た女の人〕→〔きのこ〕・〈滝〉→〈ピエロ〉・〔キリン〕→〔白鳥〕・〈竜〉

◈彼女の物語：《あるところに一人のピエロがいました。そのピエロは湖にいる白鳥をいじめてばかりいました。その白鳥はピエロを何とかしようと作戦を考えました。そして、一つの良いアイディアを思い浮かばせました。次の日、白鳥はピエロにキノコをプレゼントしました。ピエロは何の疑いもなく食べてしまいました。すると、ピエロはてるてるぼーずになって、動けなくなってしまいました。あのキノコは魔法のキノコだったのでした。》

彼女の作った物語も、白鳥をいじめるピエロを魔法のキノコで動けなくしてしまうという筋書きで、彼女自身が何とかやっている姿が重なった。

#12

表情は穏やかで、一山越えた感じを受けた。治療者の側に一区切りになりそうな予感があり、バウムと風景構成法に誘う。

バウムは、紙が横位置に置かれ、左中央やや上側に描かれた。幹の幅は前回より太くなり、幹先端から四本の短い枝が放射状に出て先細りになって閉じている。冠も左右ほぼ対称でバランスが良くなっている。実は三つになっている。風景構成法は、川と山、道の構図は前回同様だが、道のくねりは緩やかになり、家が川の左岸から川と道の間に移動している。人は体が丸くなっている。動物はサル。彩色は力強くなっている。

翌週の予約日にはキャンセルの電話が入り、以後通院が途絶えた。祖母の目から見ても、かなり落ち着いてきたとのことだった。後に紹介元の学校医からも調子が良さそうであるとの報告を受けた。面接は基本的に週一回、間に五週間の連続キャンセルを挟んで全体としては約四か月の経過で窮地を脱した症例であった。

5 ❖ d－MSSMの治療促進的要因

1　五分割の意味

空間を分割するという点で、MSSM、d－MSSMには空間分割法（中井、一九七三）が内包されており、これはそのまま見立てと治療に利用できる。五が割り切れない数字であるため、分割の仕方にも見立ての手がかりを得られる。本事例では、最初の二回は上下に分け、上三段と下二段、あるいは上二段と下三段に分割するが、線はいずれも直交していて、かたい感じを受ける。#4になると構図は同じだが縦線が斜めになり、#6になるとそれまで空間を上下に分割していた水平線が斜めに傾きダイナミックになり、#7では水平線が消えて上下に分割する線のみとなり、#8では曲線が用いられるなど、分割の仕方を見るだけでも彼女の心性のある側面が映し出されているのが分かる。

2　見立てと守り

ｄ－ＭＳＳＭに見られる見立てと守りの側面については中井（一九七七、一九八二）を踏まえ、以下の五点が見立てをする上で参考になる。①分割の仕方、②ぐるぐる描きの仕方、③投影ができるかどうか、④物語が作れるかどうか、⑤投影されたアイテムや物語の内容。

①についてはすでに述べた。②のぐるぐる描きの自由度も見立ての目安となる。まったくぐるぐるぐる描きができない場合、ステレオタイプな描線の場合、線が交差せずに紙面を漂う場合、ランダムに交差する場合など、描線の走り方のランダムさが一つの目安となる。ステレオタイプな描線しか描けない場合は、統合失調症の急性期には乱数発生が出来なくなること（中井、一九九八）に対応して見立てへの一つの寄与となる。このような場合でも、そのまま交互色彩分割（中里、一九七八）への移行が可能であり（ただし二枚法で行うので、筆者はこれを「ダブル交互彩色法（d-Mutual Coloring, d-MC）」と呼んでいる）、病態水準に合わせた治療的展開が可能である。ただし、ｄ－ＭＳＳＭの場合は特に、治療者のデモンストレーションに影響される部分も大きいので注意が必要である。

③の投影ができるかどうか、④の物語が作れるかどうかも、病態水準の深さの一つの目安となる。ぐるぐる描きができても何も見つけられないケースや、見つけることはできても物語が作れないケースがある。物語の欄は空白のままにしておいて、回が重なるうちに物語が作れるようになれば、それはそれで一つの進展であるし、作られないまま展開していく可能性もある。

⑤については、例えば本事例の場合、前半で彼女が魚を頻回に見ていたが、途中からモグラや亀、鳥など、海から陸へという流れが見られること、途中からバナナなど食べ物が見えるようになってきたことなどのように、彼女が見つけたものに焦点を当てて分析をすることも可能であるし、私が見つけた、例えば「蝶々」や「白鳥」を彼女が取り入れて見つけているなど、相互作用について分析をすることも可能である。もちろんそれぞれが作る物語の筋書きを分析して見ていくことも大切である。このように、

アイテムと物語とを総合的に把握することで、より多面的な見立てが可能となる。それは、病態水準の見立てだけではなく、治療経過の見立てにも活かせる。つまり、初回だけで終わるものではなく、経過中、絶え間なく行われるのである。

ＭＳＳＭにおいては、⑤の内容に目が向きがちだが、その前に①から④に挙げたような形式的な側面に目を向けておくことも大切である（岸本、二〇〇五ａ、二〇〇五ｂ・今田、二〇〇九を参照）。

3　彩色の間合いと速度

二枚同時に進行していくｄ－ＭＳＳＭの最大の特徴は、見つけたものをいつ描きはじめるか、彩色をどのくらいの速さでやるか、といった、間合いのとり方、ペーシングの仕方にあると筆者は考えている。スクイッグルやＭＳＳＭが「治療者と患者との『波長合わせ tuning-in（Balint）』を可視的なものにする場」であることはすでに指摘されている（中井、一九八二・山中、一九九二）が、ｄ－ＭＳＳＭは、この「波長合わせ」を、彩色の間合いや速度などで行える点が最大の特徴である。

4　治療者側の物語を示すこと

治療者がぐるぐる描きの線を描いたり、投影を行うことは、治療者側にかなりの負担と侵襲になる可能性が指摘されている（中井、一九八二）が、ｄ－ＭＳＳＭにおいては、治療者が物語も作るので、その負担はさらに増すかもしれない。しかし、食べられない彼女に食事のことを話題にして話しかけるよりも、物語に託してこちらの思いを伝える方が、彼女にとってはよほど侵襲が少ないのではないだろうか。

なお、物語を作ることについて、山中（一九八四、一九九二）は、ＭＳＳＭを「無意識が投影したものを物語を作ることで、再び意識の糸でつなぎとめる」と述べている。表現を変えれば、切り出すこと（投影）

とつなぐこと（物語の作成）、切断機能と結合機能の二つの相反する機能を同時に働かせることが治療促進的な力の秘密であるが、これは治療者にとっても守りとして働く可能性もあるのではないだろうか。

〔文　献〕

1――今田雄三「ＭＳＳＭの実践的活用のための展望――文献研究・臨床心理士養成における授業実践・および事例検討への新たな観点の導入」鳴門教育大学研究紀要、23、二〇九～二二六頁、二〇〇八
2――今田雄三「形式分析によるＭＳＳＭの理解――思春期2事例における検討を通して」鳴門教育大学研究紀要、24、一四二～一五六頁、二〇〇九
3――岸本寛史「表現の発生」臨床描画研究、20、一一～二五頁、二〇〇五a
4――岸本寛史「d-ＭＳＳＭ（double Mutual Scribble Story Making）法の治療的要因の検討」富山大学保健管理センター紀要　学園の臨床研究、4、三一～四四頁、二〇〇五b
5――中井久夫「精神分裂病の寛解過程における非言語的接近法の適応決定」芸術療法、4、一三～二四頁、一九七三（『中井久夫著作集1巻　精神医学の経験　分裂病』岩崎学術出版社、八三～一一四頁、一九八四）
6――中井久夫「ウィニコットのSquiggle」芸術療法、8、一二九～一三〇頁、一九七七（『中井久夫著作集2巻　精神医学の経験　治療』岩崎学術出版社、二三二～二三五頁、一九八五）
7――中井久夫「相互限界吟味法を加味したSquiggle（Winnicott）法」芸術療法、13、一七～二一頁、一九八二（『中井久夫著作集2巻　精神医学の経験　治療』岩崎学術出版社、二三六～二四五頁、一九八五）
8――中井久夫『最終講義――分裂病私見』みすず書房、一九九八
9――中里均「交互色彩分割法――その手技から精神医療における位置づけまで」芸術療法、9、一七～二四頁、一九七八
10――山中康裕「箱庭療法と絵画療法」〔佐治守夫他編〕『ノイローゼ――現代の精神病理　第2版』有斐閣、七五～九一頁、一九八四
11――山中康裕「風景構成法・枠づけ法・スクリブル・スクイッグル・ＭＳＳＭ法」〔安香宏他編〕『臨床心理学大系6　人格の理解2』金子書房、一五八～一七三頁、一九九二

岸本論文へのコメント　山中康裕

さすが、岸本氏の論文は、治療学的に深いし、実に示唆に富んでいる。

まず、冒頭で著者が指摘している通り、筆者がＭＳＳＭを思いついたのは、ナウンバーグのスクリブルへの導入と同じく、《絵の嫌いな人》にも《絵の苦手な人》にも施行可能な方法としての意味が大きい。

そして、最大の要諦であるところの、「どれほど優れた治療法であっても、方法や技法が前面に出て、これで治療をしよう、と意気込んだ時から患者の姿が見えなくなりはじめる」と最も大切なことを言い、きちんと釘を刺すことから始めておられることである。

まったくその通りなのだ。このことは、筆者がいつも指摘してきていることであるが、さすがに自分の創案した方法に関わるとなると、つい、それが舞い飛んでしまう。この指摘は、まさに、本書のすべての読者・本法の施行者に肝に銘じてほしいことなのだ。いくらこの方法が魅力にあふれ、治療的に優れていても、《方法優位型のセラピー》になったとたんに、その治療力は半減どころか、威力を失いかねない。

次いで、何気なく書かれているこのｄ－ＭＳＳＭの枠取りについてだが、きっぱりと「五コマに」と指定してある。これはとても重要なことである。というのは、これはダブル法なので、結局、一回のセッションで双方が投影し合うのは、計四つずつとなる。これが、通常のＭＳＳＭだと四～八コマだから、つまり、ダブル法だと八～十六コマとなってしまい、双方が四～八回の投影をすることとなる。そこで、そのうちの「最小限」を指定しているわけだから、実にさりげなく、クライエント、セラピスト双方を守っていることになるのだ。

そして、気づかれるのは、氏の臨床のきめ細かさと、その基底に、中井の《風景構成法》や《限界吟味法》、中里の《交互色彩分割法》などの表現療法の治療的基礎がきちんと通底していることなのだ。氏の何気ない事例提示は、かくも緻密な思考と、絶え間ない配慮の綾のもとになされていることをこそ、学んでほしいと思う。ことに、お互いに投影し合ったものへの思いめぐらしのみでなく、患者の心的状態から身体的状態に至るあらゆる方向への配慮の網と、同時に、その網で患者を絡めとってしまわない配慮すら行きわたっているからだ。

ここでは、「音符という、具体的な形はもたない（ゼロ度の身体をもつ）が、音の高低と長短を指し示す記号をそこに見て、表現してくれた」という表現にのみ関わろう。「ゼロ度の身体をもつ」という、このanorexicな事例において最も根幹となる部分の、イメージの受けとり方の妙である。実に感嘆するしかないナイーブさとしなやかさだ。

最後に、筆者の「無意識が投影したものを物語を作ることで、再び意識の糸でつなぎとめる」を、「表現を変えれば、切り出すこと（投影）とつなぐこと（物語の作成）、切断機能と結合機能の二つの相反する機能を同時に働かせることが治療促進的な力の秘密であるが、これは治療者にとっても守りとして働く可能性もあるのではないだろうか」と、もう一味、深めている考察に目を留めてほしい。この「切断機能」と「結合機能」の二つとは、河合隼雄先生が指摘された、ユングの洞察に対する実に的確な把握を踏まえているのである。

［注］

＊ 著者は、このd－MSSMの原法は、筆者がワークショップで行っていた方法をそのまま用いたにすぎ

ない、と言っておられる。その通りと言えばその通りなのだが、本論文を読まれてすぐに知られる通り、この方法が立派に「ＭＳＳＭの変法」であることは、セラピスト・クライエント両者にとって意味のある方法であることもきちんと書かれていることから、理の当然であろう。しかし、この注釈をわざわざ加えたのにはちゃんと別の意味があって、著者は、筆者がそうしたのが「ワークショップでの時間短縮のため」と言っておられ、その意味も確かに否定しないが、実はそれよりも、原法だと参加者のうち半分しかその「実例」が持ち帰れないことにこそ、意味があったのであり、すべての参加者に、おのおの持ち帰ってもらい、その楽しさを一人一人に味わってもらいたいというサービス精神からのことだったのだ。ところが、本法のように、まったく新しい視点から新しいものが生まれ出てくるのであるから、実に、嬉しいではないか！

12

中国でのＭＳＳＭ

中国の学校現場におけるＭＳＳＭの試み

——上海市甘泉外国語中学の実践活動を例に

穆　旭明

１❖はじめに

ＭＳＳＭは山中康裕によって創案された描画法であり、八つ切りないしＡ４の大きさの画用紙に、六～八コマをクライエントとセラピストとが交互にぐるぐる描きをくり返した後、投影したすべてのイメージをつなぎ合わせて物語を作る、というのが実施方法である。この方法は、内的世界に生起しているイメージを取り出し、一方、自我の統合機能をも推し量る投影的方法の一つである（山中、一九九九）。日本では、これまで、臨床の治療法としてよく用いられ、それに関する研究報告も数多くなされており、たいへん優れた方法であることは言うまでもない。一方、中国本土で「真の表現療法」を広めようとし、何度も足を運んでくださった創案者の山中先生ご自身の広宣活動によって、この方法は徐々に、広く中国にも知られるようになった。

筆者は臨床心理学そのものを専攻したわけではないが、ＭＳＳＭを知ったのは、日本留学のずっと以前の学部時代に遡る。その当時、『少年期の心』（中公新書、一九七八）を読み、たいへん感銘を受け、以来、山中先生の著作を読み耽った。

幸運にも、のちに先生ご自身に出会えて、以来、十五年以上にもわたって、すぐ隣でじかに学ばせていただき、この関係は今でも続いている。この間、いろいろな立場においてＭＳＳＭを知り、体験する機会があった。

このＭＳＳＭを中国本土に紹介しようと、先生の論文や書籍の翻訳をしたり[*1]、また、中国国内での心理臨床のワークショップにおいて、山中先生の通訳として、数多くの方々にＭＳＳＭを紹介・伝授する役を何度も務めたりして[*2]（写真1・写真2）、こうした体験は、現在、筆者が勤めている勤務先でＭＳＳＭに関する活動を実践していく上でも、たいへん貴重な土台になっているに違いない。

ここでは、長い留学生活を終えて上海に戻り、中国の学校現場におけるＭＳＳＭの導入および実施活動を紹介したいと思う。その方法は、精神科・心療内科などの病院といった医療現場ではなく、教育現場における学生の自分自身に関する理解、また、教師と生徒とのコミュニケーションの媒体としても、たいへん有効なものだと確信している。

写真1　第7回心理分析・中国文化国際フォーラム会場にて（2015年　マカオ）

写真2　第7回心理分析・中国文化国際フォーラムワークショップ会場（2015年　マカオ）

2 ❖ 学校現場におけるＭＳＳＭの導入・実施過程

筆者が現在勤めている上海市甘泉外国語中学は中高一貫校で、一九七二年の日中国交正常化を契機に、中国全土で初めて日本語カリキュラムの創設を試みた公立学校である。二〇〇一年に上海市に初めて外国人学生を募集できる学校として認定され、二〇〇三年からは、日本語と英語のほか、ドイツ・フランス・スペイン・韓国・タイといった外国語教育にも力を入れ、「日语见长　多语发展（日本語を得意とし、多言語の発展を）」「国际视野・民族情怀（国際的視野　民族的心情）」をモットーとして掲げている。今現在、全校生徒約千六百人のうち、その約半数が日本語を学んでいる。このたび、二〇一六年に九州の熊本県が地震に襲われた直後、全校生徒は自主的に寄付活動を行って、学生代表が在上海総領事館を訪れ、日本の総領事に寄付金を手渡し、これは、ＮＨＫをはじめ、朝日・読売・毎日・共同通信社など、八つの総合メディアによって取材され、「知日家の揺りかご」と称えられた。

こうした、日本語教育に長い歴史をもつ学校において、筆者はＭＳＳＭの実践活動を試みている。厳密に言えば、「日中二か国語による表現療法を用いた心理相談活動」というもので、箱庭療法・風景構成法・コラージュ法・ＭＳＳＭの四つを取り入れ、在籍の全校生徒たちを対象に、心理相談活動を展開している。事前予約制で、週に二回ほど昼休みに行い、一対一の形で進めているものである。

3 ❖ ＭＳＳＭの実践における筆者の視点

これまでに、すでに約五十枚の作品を集めているが、その中には、若者のこころの真実をリアルに語っているものが少なくない。さて、これらの作品を理解するときの視点を、まずここで述べておきたい。

筆者は、「遊び」の要素を非常に大切にしている。相手にリラックスしてもらい、何の縛りもなく、自由に表現してもらうのが一番の目標、と考える。書き手に簡単な説明を行い、ＭＳＳＭの実施方法に従って進めていく。その間、ほぼ何も言わずに、ひたすら相手の表情、ペンの走り方、色鉛筆の使い方などに注目する。言い換えると、書き手とともに、「描くこと」自体を体験し、作品そのものを書き手とともに「味わう」ことを常に心がけている。

ＭＳＳＭでは、一つひとつ物語が作られていく。筆者は、それらの物語を自分の中に緩くもちながら、それをたどりつつ、目の前の書き手の姿に合わせながら理解していく。「自分とは何か」といったアイデンティティ探しに関するもの、美しい景色のこと、リアルな旅体験、幻想的な物語など、内容的には豊かなものが多く、異なる視点から想像することも面白い。その人の側面が垣間見られるような何かを見つけられたとき、言葉で表せないほどの喜びを感じ、感激するばかりなのである。

4 ❖ 様々な作品を通して見えてくるもの

以下では、生徒たちとのやりとりを通して出来上がった作品を紹介したい。中国の若者（ここでは中高生を指す）のこころは、いったいどの方向へ進もうとしているのだろうか。六つのテーマに分けて、それぞれの物語を読みながら解説を行いたい。

1　今・現在の自分

（以下、クライエントが投影したものを「　」、セラピストが投影したものを〈　〉内に示す。）

【事例1】高校三年の女学生。

MSSM：クライエント「音符」→セラピスト〈枕〉→クライエント「リラックスする女性」→セラピスト〈山と湖〉→クライエント「蚊取り線香」（写真3）。

◈物語：《むかしむかし、生まれながらに、リラックスするとはどういうことか、分からない女の子がいた。その子は、まわりの人たちに言われる、リラックスの意味がまったく分からない。やがて、リラックス探しの旅に出かけた。彼女は枕を手に入れ、音楽を聴きながら、体全身をリラックスさせようとするが、でも、相変わらず、眉をしかめてそれを緩めないままだった。そこで、山や海へ出かけようと考えた。ところが、現実の風景は、彼女の思っているものとは異なり、あちらこちらで、旅行客が大勢いた。彼女が家に着いた時には、すでに八月の真夏の夜だった。……ソファに腰かけ、蚊取り線香の香りが部屋中に漂っていて、彼女は、これまで味わったこと

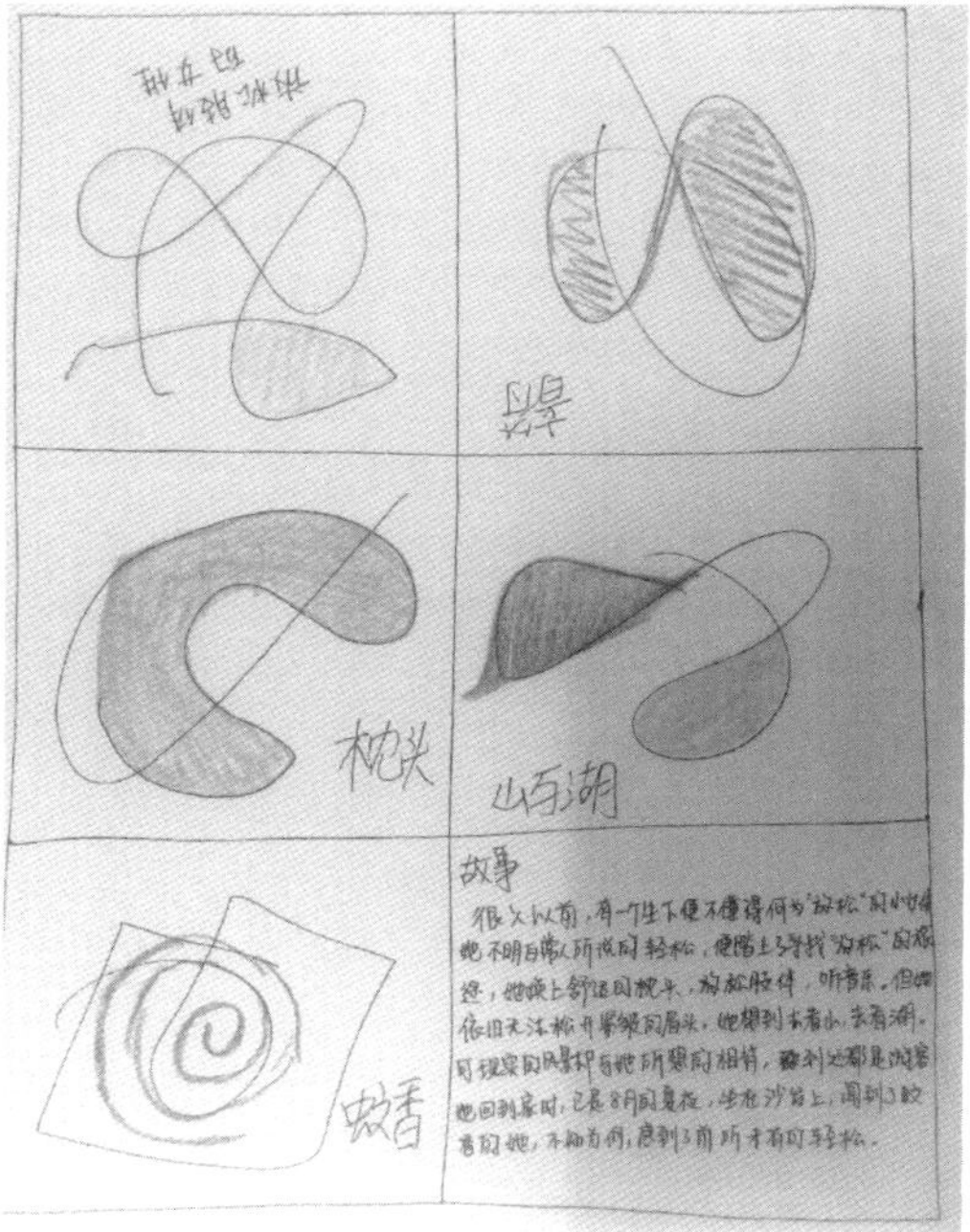

写真3

のないリラックス感を、存分に体験できた。》

◈**解説**：クラスでは人気者で、いつも笑顔で、毎日楽しそうに過ごしている彼女だが、この年大学入試を控え、受験勉強に追われていたため、どうしてもリラックスすることができない、というのは、大変現実的な話なのである。勉強の合間に休んだとしても、試験が終わるまでは油断できない。……蚊取り線香でこころを落ち着かせ、早く試験を終わらせて、のんびりと夏休みを満喫しよう、というのは、まさに今・現在の望みそのものと言えよう。

【事例2】同じく大学入試を控えている高校三年の女学生。

MSSM：クライエント「水滴」→セラピスト〈蝶々〉→クライエント「魚」→セラピスト〈砂時計〉→クライエント「ハートマーク」。

◈**物語**：《砂時計の砂が徐々に落ちてくるにつれて、自然界の万物は、まるで新たな命を授けられたかのように思えてくる。水滴を集めて川となり、それは魚を育むことができる。蝶々は美しく空中で舞い、こころのこもった、命のダンスをしている。》

◈**解説**：時間の流れにしたがって、すべてのものは変化していく、という表現から、本人はまもなく高校を卒業し、大学生になることを意識していると思われる。一方、筆者の描いた「蝶々」を、彼女は自己像と捉え、「こころのこもった、命のダンスをする」とは、本人は全身全霊に努力し、悔いが残らないように念願の大学に合格できるように頑張る、ということを示していると思われる。

2　自己成長

【事例3】中学三年の女学生。

ＭＳＳＭ：クライエント「魚」→セラピスト〈蝶々〉→クライエント「帽子」→セラピスト〈田んぼと湖〉→クライエント「収穫したての農産物」。

◈物語：《あるお百姓さんは、毎日、帽子を被り、畑仕事に出かける。ある日、彼は湖の水を汲み、農作物に水やりをしようとしたところ、ふっと、湖の中で魚を飼うことができるのではないか、とのアイディアを思いついた。そして、彼はそれに向けて、様々な準備に取り組んだ。でも、失敗に次ぐ失敗の連続で、せっかく世話していた農作物もすべて枯れてしまった。

一匹の蝶々が飛んできて、お百姓さんに、「願いを一つ叶えてあげましょう」と伝えた。その時、お百姓さんはやっと、一つのことに一心不乱に取り組むことの大切さを悟った。すると、彼は、すべて元通りにやりはじめ、やがて、農作物のおかげで、豊かな暮らしができるようになった。》

◈解説：大変まともな物語である。年齢が若いわりにはしっかり者で、「一心不乱に一つのことをやり遂げること」とは、本人の性格を見事に物語っている。同時通訳者を目指している彼女は、実は、二度も上海市日本語通訳試験（中級）に挑戦したが、思い通りにいかなかった。しかしながら、負けず嫌いな性格の彼女は、失敗の辛さを味わい、歯を食いしばって努力し、最終的に合格することができた。「苦労したからこそ、収穫したての農産物を見ると、心底から喜びを感じる」。これはまさに、彼女の心情そのものではないだろうか。

【事例４】 高校一年の女学生。

ＭＳＳＭ：クライエント「砂時計」→セラピスト〈魚〉→クライエント「女の子」→セラピスト〈懐中電灯〉→クライエント「山」。

◈物語：《むかし、ある女の子が山に住んでいた。ある日、神様は彼女に砂時計を渡した。それと同時に、

「山の中に湖があり、その中には一匹の金魚がいる。もし君が、砂時計の砂がすべて落ちるまでにその金魚を見つけることができなかったら、この山はすべて消えてしまう」と告げられた。すると、女の子は、山が消えないように、懐中電灯を身に着けながら、連日連夜、金魚探しに出かけたのだった。》

◈**解説**：そもそも日本語専攻生ではなかったが、転校して以後、彼女はゼロから日本語を学びはじめた。いかに限られた時間の中で自ら努力し、まわりの同級生たちと同等のレベルになるかが彼女にとって一番の課題だった。毎日毎日、電気をつけ、勉強する姿が目に浮かぶ。日頃、彼女とコミュニケーションをとっている際にも、その真面目さはよく伝わってきた。主人公の女の子とほぼ重なるように思われた。

【事例5】高校一年の女学生。

MSSM：クライエント「ヤギ」→セラピスト〈葉っぱ〉→クライエント「星」→セラピスト〈ヨット〉→クライエント「赤いリンゴ」。

◈**物語**：《落ち葉がたくさん積もった、美しい秋。ある高い山に暮らしているヤギは、海というものがあることを初めて聞き、その上でヨットを漕ぎたい、と思うようになった。ヤギは、人間に「赤いリンゴを食べたら、あらゆる願いを叶えられる」と言われ、その赤いリンゴを見つけるために、あちこち歩き回った。ある夜、ヤギは星空を見上げ、「今のままでもいいや」と思った。なぜなら、高い山の上で生活することは、本当の暮らしであり、理想のヨット「漕ぎ」もまた、夢のままでよいのだから、と考えたからである。》

◈**解説**：ヤギを一番最初に描いたのが、たいへん面白い。道端の草を黙々と食べ、性格の優しいヤギは、決して目立つ動物ではない。友人グループにおいて、控えめな態度をとっている彼女とよく合う。夢を抱き、しかしながら、リアルな現実からすれば、その夢をしばらくあきらめるしかない、というのが彼女の心情と言える。日本で一年間交換留学の経験をもった彼女は、その間、日本文化にさらに興味をもつようになったに違いない。そのうち、また日本へ行くだろうことも容易に推測できる。ところが、高校生になり、中学とはまったく異なる学びの内容、学習環境、新たな人間関係に直面せざるを得なくなった。ゆえに、目前の日常生活を確実に着々とこなすことは、なにより現実的課題であろう。このように解釈すると、彼女の判断は非常にまともなものだと思われる。

3　友人関係と都会暮らし

【事例6】高校一年の女学生。

MSSM：クライエント「犬」→セラピスト〈牛〉→クライエント「陰陽図（黒の半分）」→セラピスト〈田んぼと湖〉→クライエント「山とクジラ」。

◈物語：《都会暮らしをしてプレッシャーを感じる際には、（都会を離れて）外の世界へ出かけていくことをお勧めしたい。同行する相手がいなければ、ペットの子犬を連れて行ってもかまわない。動物は人間の友達にもなれるからだ。ただし、素直な気持ちで接しなければならない。われわれは旅の途中で様々な風景を見ることができる。例えば、畑で懸命に働いている牛、きれいな湖、あるいは海の中で潮吹きをしているクジラ、また高い山々をも目にすることができる。心の中の重荷を下ろし、大自然に溶け込むことで、こころのバランスがようやくとれる状態になる。悪いものも良いものも中和できるからだ。》

◈解説：作品を描いた後に会話を交わしたら、「ほんとうの友達が欲しい」という悩みを打ち明けられた。自分自身は素直な気持ちで相手に接しようと思っても、相手からはなかなか仲良くしてくれない、なぜなのか、と。「犬だけが友達」という物語を読むと、彼女のこころの寂しさがよく感じられる。

【事例7】 高校二年の女学生。

MSSM：クライエント「凧」→セラピスト〈樹〉→クライエント「アヒル」→セラピスト〈山と湖〉→クライエント「踊っている子ども」。

◈物語：《都会で暮らしている子どもは、高層ビルを見慣れたため、夏休みを利用して、景色のたいへん綺麗な場所にやって来た。そこには湖や山があり、新鮮な空気に包まれ、まわりには緑がいっぱい。湖の中にアヒルがいて、思う存分に泳いでいる。この、わが身を大自然に置いた子どもは、思わず愉快な気分になり、野原に走り出したり、凧揚げをしたりして、なんと自由自在な一日だろうと思った。》

◈解説：文武両道の優等生。たいへん頑張っているからこそ、都会から離れ、とことん遊ぶことに憧れている。筆者のスクリブルへの投影に「アヒル」を描いたのは興味深い。両足は水の下でバタバタしていても、まさに、まわりから見えない彼女の影の努力と見てとれよう。

【事例8】 現役学生ではなく、本校の卒業生の女性。

MSSM：クライエント「蝶々」→セラピスト〈フライドポテト〉→クライエント「鉢に植えた花」→セラピスト〈湖と田んぼ〉→クライエント「パイプ」。

◈物語：《一年ぶりに、田舎のおばあちゃんの家に戻った。これは大きな変化で、自分でもたいへん驚いた。フライドポテトを食べた後、すぐに、おばちゃんの家の後ろにある田んぼへ走った。すでに苗を植えていて、パイプは湖と田んぼをつないでいる。何匹かの蝶々があちこちで飛んでいる。農民たちはその光景は、人々をさわやかな気持ちにしてくれる。しばらくしてから、私はおばあちゃんの家のお

庭に戻った。驚いたことに、鉢に植えてあるお花が咲いた。春って、なんと美しい季節だろう、と思った。》

◈**解説：**彼女は卒業生であり、授業の後、筆者から声をかけたところ、喜んで楽しそうに描いてくれた。中国では男女共働きの場合が多く、したがって、子どもは祖父母に育てられることが少なくない。彼女もおばあちゃんの家に戻った瞬間、もちろん新しいものに出会えたこともあるだろうが、かつての懐かしい思い出も頭の中に残っているはずである。湖と田んぼ、高校生活と今、過去と現在、というふうに、パイプのように「つなぐ」ことこそ、彼女の一番語りたい世界なのだろう。

4　感謝するこころ・優しさ

【事例9】高校二年の女学生。

MSSM：クライエント「お墓の石碑」→セラピスト〈ボウリングの瓶〉→クライエント「ゴルフ・パット」→セラピスト〈花と花瓶〉→クライエント「山と湖」。

◈**物語：**《あるボウリング会社の社員が、花を入れてある花瓶を持ち、山に墓参りにやって来た。彼は会社のボスにリストラされ、ただちに、「墓地を買えるだけの経済的な余裕はない」。彼はなんと、山の中のきれいな景色に引き寄せられ、「ここはゴルフ経営に最も適切な場所だ」と考えた。そこで、彼は躊躇することなく仕事をやめ、銀行から融資を受け、最終的にはその目標に向けて成功をおさめ、豊かな暮らしができるようになった。彼は山の中のご先祖たちのお墓を、新たに立派なものに作りなおした。》

◈**解説：**冒頭いきなりの「お墓の石碑」には驚かされた。というのも、高校二年の彼女は日本留学を目指し、日々頑張っているので、そのギャップが大きすぎたからだろう。校内のサークルのリーダーを務め、部員たちに指示を出し、全体をまとめる能力が高く、その経営手腕はまわりに評価されている。将来の留学にしても、サークルの経営にしても、まわりの人々の支えが欠かせない。故人への敬愛の念を表し、優しさをも持って目標に向かって進んでいくのは、いかにも、彼女らしさを示して余りあることが知られよう。

【事例10】 高校二年の女学生。

MSSM：クライエント「道路と富士山」→セラピスト〈焼きタラ〉→クライエント「ハート」→セラピスト〈女性〉→クライエント「波」。

◈物語：《ある日、一人の女性が富士山へ山登りに出かけた。山頂にたどり着こうとしたところ、女性は後ろを振り返り、山半分と大きな道が海水に水没してしまったのを目にした。彼女はとても怖く思い、たいへん悩んでいたところ、焼きタラ君が、熱いこころをもって、救いにやって来た。二人はハートの上で幸せに過ごしはじめた。女性がお腹の空く際には、焼きタラ君はその女性に自分の身を捧げたのだった。》

◈解説：富士山とその山頂にたどり着く道は最初に描かれた。この学生は努力家で、日本語が達者だったと以前に聞いたことがある。目標に向かい、着実に前へ進んでいることは、まさに、作品に投影された富士山と道路そのものである。まわりの相手と大変な状況に陥った際には、彼女は「焼きタラ君」のごとく、自ら助けようとするし、その行動を作品に合わせて考えてみると、実に興味深く感じられる。

5　憧れの旅

【事例11】ドイツ語専攻の高校二年の女学生
MSSM：クライエント「蛇」→セラピスト〈ラジオ〉→クライエント「ペンギン」→セラピスト〈道路〉→クライエント「魚」（写真４）。

◈物語：《ある日、ミンちゃんはいつものように、ラジオをつけて聞いていた。驚いたことに、その日は普段と違い、音楽番組やトーク番組ではなく、美しい自然の音がラジオから流れてきたのだった。小鳥のさえずり、小川のせせらぎ、鷹が空で飛んでいるその翼の音や、雛鳥たちが母親の餌を待ちながら騒いでいる音など。ミンちゃんは、それらの「音の風景」に魅了され、旅に出かけようと決心したのだった。「冒険」と表現してもかまわない。

まず、南米、アマゾン川のあたり、森の中に蛇が動いている姿を目にした。気の毒なことに、そいつに噛まれてしまい、休養せざるを得なくなった。しかしながら、旅そのものは決して中断しなかった。夏休みに、

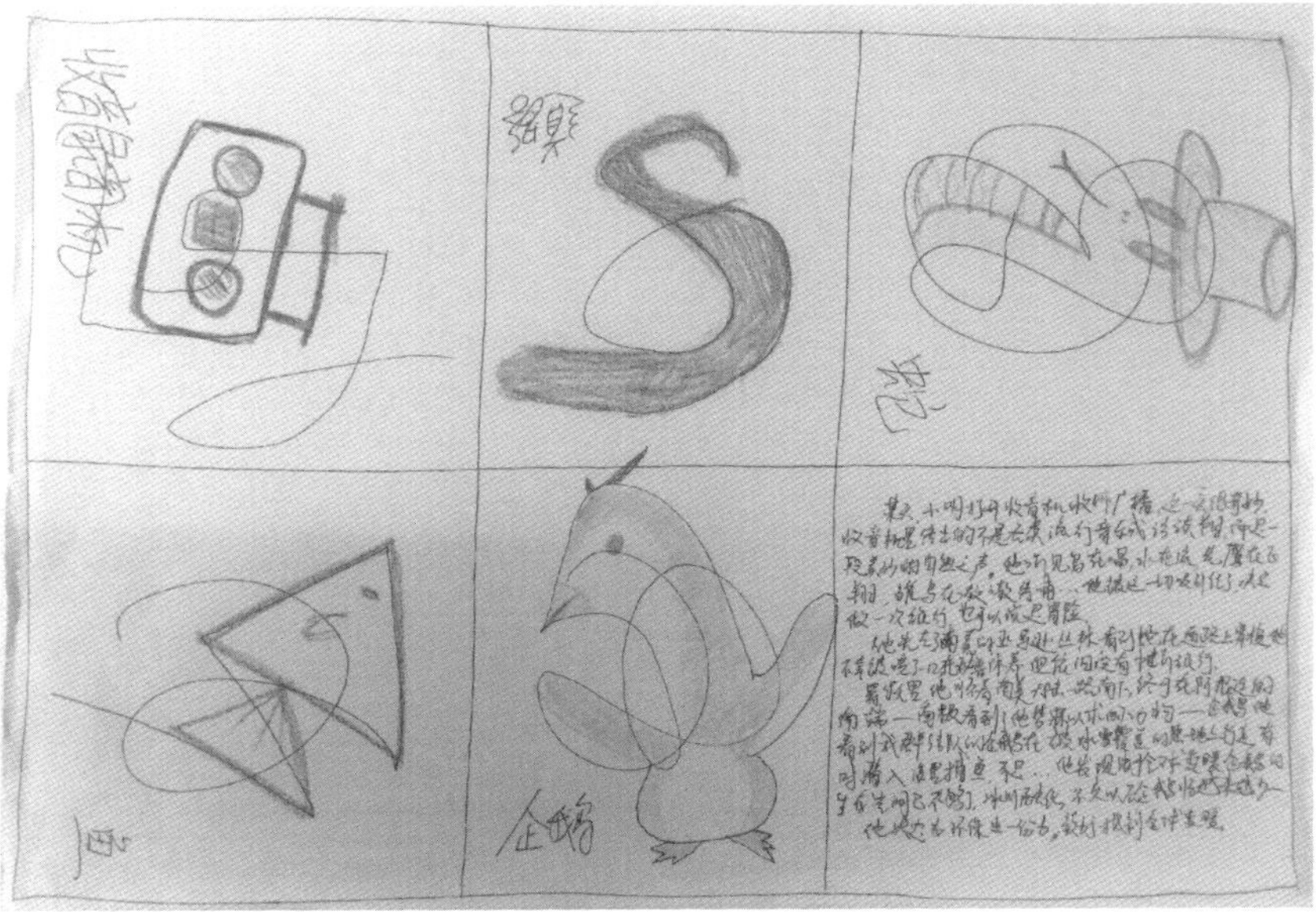

写真４

ミンちゃんは南米大陸を歩きつづけ、とうとうアルゼンチンの南の南極で、憧れの動物のペンギンに出会えた。群れて歩いているペンギンはよちよち歩きで、時に海に潜り、魚を取ることもした。ミンちゃんに一つ気づいたことがあった。それは、地球温暖化のせいで、ペンギンの棲息する空間がますます狭くなり、氷がどんどん溶け、そのうち、ペンギンの数はますます減っていくのではないか、ということである。環境保護のため、自身の力を発揮し、地球温暖化防止の取り組みを試みよう、とミンちゃんは、そう固く心に決めたのだった。》

◈**解説**：彼女の想像力、そして、そのユニークな展開に感心させられる。どちらかと言うと、彼女はさっぱりとした性格の持ち主といった印象だった。一方、「蛇」「魚」「ペンギン」が描かれたことで、動物好きであることが分かり、女性らしさの一面も垣間見られた。「失敗を恐れずに、未知の世界への冒険」をテーマとするこの物語。ある意味、彼女自身が今、直面している問題と直結しているのだろう。というのは、ドイツ語を専攻している彼女は、あえて理系科目を選択・勉強し、クラスの中で「理系女子」として輝いている姿が見られるからである。それもまた、まわりのみんなに好かれる理由の一つなのであろう。

【事例12】中学三年の女学生。

MSSM：クライエント「凧」→セラピスト〈湖と山〉→クライエント「ギター」→セラピスト〈リボン〉→クライエント「羽」。

◈**物語**：《あるギター弾きの作曲家が、インスピレーションを得るために、都会から遠く離れた村へと出かけた。その村は、山々に囲まれ、一面は湖に面している。その湖には、美しいスワン一羽がいる。そのスワンが傲慢な性格で、なかなかまわりの人々に近づこうとしない。何か月も村に住んでいた作曲家は、偶然にある女の子に出会い、その女の子だけが、友達のように接してくれていることに気づいた。時には、リボンを使いながら踊り、時には、湖のあたりに凧揚げすることもある。スワンはずっとその隣で見守っている。作曲家は目の前の光景にたいへん感動した。もしかして、スワンは、美しくて純粋な女の子にのみ近づこうと考えているのかもしれない。都会に戻った作曲家は、女の子とスワンの物語をテーマに曲を作ったのだった。》

◈**解説：**同時通訳の授業を受けもつ筆者は、そもそも彼女のことを少しは知っていた。中学二年の頃に日本語能力試験一級に合格し、その後、上海市日本語通訳試験（中級）にも見事にパスした優等生であることを、同僚の先生から聞いていた。本人は、いかにも中学生らしい、さわやかな笑顔が絶えない女の子の印象。ギターを最初に投影したのは、休みの日に、たまに家で弾き語りするということからも推し量られる。物語を読んでいくと、なんだか、たいへん繊細で、かつ感受性の豊かな女性だと思えてくる。

6　漫画・想像的世界

【事例13】高校二年の女学生。

ＭＳＳＭ：クライエント「魔法の帽子」→セラピスト〈電気スタンド〉→クライエント「蝶々結び」→セラピスト〈ハンガー〉→クライエント「ほうき」。

◈**物語：**《今日は、魔法学院の卒業式の日だ。今日から、ニナちゃんがようやく一人前の魔法使いになる。彼女はタンスから、自分の好きな蝶々結びを取り出し、ハンガーにかけてある服を着て、魔法の帽子を被り、ほうきに乗って魔法学院の大ホールにやって来た。その時、ホールの中のすべての電気がついている。その入口あたりに、先生と生徒たちとが歓談している姿が見える。それは、最後の、お別

れの言葉なのかもしれない……。》

◈**解説**：「魔法の帽子」「蝶々結び」を描いたのも、さほど驚くことはない。漫画やアニメを見ることは、今時の中国の中高生たちにとって、当たり前なのである。

一方、筆者は、この「ほうき」に目を向けた。というのは、彼女は授業中でさえ、机の中の書籍やプリントを整理することが好きで、片づけないと気が済まないからだ。家では、いつも部屋を綺麗に片づけていることもあるという。作品を作った後、伝えてくれた個人の好みそのもの。魔法学院でのお別れシーンも、たいへん興味深い。つまり、やがて一年後の自分は、高校を卒業し、みんなとの別れの日がやって来ることも、もう意識しているのだろう。

【事例14】中学三年の女学生（写真5・口絵11）

MSSM：クライエント「サックス」→セ

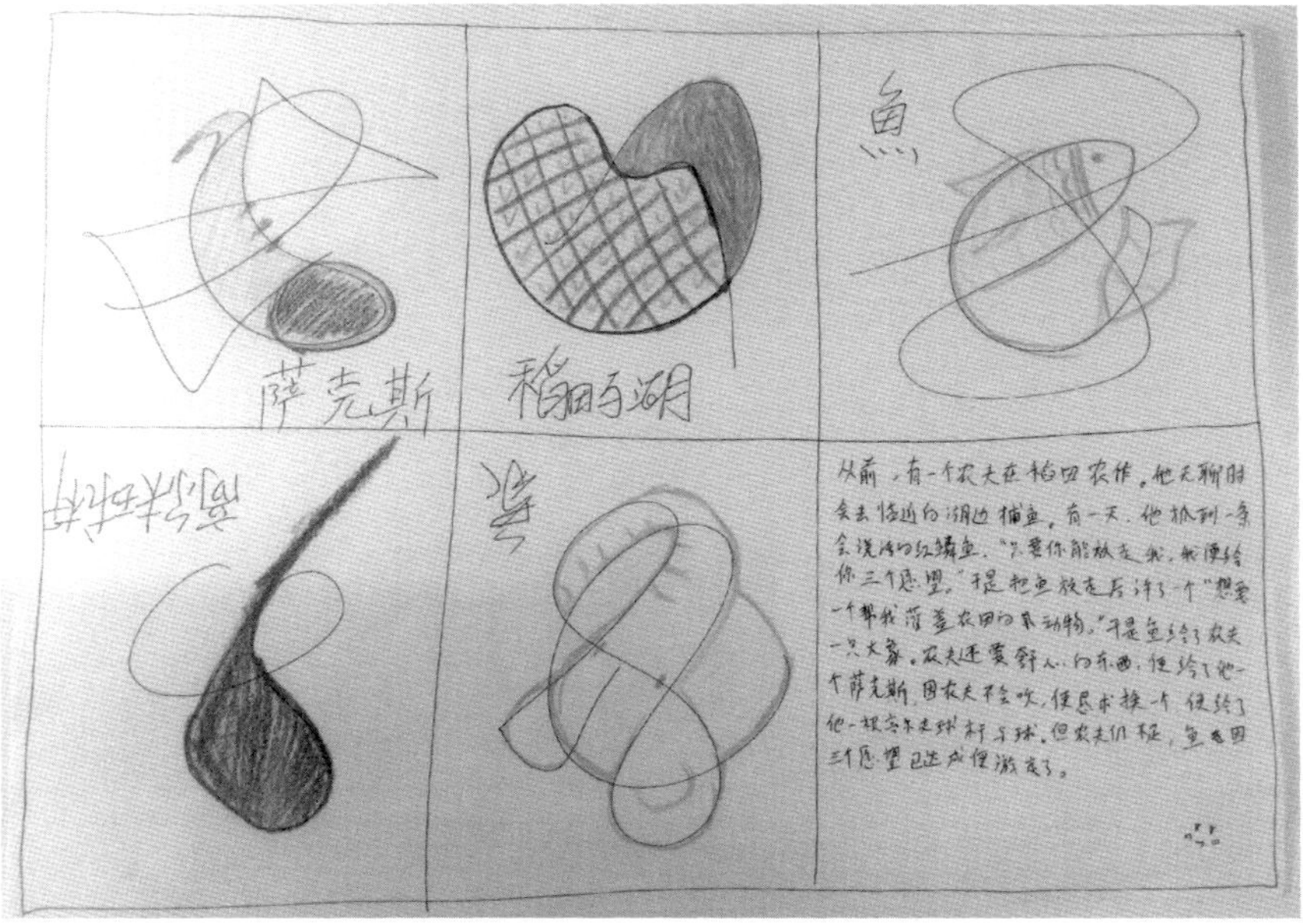

写真５

ラピスト〈田んぼと湖〉→クライエント「象」→セラピスト〈ゴルフパット〉→クライエント「魚」。

◈物語：《昔、あるお百姓さんが畑仕事をしていた。彼は、その仕事を退屈に思うたび、いつも近くの湖へ魚取りに出かけたりしている。ある日、その人は、会話のできる一匹の大きな魚を釣り上げた。「あなたが私を川に戻してくれるなら、三つの願いを叶えてあげるよ」と、その魚は言った。男は三つの願いを伝えた。一つ目は、「畑仕事にお手伝いのできる動物が欲しい」というものだった。すると、一匹の象が与えられた。次に、「こころを落ち着かせるものが欲しい」と言い、サックスが与えられた。残念ながら、彼には演奏ができないため、別のものに言い換え、今度はゴルフパットが与えられた。しかし、その男はなかなかその場から離れようとしない。会話のできる魚は、三つの願いを成就させたので、川に戻っていったのだった。》

◈解説：眼鏡をかけた彼女は、大変清楚な印象だった。筆者の指示にもよく耳に傾け、理解力は抜群で、色鉛筆の使い方もたいへん上手だった。農民の姿は、彼女の自己像とも思われ、妙な会話のできる魚は、母親像の投影であろうと考えられた。それは、のちに会話を交わしたところ、日頃、母親とよくコミュニケーションをとり、あれこれを母親に要求することが多いという。ややわがままな一面も見られるが、中国社会で今話題となっている、「一人っ子の特質のテーマ」とあわせて考えると、より興味深い。

5 ❖ おわりに

以上、筆者が今現在勤めている職場の公立学校で実践している「表現療法を用いた心理相談活動」の一部、とりわけMSSMを中心に紹介してきた。この活動は今でも続いているが、在校生たちの間では静かな反響を呼んでおり、「自由に遊べること」は、勉強に追われている彼らにとって、この上ない喜びを感じるひとときでもあった。一方、筆者は、彼らを静かに見守り、「ともに味わう」ことを常に念頭を置きながら進めている。

MSSMが創案されてから三十年以上が経過したが、日本では、その方法は、今なお臨床現場でよく使用され、診断的・治療的にもたいへん効果的であることは言うまでもない。その一方で、「遊びの要素」を大切にしながら、若者らのことをよりよく理解するために、彼らのこころを垣間見ることのできるメディアとしても、実はたいへんに適切な道具でもあると確信しているところである。

［注］

＊1 筆者はこれまで、『少年期の心』をはじめ、『芸術療法』『こころと精神のはざまで』など、数多くの山中論文・書物の中国語版への翻訳を手がけている。

＊2 例えば、蘇州での中国表达性心理治疗国际学术研讨会（国際表現療法学会。山中は国外会長二〇〇七、二〇〇九、二〇一一、二〇一三）、マカオでの第七届心理分析与中国文化国际论坛（第七回心理分析・中国文化国際フォーラム。山中は基調講演）での通訳などがある。

［文献］

1――山中康裕『少年期の心』中公新書、一九七八
2――山中康裕『心理臨床と表現療法』金剛出版、一九九九
3――山中康裕『こころと精神のはざまで』金剛出版、二〇〇五

穆論文へのコメント

山中康裕

1

日本に十五年以上留学・滞在し、現在、故郷の上海に戻って、現地で日本語教育が施されている公立学校に就職し、そこにおいて、このMSSMを用いて、現代中国の若い生徒たちと心的なコミュニケーションをとっている穆旭明《ムーシュイミン》君の本論文は、今・現在の、中国の若者の内的な心を赤裸々に捉えた好論文である。

文中に見られるように、穆君と筆者とは、ある偶然から相当初期に出会い、以後、彼の日本滞在中は、ずっと、私のあちこちでのレクチャーに出てくれて、私のしゃべる内容はもちろんのこと、そのしゃべり方、しゃべり口に至るまで、絶妙な中国語に置き換えられるような、とても得難い通訳となってくれて、ここ数年の、中国での私の国際学会や国内学会はもちろんのこと、ワークショップでの講演も、ほとんどすべて彼が通訳してくれた。彼が注で書いている通り、私の主だった書物の中国語訳もこなしてくれて、よって、私は、本当に幸せ者なのである。しかし、そうした個人的なことを書くのが、ここでの私の務めではない。

2

さて、穆君がこのMSSMの眼目を実にきちんと捉えてくれていることの証しが、この方法のもつ《遊び》の要素への注目であろう。そうなのだ。私がこの方法を案出したそもそもの目的の一つがこれなのだから。つまり、現代の日本人の、特に、われわれ心理臨床家や精神科医を訪ねてくる子どもたちに一番欠けているのが《遊び》なのであり（人は、すぐ反論するかもしれない。いや、彼らはゲームにはまっているぞ、と。しかし、よく考えられたい。ゲームはちっとも遊びではない。《遊び》とは、元来、すぐれて創造的なものであるのに、ゲームは、ただ隠された資本の論理に動かされ、もてあそばれているだけなのであり、「似非の遊び」に過ぎないのだ）、この欠落した真の《遊び》を、まず臨床場面において取り戻し、次いで、日常場面にそれを広げていく、というのが、この方法の隠れた意図である、と考えているので、本論文で、その原点をきちんと捉えてくれていることに気づき、とても嬉しかった。

3

さて、穆旭明君は、これまで経験した五十例を超える中から、十四例の事例を示し、六つのテーマを取り出して見せた。①今・現在の自分、②自己成長、③友人関係と都会暮らし、④感謝するこころ・優しさ、⑤憧れの旅、⑥漫画・想像的世界、の六つである。実に手際よいまとめ方だ。

現代の中国の若者が抱いている六つのテーマが端的に語られている。新聞やテレビなど、報道関係で伝えられる、大変に《皮相的で一方的な》中国像を、むしろ、《内面から》しっかりと捉えて、その《実像の一部》を見事に伝えている、と思うからだ。国としての、多少問題あると思われる姿勢も、こうして各個人の内面から捉えてみると、意外に現代の日本の若者らの実像とも重なってくることが知られよう。

ここに示された、彼の提出してくれた十四の事例は、本当に、いずれも優れた事例提示であり、まさに、「現今の中国の若者の心の中の現状が、手に取るように知られる」のである。こんなことは、きわめて珍しいのではあるまいか。これは、ＭＳＳＭの適切・的確な適用例であると同時に、《現代中国の若者の実状》を、掛け値なしに伝え得ており、そのことは、著者自身も書いているように、このＭＳＳＭが、単に医療現場での適用に限らず、教育現場においても適用可能な優れものであることを証明している、と言って過言でない。

13

中国での修士論文指導

中国の孤児院でのMSSMに関する調査報告

魏　易

1 ❖ はじめに

MSSMは、日本の山中康裕によって一九八二年に創案された心理療法の一つである。MSSMとは「交互ぐるぐる描き」と「物語制作」の二つの部分から構成され、その淵源としては、アメリカの精神分析学者ナウンバーグの「スクリブル」と、イギリスの小児科医で、のちに精神科医・心理臨床家となったウィニコットの「スクイッグル」が挙げられる。

写真１　「第７回心理分析・中国文化国際フォーラム」（2015年　マカオ）にて

筆者が、MSSMがたいへん優れた臨床治療法であることを知ったのは、それに関するいくつかの論文を読むことからであった。嬉しいことに、修士課程の指導教員であり、中国初のユング派分析家である申荷永（Shen He Yong）教授は、この技法の創案者である山中康裕教授と親交が深く、そのため、幸運にも、山中先生にじかに学ばせていただく、という貴重な機会にも恵まれることとなった（写真１）。それは、昨年（二〇一五年）、中国のマカオにて開催された「第七回心理分析・中国文化国際フォーラム」のときのことだった。「修士論文は先生の創案されたMSSMについて書きたい」とお伝えしたところ、山中先生はたいへん喜ばれ、さっそく大会会場の控え室でMSSMを実践しながらの指導をして下さった。自由に想像力を働かせ、楽しく描きながら作品を完成でき、実践することを通して、MSSMについての理解を深められたことが、なにより印象深かった。

さて、ここでは、筆者が中国の孤児院の児童を対象に行ったMSSMの調査結果を報告したい。そもそも、その調査の目的は、MSSMの中国の児童への適応性を確かめること、および、「心理健康教育の手段」としての可能性と、その技法の「中国化する過程」を探ってみることであった。

2 ❖ 実施概要と分析方法

研究対象として、筆者は中国の孤児院の児童六名を選び出し、それぞれの児童の「状況の均等性」を最大限に考慮した。ただし、以下には、そのうちの四名を抄出した。

事前に用意するものは、八つ切り大の画用紙、黒色のサインペン、十二色または二十四色のクレヨンである。

MSSM作品を分析する方法は以下のようにした。

（1）形式分析：①コマの分け方、②クライエントとセラピストの描く順番、③線の描き方、④投影する方法、⑤物語を作る方法、⑥イメージおよび言語的コミュニケーションのあり方、⑦作品を完成するまでの所要時間

（2）内容分析：①投影したもの、②物語の内容、③描かれた項目とその物語の総合的理解

3 ❖ 調査児童のプロフィール（四名）

事例1：男、十歳。生年月日は二〇〇五年十一月二十四日、入院年は二〇〇六年、胸の骨や手が奇形。

事例2：男、十一歳。生年月日は二〇〇五年四月六日、入院年は二〇一二年、外性器が奇形。

事例3：男、十三歳。生年月日は二〇〇三年二月十三日、入院年は二〇〇三年、精神的発達が遅れている。

事例4：男、十三歳。生年月日は二〇〇二年八月二十三日、入院年は二〇〇二年、骨の発達が遅れている（歩けない）。

4 ❖ 事例提示

（以下、「 」内はクライエント、〈 〉内はセラピストが投影したものを示す。）

1 事例1

第一回MSSM：クライエント「劉先生（担任）」「宇宙で一番変態なやつ」「青い顔をしている女」、セラピスト〈靴下〉〈妖精の草〉〈山水石〉。

◈物語：《一足の靴下が、劉先生になり、妖精の草になり、宇宙で一番変態なやつになり、山水石になり、青い顔をしている女になった。》

第二回MSSM：クライエント「牛」「地球上の妖精」「お化け屋敷」「さくらんぼ」、セラピスト〈パイナップル〉〈男の子〉〈大人〉〈りんご〉。

◈物語：《ある男の子が、さくらんぼを取り、牛を飼い、お化け屋敷から出てきた。のちに、大人になった彼は、また、お化け屋敷へ遊びに出かけた。そして、さくらんぼとりんごとパイナップルを持って、おばあちゃんのところに行った。地球上の妖精をペットとして、おばあちゃんに送ってあげた。》

第三回MSSM：クライエント「カラフルな犬」「美女」「虎の骨」、セラピスト〈畑の中の警察ロボット〉〈海藻〉〈ブドウ〉。

◈物語：《一匹のカラフルな犬が、畑の中で警察の姿を目にしたが、それがまさか、ロボットだとは思いもしなかった。そして、（犬が）美女に「海藻はどこにありますか」と尋ねた。すると、「海の中にあるから、あなたには行けないわ」という返事をもらった。仕方なく、犬はブドウ園に行き、美味しそうな虎の骨を見つけて、それを食べた。》

第四回MSSM：クライエント「毒のあるクラゲ」「未来の国」「ボクシングの試合」「田んぼ」、セラピスト〈飛んでいるラブレター〉〈心臓〉〈蛇・キツネと鳥〉〈バナナの皮と石〉。

◈物語：《海のお化けは、クラゲに、ラブレターをバナナの皮に隠すように言った。鳥はそれを取っていき、キツネにあげ、キツネの心臓に入れ込んだ。ある女の子が、心臓を未来に持ち込んで、未知のドアに入った。「赤」と「紫」がケンカしているのを目にし、尋ねたところ、「ボクシングの試合をしている」という。おじいさんが畑仕事をしている姿も見かけた。》

第五回MSSM：クライエント「蓮の葉っぱ」「ほら貝」「ネズミを捕まえた猫」「猿」、セラピスト〈カニ〉〈カンガルー〉〈揺りかごで眠っている人〉〈夕陽をあびている海辺の白鳥〉。

◈物語：《ほら貝が、夕陽の下にいる白鳥を探しにいった。カニに「白鳥はなぜ、ずっと仕事をしつづけているのか」と尋ねた。川に沿って、蓮の葉っぱを目にし、また、揺りかごで眠っている人が、カンガルーに「ネズミを捕まえた猫はどこにいるか」と質問する場面も見た。「猿に聞きなさい」という返事が返ってきた。》

第六回MSSM：クライエント「色を変えられる人」「横になっている犬」「ラッパを盗んだ火の妖怪」、セラピスト〈海辺で砂遊びをしているスコップ〉〈金魚〉〈髪の毛のない人〉〈ヘリコプター〉。

◈物語：《昔々、一匹の子犬が横になっていた。ある髪の毛のない人が来て、その子犬は連れだされた。途中で、金魚を発見した。その金魚はハゲを攻撃し、色を変えられる人が金魚を攻撃し、食べ尽くした。やがて、火の妖怪になった。その妖怪は飛行機に乗って、幼い頃のおもちゃだったスコップやラッパを探しにいった。結局、見つけられなかったため、すべてを燃やしてしまおう、と考えた。》

■考察

（1）形式分析

①**コマの分け方：**一回目のみ、セラピストが画用紙に六コマを仕切ったが、その他のすべてはクライエント自身がした。数から言えば、六～九コマ、直線で三角形を成す場合が多く見られた。セラピストと長く遊ぼうとし、興味津津にやっていた印象がある。

②**クライエントとセラピストの描く順番：**じゃんけんで決めた。最後のコマを決める際には、「クライエントが黒ペンでスクイッグルし、投影しなければ終われない」という事態がよく発生したため、したが

って、物語を画用紙の裏面に書く場合もあった。

③**線の描き方：**スピードが速く、しかも複雑な線を描く場合が多い。わざとセラピストを困らせることがある。線が比較的細かく、密集している。

④**投影する方法：**セラピストが自由にスクイッグルした後、クライエントはほとんどイメージする時間もなしに、ただちに描きはじめる（三十秒〜一分以内）。「描けない」ことはなかった。はじめの頃は、投影したものを頻繁に変えることがあった。つまり、「これは○○だ」と言ったとたん、すぐに違うものを言い出したり、あるいは色を塗った後に、そうしたこともある。きめ細かく色彩をするタイプではない。「軽く塗って終わる」という感じ。

⑤**物語を作る方法：**クライエントは、いとも簡単そうに、ただちに物語を作ってくれる。そのせいか、もう一回尋ねてみると、また違った物語が出てくるときがある。物語そのものが短く、言葉は簡潔明瞭で、時には、物事を単純に羅列しただけといった印象も受けた。

⑥**イメージおよび言語的コミュニケーションのあり方：**クライエントは作品を描きながら笑い出し、床に転んでしまうほどゲラゲラと笑う場合さえあった。たいへんに活発的な子なので、描いたもののイメージについては、述べることが少ない。こちらから聞いても、曖昧で漠然としたものが多い。

⑦**所要時間：**進行時間がきわめて早く、大体三十〜四十分で終わる。

（2）内容分析

①**投影したもの：**自ら想像したものが多い。色で表す場合が多く、細かく作業することはない。動物を描くときでも、顔を描く場合は少ない。

②**物語の内容：**一人の主人公を設定し、物語を展開させることが多い。その中でも、「会話の部分」がよ

く見られる。

③描かれた項目とその物語の総合的理解：クライエントが投影したもののうち、何回かは地球上の生き物でなかったことに驚いた。「この子は施設を好いてはいない」というまわりの教師の言葉に呼応するかのように、逆に、外の世界を好むことが推測できる。最初の頃は、逆転移なのか、セラピストを試したいのか、セラピストを困らせるものをよく描いた（例えば、生殖器、女性の下着）。このクライエントは孤児で、物語の中に、おじいさん、おばあさんが登場してくることがあり、セラピストのことを「ママ」と呼んだこともあった。

2　事例2

第一回ＭＳＳＭ：クライエント「土のついている毒キノコ」「凧」「赤い色の牛」、セラピスト〈西瓜型の傘〉〈走っている人〉〈夜の星〉。

◈物語：《ある人は凧を揚げ、牛を見た。雨が降り、ある人は、西瓜型の傘を出し、夜の星を見た。走っている人は、毒キノコを食べた。》

第二回ＭＳＳＭ：クライエント「傘」「Ａ（事例1の名）は友達と走っている」「Ａは花を見ている」、セラピスト〈樹〉〈池〉〈竹トンボ〉。

◈物語：《Ａは友達と走っていて、そして、手を洗いにいく。雨が降り、池に飛び込んで水遊びをした。雨がやみ、花を見にいき、太陽が出ていることに気がついた。竹トンボでも遊んだ。》

第三回ＭＳＳＭ：クライエント「Ａ（事例1の名）」「花」「家」、セラピスト〈水の中の象〉〈キツネ〉〈イルカ〉。

◈物語：《象はシャワーを浴びる。Aは花を見て、洞窟の入口にキツネを見た。そして家に帰って寝た。起きたら、海の中にいるイルカを見た。》

第四回MSSM：クライエント「B（事例4の名）は山の上で花見をし、Bは山に登ってひまわりを見る」、セラピスト〈ひまわり〉〈卵〉〈魚を食べようとする猫〉（写真2）。

◈物語：《ある日、Bは頂上で花見をした。やがて、太陽が出てきて、彼はひまわりを見つけた。山から下りて帰ったら、卵を食べた。また山に登り、ひまわりを見た。（別の山は）太陽の光が強く、猫が魚を食べようとしているのも見た。》

第五回MSSM：クライエント「変な木と花のある森」「翼のある、泣いている犬」、セラピスト〈ブドウ味のあめ、片手の手袋〉。

◈物語：《私は今日、片手の手袋をもらった。それをつけて、変な木と花のある森に来た。大好きなブドウ味のあめを食

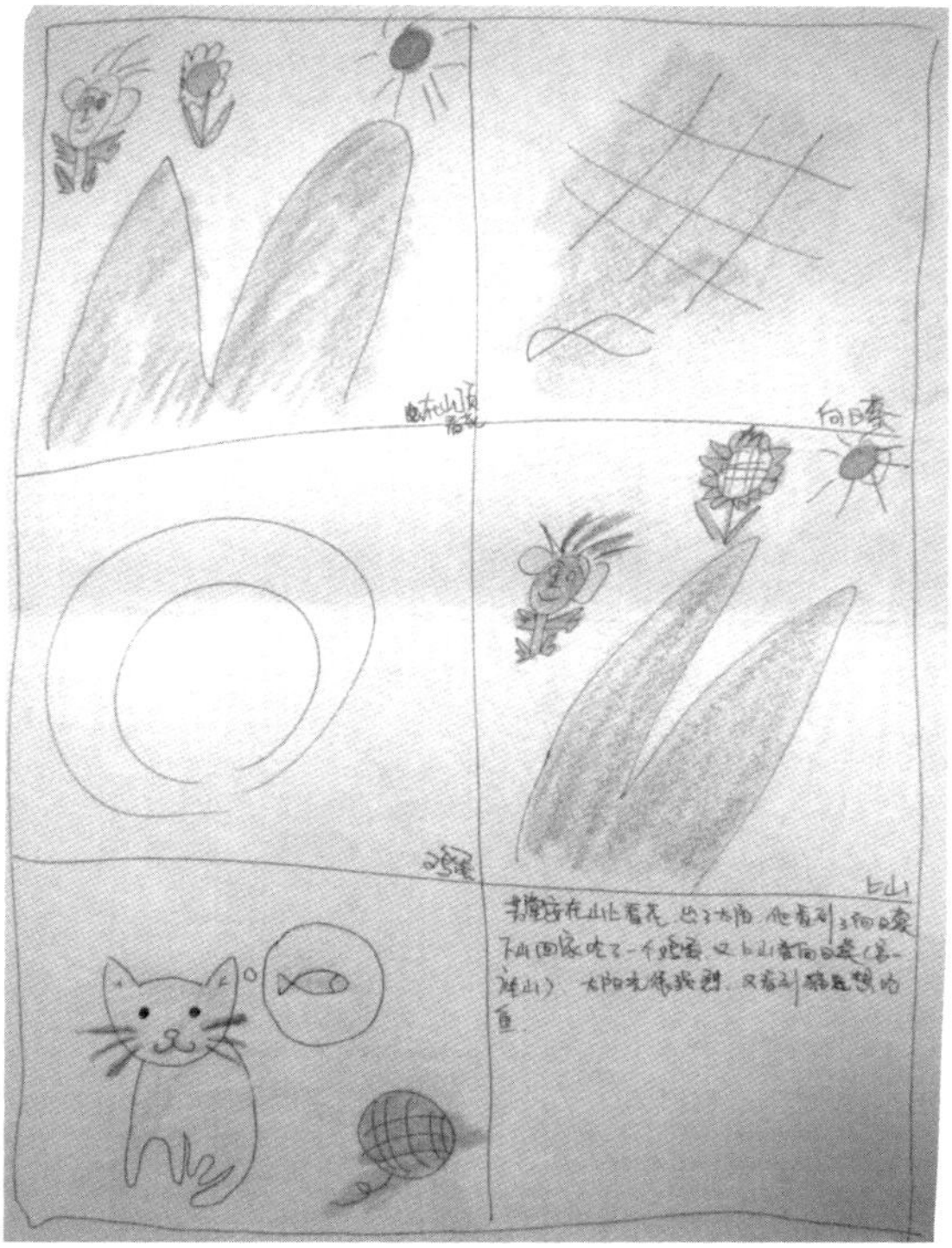

写真２

べ、翼のある犬を見た。しかしながら、その犬が骨を食べようとしているから、（残念そうに）泣いた。》

■ **考察**

（1）形式分析

①**コマの分け方：**ほぼ毎回、画用紙をまったく同形のコマ六つに仕切る。
②**クライエントとセラピストの描く順番：**じゃんけんで決めた。
③**線の描き方：**最初の何回かは、ほぼ同じ人、花、同じ形の太陽、傘、家などを描く。クライエントは一つのモデルを決めたら、その型から離れない傾向が見られる。
④**投影する方法：**投影できない場合はない。色彩する際にはきめ細かく、セラピストが何かを言うと、作品を修正し、その通りに描いてくれる。
⑤**物語を作る方法：**物語の中には必ず主人公が存在する。したがって、その主人公をめぐって、物語が展開する場合が多い。
⑥**イメージおよび言語的コミュニケーションのあり方：**物語の主人公の名前を尋ねると、いつも友達の名前だった。しかし、とうとう最終的には、第五回のＭＳＳＭで、自分自身を主人公に物語を展開した。
⑦**所要時間：**三十分前後

（2）内容分析

①**投影したもの：**身近なもの、場面が多い。
②**物語の内容：**子どもが外出して遊ぶことを語ることが多い。物語自体は短い。
③**描かれた項目とその物語の総合的理解：**クライエント自身は体型が小さく、体が不自由な子だった。ゆ

えに、描いた人物にしても、体は二本の細い線で成されていて、手足が同じ形なのが特徴的。こちらから「その人はあなたなの」と聞くと、いつも他の人の名前を言う。おそらく、障害のことで、ややコンプレックスを抱えているのではないかと考えられる。

3　事例3

第一回MSSM：クライエント「宇宙の中の国旗」「五行」、セラピスト〈帽子〉〈クリスマスツリーに飾る星〉〈水を節約する〉。

◈物語：《（困っている様子）それぞれのコマに描かれているものの意味だけを説明してくれた。一つの物語になるようにと誘導したが、彼にとっては、とても難しそうだった。彼は自分の考えを、次のように語ってくれた。

古代↓五行↓文明↓魔法

水↓雨↓水↓地球を守る↓人々が楽しい

帽子↓草原

クリスマス↓プレゼント↓楽しい（星）〔中国語の発音がよく似ていることからの連想か〕

サンタさんがプレゼントを贈ってくれた。それは帽子で、宇宙の中の国旗が見える。》

第二回MSSM：クライエント「ワニが肉を食べている」「戦車」「魚の煮つけ」「カタツムリ」、セラピスト〈銃のおもちゃ〉〈ナイフを持つ人〉〈孵化した鳥の卵〉〈革靴〉〈ペンギン〉。

◈物語：《ナイフを持つ人が道を歩いていると、戦車を目にした。また、鷹が孵化した鳥の卵を捕まえているのを見た。彼はナイフを持ち、鷹を追いかけた。川辺で一匹の魚を釣り、魚の煮つけを作り、カバンに入れた。途中で一足の革靴を目にし、それを拾ってカバンに入れた。しばらくすると、カタツムリは木に登り、ペンギンを見た。カバンの中の魚を投げた。道中で銃のおもちゃを拾い、カバンに入れた。川の水を飲もうとし、ついワニに噛まれてしまい、死にそうになった。》

第三回MSSM：クライエント「爆発しそうな頭をしている女性の妖怪」「妖怪の傷口と血」、セラピスト〈孫悟空と五指山〉〈孫悟空は三蔵法師に救われ、女の妖怪に会い、師弟二人が旅に出た〉。

◈物語：《五百年前に五指山の下敷きになっていた孫悟空が、やっと自由になれた。三蔵法師という人に救われたからだ。二人は長い旅に出た。道中で爆発しそうな頭をしている女の妖怪に出会い、孫悟空は手持ちの金の棒を使い、妖怪を攻撃し、そいつの頭に血が流れた。旅が再び始まり、川岸に着くと、ふっと白龍が現れ、馬を食べた後、その姿を消した。》

■考察

（1）形式分析

①コマの分け方：ほぼ毎回、画用紙を同じ方法で同じ形のコマ六つに仕切る。

②クライエントとセラピストの描く順番：じゃんけんで順番を決める。こちらの様子をうかがいながら行動してくれる。

③線の描き方：形の決まった図形や実物が多い。セラピストがスクイッグルをする際に、彼は、すでになんらかの図形を想定していると予測できる。線そのものはペンで軽く描き、図形そのものは幾何学的で、生き生きとした感じがない。

④投影する方法：投影できないことはない。ただし、考える時間がやや長く、彩色する際には、非常に丁

寧に行ったため、それなりに時間を費やした（一コマに五〜十分が必要）。

⑤物語を作る方法：物語はよく作るが、会話のやりとりはしたがらない。真剣に考える様子は見受けられるが、時には「思いつかない」こともあった。たとえ、各コマのそれぞれの項目を簡単につないでいくにしても、物語を作れないときもある。時に、セラピストの誘導が必要な子だった。

⑥イメージおよび言語的コミュニケーションのあり方：描いたものについてのイメージはできるし、話せる。しかしながら、言語的コミュニケーションは活発ではない。しかし、だんだんと、徐々に話せるようになった。

⑦所要時間：五十分前後

（2）内容分析

①投影したもの：投影したものは、リアルなものが多い。時には細かい部分を気にするようだった。攻撃性を表現する場面がしょっちゅうある。

②物語の内容：攻撃的なシーンがよく出てくる。

③描かれた項目とその物語の総合的理解：最初は描けず、物語も作れなかった。だんだんとＭＳＳＭを楽しみ、セラピストとしゃべるようになった。ホラーが大好きで、作品の中に攻撃的なシーンが多く見られるのは、それに起因するのかもしれない。

4　事例4

第一回ＭＳＳＭ：クライエント「山」「草の生えている石」「殻を破れかけている卵」、セラピスト〈犬〉〈熊の手〉〈恐竜〉。

◈**物語**：《山の上に水があり、犬がいる。石、熊の足跡があり、恐竜もいる。恐竜が卵を産み、その中から鶏が生まれてきた。》

第二回ＭＳＳＭ：クライエント「傷ついた拳」「井戸とバケツ」「蝶の羽がついている靴」「船」、セラピスト〈カモメと夕日〉〈ロケットが空に飛ぶ〉〈ペンギンの妖精〉〈鉢植え〉。

◈**物語**：《ペンギンの妖精がボクシングをしているとき、怪我をしてしまった。きれいな蝶の羽がついた靴を履いて、船に乗ったが、思わずバケツを水中に落としてしまい、それをひっかけようとした。船の上で綺麗な鉢植えを目にし、また、夕日の中のカモメを見て、たいへん嬉しく思った。夜になると、ロケットに乗って宇宙に行った。》

第三回ＭＳＳＭ：クライエント「蛇・石とお

写真３

たまじゃくし」「海藻と石」「ほら貝四つ」、セラピスト〈水中のバイオリニスト・エビ〉〈千年生きてきた海亀〉〈海で一番綺麗な魚〉〈海で一番大きな魚（鯨）〉（写真3・口絵12）。

◈**物語：**《エビがとても嬉しそうにバイオリンを弾いている。蛇とおたまじゃくしはバイオリンの音を聞いてとても嬉しくなり、誰が一番速いか、勝負したくなった。そして海亀に出会った。亀は泳ぐのが遅い。また、海藻と石にも出会い、きれいな魚が泡を吐いているのを見かけた。その後、ほら貝と出会ったが、とても綺麗だった。一番大きな魚を見て、その魚の目と口がとても大きく、怖く感じた。「怖がらなくていいぞ。僕はいい魚だから、君たちの友達だよ」と、鯨が言った。すると、みんなは一緒に遊ぶことになった。》

■**考察**

(1) 形式分析

①**コマの分け方：**仕切るコマ数は六〜九つで、分ける方法は規則正しい。

②**クライエントとセラピストの描く順番：**最初はセラピストを真似していたが、のちにじゃんけんで決めた。

③**線の描き方：**直線もしくは鋭角のスクイッグルが多い。

④**投影する方法：**最初の頃は、一つのコマの中に多くのものを投影したが、のちに、一つのものに集中したようだ。

⑤**物語を作る方法：**セラピストの誘導に基づいて、真剣に物語を考える。

⑥**イメージおよび言語的コミュニケーションのあり方：**常にセラピストに「汚い絵ではないですか」とか「下手ですか」と尋ねる。セラピストは「いいえ、とても素晴らしい絵よ」と答えた。

⑦所要時間：大体四十分前後

（2）内容分析

①投影したもの：作品の中には、人は存在しない。

②物語の内容：よく凶悪な動物が現れてきて、「食う・食われる関係」といった緊張感を感じる。ところが、物語の最後には、いつも主人公に、その動物は優しいと伝えている。みんなと一緒に遊び、明るい希望、または救いが伝えられる内容となることが多い。

③描かれた項目とその物語の総合的理解：作品そのものはクライエント自身の体の不自由さと深く関わっている。人を投影することが少ないのは、それに起因するのかもしれない。

5 ❖ 全体的考察

1 各項目の考察

（1）形式分析

①コマの分け方

ＭＳＳＭに関する論文を読んだところ、毎回、画用紙を同じ六つのコマに仕切ることが多いように思う。すると、各コマはほぼ同じ正方形の形を成すことになり、「形を整えた美しさ」という印象をもつ。また、四つあるいは八つといった偶数にする場合もある。

山中（一九九三）によると、「ある人は、新聞の四コマ漫画のように描く。少年少女たちは漫画の影響を受ける場合が多く、ダイナミックなコマを描く場合も少なくない」という。筆者はかつて、大学院生を対象にＭＳＳＭを実践したことがあるが、その結果、単純に形の同じ正方形のコマを仕切るケースは、確かに非常に少ない。斜線や曲線を書いたり、また、丹念に分けたりする若者も存在した。したがって、ダイナミックにコマを仕切ること自体、創造的な活動と言えるのかもしれない。そして、そのコマの中でクライエントに自由に表現してもらうことこそが、ＭＳＳＭの優れているところだと筆者は考えている。

②クライエントとセラピストの描く順番

これは、クライエントとセラピストの関係性によるものと思われる。両者の間で穏やかな関係を築く、と言いながらも、ある程度の距離感も忘れることはできない。クライエント自身は、セラピストと言語的コミュニケーションをとろうとする段階になると、その描く順番を変える場面も出てくるだろう。つまり、治療関係の変化により、描く順番が変わるという意味なのだ。

③線の描き方

なにより、セラピストはクライエントの描いた線に注目しなければならない。なぜなら、その線は、クライエントの心底がどのようなものか、どういう心境なのかを物語っている場合が多いからだ。したがって、こうした着目点もたいへん重要だと言える。

④投影する方法

クライエントが投影できない場合がある。確かに「好きではない」「うまくできない」というクライエントは存在するが、しかしながら、筆者の今回の調査では、「投影を嫌って抵抗を示す」クライエントはいなかった。また、投影したものから、そのクライエントの他の側面を垣間見ることができる点については、改めて強調する必要があると思われる。

⑤物語を作る方法

ＭＳＳＭを活用することの意味、それには、プラスの面とマイナスの面の両方があることを強調しておきたい。つまり、「共に絵を描き、物語を作ることで、セラピストとクライエントは一定の関係を築くことができた」というプラス効果と、「ＭＳＳＭを実施することで、関係が疎遠になってしまった」といったマイナス効果もあると思われる。

⑥イメージおよび言語的コミュニケーションのあり方

絵を描くことや物語を作ることで、クライエントの無意識の次元でこころが動いている。もちろん、作品や物語そのものについてクライエントの前で語ることはしないが、しかしながら、そうした非言語的コミュニケーション自体から、クライエント自身も、こころの動きを感じるはずだろう。

⑦作品を完成するまでの所要時間

クライエントによって、所要時間はそれぞれに異なる。ある意味、それはクライエントの個性の表れとも言える。毎回毎回、かかる時間はほぼ固定され、しかも症状の向上や治療の積極性などの原因に影響を受けないのが、たいへん興味深い。おそらく、所要時間はクライエントの性格と深く関わっているのかもしれない。

（2）内容分析

①投影したもの

セラピストは投影された項目を「病理的表現」の証として見るのではない。物語の中でクライエントがどのようにしてその項目を展開させているかを読むことで、クライエント理解をどのように深めていくのかについて、細かく考えなければならない。と同時に、物語を語る際に、新たなものが出てくる可能性がある。セラピストはそれらに注目し、よく理解しておく必要がある。

②物語の内容

物語そのものは、たとえ、パターンや構成が同じであっても、その細かい部分、また、言葉の表現など、人に違う印象を与えてしまう可能性があるので、そこにはさらに注意が必要である。

③描かれた項目とその物語の総合的理解

物語のパターンや構成は、決して頻繁に変わることはない。登場人物や出てくる物は同じ場合が多い。しかしながら、セラピストは、クライエントの物語に登場してくる人物間の関係や、微妙な感情表現に関する対応の仕方について、十分に目を向ける必要がある。そこから、クライエント自身のこころの変化の表れではないか、というふうに思考することが求められる。

6 ❖ おわりに

本稿は、筆者が中国の孤児院において、子どもたちを対象にＭＳＳＭを実施し、その調査結果を報告したものである。

ＭＳＳＭの使い方にしろ、その有効性にしろ、あるいは、クライエントからの人気から見ても、実践調査を通して、たいへん優れたものだと改めて実感した。

今後、筆者は引き続きＭＳＳＭを使い、この技法の「中国化する過程」に向けて実践活動を行いたいと考えている。また、一つのケースを長期的に見て、いわゆる「横断的な研究」もしてみたいと思う。

謝辞

本稿は、筆者が澳門城市大学（City University of Macau）に提出した修士論文「交替涂鸦故事法（ＭＳＳＭ法）及其应用——以孤儿院为例（Mutual Scribble Story Making (MSSM) and its application: Using orphanage as an example）」から抜粋したものである。本稿の日本語訳は、穆旭明氏によってなされた。心から感謝の意を表したい。

〔文献〕

1——山中康裕「コラージュ療法の発展的利用——ＭＳＳＭ＋Ｃ療法の紹介」〔森谷寛之他編〕『コラージュ療法入門』創元社、一二三〜一三五頁、一九九三

魏論文へのコメント

山中康裕

1

中国の大学院生、魏易《ウエイイー》さんの論文のコメントに早速取りかかろう。

現地（マカオ）では、時間的制約から、たった三日間しか修論指導ができなかったが、ここに提出された修士論文の抜粋を読むかぎり、なかなかよく考察されていて、とても感心した。

私は、すでに、ここ十年くらい、たびたび中国に出かけて、ことに、蘇州大学における国際表現療法学会（中国語表記は「表达性心理治疗国际学术研讨会（表達性心理治療国際学術検討会）」で、私は二人の会長のうちの外方会長、つまり、国外会長である）において、常時、四百名を超す、向こうの学生や院生たちに接してきているが、この数年、特に、この三年に関する限りは、中国の学生や院生の質は、格段に良くなってきている印象がある。特に、日本の心理臨床学雑誌などにみる、ここ数年の論文の形式や書き方は向上したかもしれないが、肝心の内容の質的低下と比して、その感が強い。

魏易さんの個人的資質によることはもちろんだが、MSSMのもつ方法論的な良さも、この論文の良さに関与しているに違いないと思ったことであった。つまり、この方法は、難しい媒体を経ずして、容易にクライエントの無意識を導き出し、しかも、この方法が隠し味としてもっている《遊び》の要素が発現してくると、自ずから自然治療的な威力を発揮しはじめるのである。

2

魏易さんの論文において、とてもいいなと思ったことは、まず、形式分析と内容分析をきっちりと分けて考察していることである。おそらくこの部分は、指導教官の申荷永先生のご指導があったに違いないと思うが、それでも、きちんとそれを遂行し、魏さんなりの着眼も随所に見られ、とても好ましい。

しかも、最も感心した部分は、この方法が、ただ良い方向に向かわせるとは限らず、悪い方向に向かうこともある、という点の指摘である。その通りなのだ。物理学の世界では常識であるが、ある《作用》があれば、必ず《反作用》があるものであり、必ずしもポジティブな方向性をとるとは限らず、時にはネガティブな方向をとる可能性もある、というのは、実は真実なのである。

ただし、本稿では、その理由や、それが起こった場合の対処方法については語られていない。当然である。まだ治療経験のない院生の魏易さんにそれを要求するのは酷であるので、この機会に、以下に、その答えを述べておこう。

3

魏易さんが対象としたような、多くのネガティブなハンディキャップをもつ対象児に施行した際、往々にして、ネガティブな反応が前面に出てくることがあるのは当然である。それは、彼らの今までの対他関係において見られた状況への転移－逆転移そのものなのであって、まず、こうしたネガティブなものが出てくることが多い、というのは臨床的事実なのである。

しかし、そこでひるまず・あきらめず、ひたすらポジティブな対応をとっていくと、本稿でのいくつかの事例でも見られたように、だんだんと良い方向に変容していくものなのだ。それをこそ、治療過程・治癒過程というのである。

その意味でも、本報告が、単なる通り一遍の報告ではなく、まさに、事実に即した報告であることを知らしめるのである。その意味でも、とても優れた報告だ、と評したのである。

4

本報告は、私の海外における初めての修論指導による報告である。こうした、きわめて異例な機会を与えてくださったのは、本報告の魏易さんの指導教官で、中国最初のユング派分析家で、広州師範大学および澳門城市大学・大学院教授である申荷永教授のお許らいによる。氏は、二〇一五年にマカオで行われた第七回心理分析・中国文化国際フォーラムの際に、別時間を設けて、ワークショップとこの修論指導の時間を作ってくださった。ここに深謝したい。また、本報告の翻訳を担当してくれた、穆旭明君の陰のご努力にも、感謝したい。

MSSM覚え書き

山中康裕

1 ❖ MSSMの発案のいきさつ

私がMSSMを考案するに至ったのは、深い思索や遠望深慮があってのことではない。ただし、命名には比較的拘わる方なので、MSSMを「Mutual Scribble Story Making」として、ScribbleをSquiggleとしなかったのには、きちんとした理由がある。[*1]

それは、ウィニコットのスクイッグルは、元来すでにmutualな方法で、それ自体が完結した方法だからであり、私がわざわざ「mutual Scribble」としたのは、スクリブルが、ナウンバーグが発案した、「絵の嫌いな子にも抵抗なしに絵画に開かれる」優れた方法であることからである。ウィニコットの、それ自体とても優れたオリジナルの「独自の遊びの方法：スクイッグル」とは違い、ナウンバーグの方法の優れた点は、絵を描く前に《ぐるぐるのスクリブルを描いて、抵抗をなくす》という点にあるので、mutual Scribbleとしたのだった。私のオリジナルなところは、それにstory makingを加えた点、つまり、《物語を作る》という点にあるのだ。

ただし、この方法を、ウィニコットの原法と違って、一枚の画用紙にまとめてしまったことについては、すでに本書でも少し触れたが、以下のごとき事情があった。それは、聞いた人があきれるであろうような、他愛もないことである。それは、私が面倒くさがりで、「整理がまったくダメ」という理由に関わったことがらなのだ。一九八〇年代前半のことだから、もう三十五年も昔のことになる。ウィニコットのスクイッグルというのを、中井久夫先生を通して知ったのであったが、私の当時の精神科外来には、一日に四十人前後の患者さんが来ておられた。その中に、子どもたちが五、六人まじっていた。その中で、ウィニコットのスクイッグルを行う人が二、三人はいたが、製薬会社のプロパーさんが机上に置いていくメモ用紙の束が常時あったので、それを用いてこの方法を行っていたのである。ウィニコットは、一度のものに五～六往復、時には十往復もしていたので、一日で、十～三十枚ものぐるぐる描きが集まることになる。人は、私の書いた論文や、講演などのしゃべり口から、どういうわけか、整理がきちんとできる、几帳面なきっちりした人だとの印象をもたれるらしいのだが、その実は、まったくの「整理ダメ男」で、瞬く間に百枚を超すメモ用紙が集まると、どれが誰のもので、描いた順番がどうなっているか、など、すっかり分からなくなるのが常だった。それで、一枚の画用紙をいくつかにコマ取りする、という方法は、いとも簡単に思いついた。これなら描いたのが同一人物であることは間違いなく、一枚ものなら、どの順番に描いていったか、なども容易に思い出せた。

そうしていくうちに、これら投影されたイメージを「おはなし」にする、ということに思い至るのには、さして時間はかからなかった。

これを論文にして、市井に問うに至って、「無意識裡に投影した各々のイメージを、意識の糸でつなぎとめて、一つの物語にする」というふうにまとめたのだったが、この物言いに賛否両論が起こってきたのである。「無意識裡に出てきた各イメージを、意識の糸でつなぐなんて、まったく天才的発想」と、べたぼめする人があるかと思えば（例えば、小野けい子さんとか）、反対派の人は、「せっかく無意識の流れを作り出しておきながら、再び意識を持ち出してしまい、無意識の流れが塞き止められてしまう」（例えば、河合俊雄君とか）という人もいた。天才的か否かは置くとしても、両論とも納得できる議論ではあり、とてもありがたかったが、私には、とにかく整理が簡単になったことが、ずいぶんと大きかったのである。今では、この方法は、『心理臨床大事典』（培風館）にすら載っている、いわば古典でもあり、本書の編者の一人、細川佳博君の発案で、この「覚え書き」という章が出来たので、ここに、二、三、思いつくことどもを書いておくことにしたい。

2 ❖ MSSM＋Cへの道

MSSMから、MSSM＋Cに至るのは、実はとても簡単なことだった。というより、その発見の栄誉の一部は、実は、当のクライエントの少年が受けるべきものなのである。先のMSSMを始めたのが、確か一九八二年頃で、発表したのは一九八四年が最初（佐治守夫先生らの編集になる『ノイローゼ　第2版』有斐閣）だった。以来、ずっと、MSSMを十年近くやっていたのであるが、たまたま、一九九〇年に、外来で会っていたある小学五年生の少年が、せっかくスクリブルに投影して描き出したオブジェが、どうも彼の思い通りにいかなかったようで、急に、両手で絵を覆って、「見ちゃダメ！」と大声で言い出したのである。でも、手を離せば、当然見えてしまうので、とっさに私は、部屋にかけてあったカレンダーを破って、その写真を彼の隠しているコマの大きさに切り、それをのりで貼ったのだった。

たまたま、そのカレンダーの図柄が、確か「ヨット」か何かで、すごく格好よく見えて、彼は、「このヨット、僕の絵の代わりにする！」と叫んだのである。つまり、「コラージュを加えて完成させる」という「新法」というか、「変法」というか、の第一号がこれであった。その際、私は、この方法に「MS

SM＋C」という名前をつけた。元来、端的明瞭な数学的な考え方にいたく共鳴するところのある私は、略号のみでなく、こうした記号的・数式的表記も好みに合っているからである。

3 ❖ 印象的な事例

この方法を半世紀近くやってきて、最も印象的な事例は、なんといっても、本書の第7章に収めた、まるで短編小説そのもの、と言っていいほどの見事な作品を百篇も作ったクライエントであった。すでに、京大をやめるときに書いた『心理臨床学のコア』に、その一回分だけを記載したことがあるが、その反響も大きかった。今回、本書をMSSMのみを扱う書として世に問うことになったので、ためらいなく、私の事例として、ここに取り上げたのである。是非ともその事例を見てほしいと思う。

4 ❖ 最近の事例から

過去の作品ばかりにしがみつくのは、私の好むところではない。ここに、二、三のごく最近お会いしたクライエントの作品などから抜き書きしてみよう。

事例A：中学二年生男子、十四歳、不登校

まず、彼が投影したのは、「キツネ」だった。次いで、私は〈船の碇〉、彼は「海の中の岩」、そして、私は〈セロ弾き〉、彼は「ＡＫＢ４８」を切り抜いて貼り、私は、内容はよく分からないが、おそらくアニメの主人公であろう、〈長い剣を持った金髪の戦士〉を貼った。

◈物語：《ＡＫＢ４８が出演しているテレビを見ていたら、キツネが現れて、海に来てくれと言う。そこへ、行ってみると、変な岩のところに、船が難破してひっくり返り、いかりが岩に巻きついていた。そこへ、魔法戦士マギが現れて、世界は自分たちが制覇する、と言う。そこへ、セロの音がして、場面が変わった。》

いかにも現代の子どもの作品である。たまたま彼が持ってきてくれたいくつかの新しいアイテムがたくさんあったので、その中から選んだ。どうしても、私が固有に選んだものだけでは、彼らは、なかなかイメージが湧かないらしいからである。こうした時、彼ら自身にも、週刊誌やパンフレットなどから持ってきてもらう。なぜなら、こうした彼らの心を反映するイメージは、時代とともに常に移り変わっているからだ。いつも寄るコンビニに置いてある無料雑誌『ぴあ』や駅のパンフレットなどは、そのための格好なアイテムの源泉なのだ。

事例Ｂ：女子大生、二十一歳、内閉

次に掲げるのは、とてもユニークな発想をもつ、ある《内閉》の女子大生の作品である。

ここで、《内閉》というのは、もうずいぶん以前に、中井久夫先生と共同編集で編んだ『思春期の精神病理と治療』（岩崎学術出版社、一九七八）という書物において、私が世界で初めて発表した精神医学・心理臨床学の専門概念（technical term）である。当時から流行りはじめた不登校を中心として、思春期やせ症など

から統合失調症圏にまで至る、「学校、社会場面に出るのを避け、もっぱら家に閉じこもる」ことを主症状としたものに名づけた概念であった。この専門概念で大切なことは、昨今の『ＤＳＭ－５』のような、単に疾患診断の名前だけを掲げたものではなく、その状態像から治療の方針まで内包した概念であることだ。つまり、普通は、ネガティブなものとされるこうした症状に、むしろ積極的な意味を認め、引きこもりから何とかして外へ出そうとするのではなく、引きこもることを、ちゃんと意味のあることとして、これを守りながら接していくと、やがて、本人自らこの内閉の殻を破って出立していくのだ、というメッセージをもっているものなのだ。

まず、彼女が「イルカの輪っか潜り」を、次いで、私が〈マンタ〉を、そして彼女が「クジラ」を、次いで、私が〈折り紙〉を、次いで、彼女が「白蛇」を、そして最後に私が〈甲虫の幼虫〉を見つけ出した。次いで、私が〈尻尾をつけて踊るダンスのシルエット〉を、彼女がチェコのヨゼフ・ラダの描いた「チェロを弾く人と、そのセロの中で歌う猫」のイメージを貼って完成した。これに、彼女が作った物語は以下のものである。

◈**物語**：《とある音楽家が音楽を奏でます。自慢のチェロで世界中の話を。ある時は、とある東の国の白蛇の話。白蛇君のかなわぬ恋の話です。ある時は、水族館に住むイルカの話。彼は、輪っか潜りが得意で、誰よりも上手く輪を潜ります。ある時は、遠い南の島の話。そこに住む人間は、へんてこなダンスで海の王のマンタに祈りを捧げます。マンタは人々には姿を見せることはなく、悠々と海を泳ぎます。またある時は、一人ぼっちのクジラの話。大きな海で一人っきり。悲しくも美しい旋律を奏でます。そしてまたある時は、地中に住むカブトムシの幼虫のナウシカの話。誰も知らないけど、地を統べるものの話です。他の誰も知らないお話と、他には誰も奏でられない旋律に、観客は皆、喝采です。けれど、本当は、誰も知りません。その物語を唄うのは、チェロに入った猫だということを。そうです。この秘密が書かれたこの紙は、折り紙として紛れていたはずです。今、あなたが、これを読むまでは。》

事例C：ギリシアの五歳の少年、パブロ君（写真1）

私が、ギリシアのポリクリニアドウ博士が開催されたカルパトス島での学会に招かれた時に、同時に開かれたワークショップでこの方法を披露し、そこに参加した臨床心理士の女性の息子さんのパブロ君が、実際のモデルとして実演してくれた。

まずぐるぐるっと誘発線を描き、パブロ君に渡す。「さて、何が見えるかな?」と私が英語で言う。すかさず、お母さんがギリシア語にする。パブロ君は頭をひねり、「うーん、イルカかな?」。今度は、彼がぐる

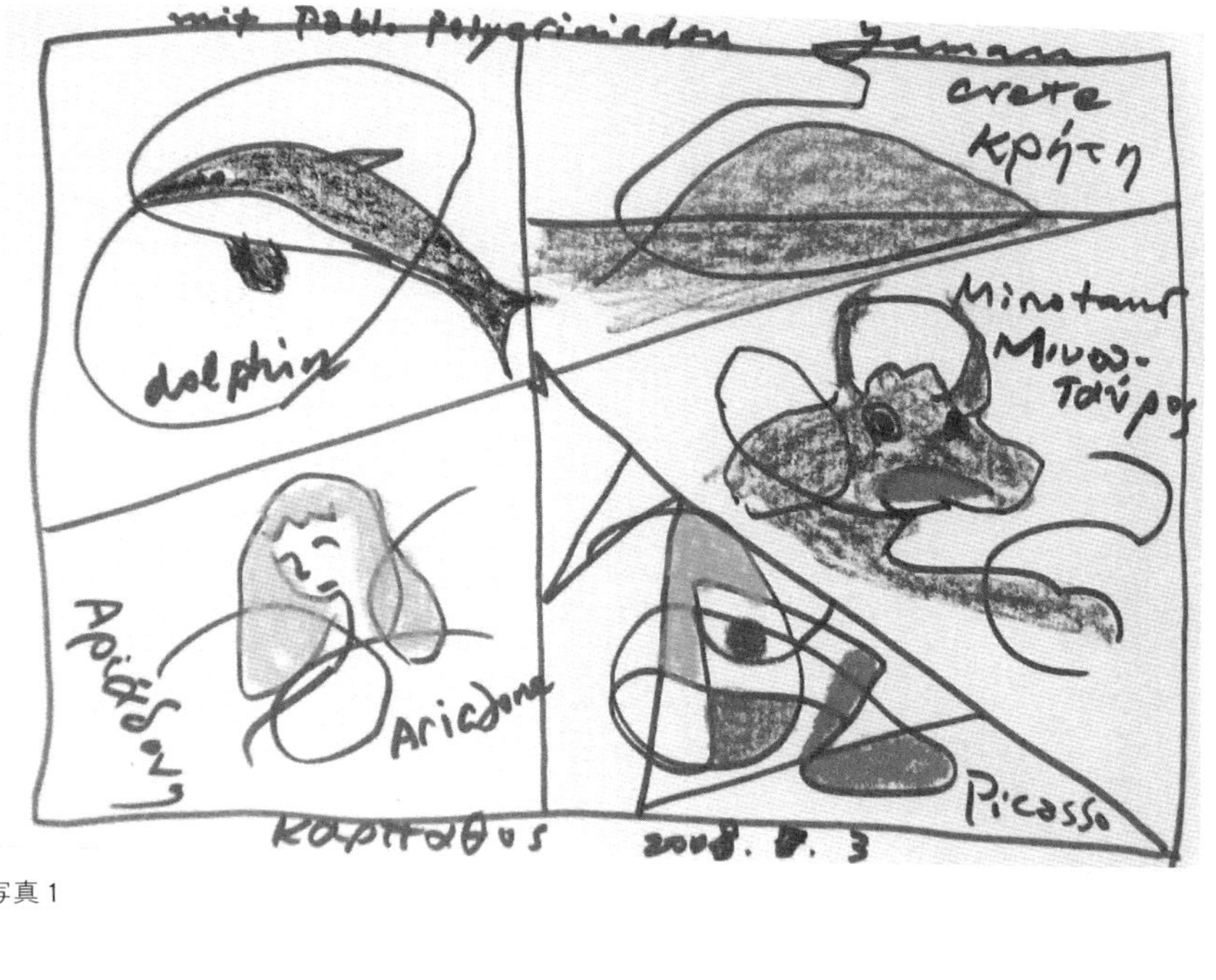

写真1

ぐる線を描く。私は、「うん、これは地中海に浮かぶ島だ！　クレタ島かな？」。パブロ君は、「これはね、クレタ島の怪物ミノタウロス（Crete's monster Minotaur）だよ」と言った。そこで私が、「お姫様のアリアドネ（Ariadone）が見つかったァ！」。最後に彼が不思議な絵を描いたので、聞くと「ピカソだよ（Picasso's painting）」。「そうか、君もパブロだものね！」に、みな大爆笑。

このパブロ君が作った物語は以下のようなものであった。

◈**物語：**《地中海を船に乗って旅していたらイルカがいた。クレタ島でミノタウロスに食べられそうになったが、アリアドネ姫が助けてくれて、二人で絵を描いたら、ピカソだった。》

5 ❖ MSSMも世界で活躍

こうした事例は、この半世紀近くで何百例とある。ポルトガルの国際表現病理・芸術療法学会（SIPE-AT）[*2]で発表した八十五歳のおばあさんの作品は、アメリカのイレーネ・ヤカブ、ハーバード大学教授に、「こうした高齢者には、とても良い方法ですね」と激賞され、なんと、彼女は、私に、エルンスト・クリス賞という、米国表現病理学会の最高栄誉賞をくださり、先のリスボンでの国際フォーラムにおいても、ワークショップ発表を聞いてくださった。マカオの澳門城市大学の大学院生の中には、魏易さんのように、なんと修士論文のテーマに取り上げてくれた人もいるし、岸本寛史君、小野けい子さん、細川美幸さんらが、続々と新しいMSSMのバリエーションを考案してくれている。中でも、小野さんは、この方法のバリエーションのC－MSSMで、なんと博士論文を書いてくれたのだった。これらはいずれも、発案者冥利に尽きると言わねばならない。

この、MSSMというたった一つの方法の発案で、どれだけ世界の少年少女の福音になったことか。私の外来に通ってくる少年の母親が述べた言葉、「先生、うちの子、学校にはいやがってちっとも行きたがらないのに、なんでこの子は、先生のところには喜々として来るんでしょうか?」は、サイコーのほめ言葉ではなかろうか。

［注］

＊1 ScribbleもSquiggleも、ともに通常は「なぐり描き」と訳される幼児語であるが、私は、臨床の場に《なぐる》という語が入るのを嫌い、《ぐるぐる描き》と訳している。

＊2 SIPE-ATとは、もともとSIPEと呼ばれてきた学会で、SIPEとはフランス語のSociété Internationale Psychopathologie de l'Éxpréssionの略号である。私は、フランスのビアリッツの学会で、「表現病理だけを中心とする考え方は間違っている、そこに治療法としての芸術療法を加えよう」という提案をして、その後「et d'art-thérapie」が加わり、「Société Internationale Psychopathologie de l'Éxpréssion et d'art-thérapie」となったのであった。これがパリの理事会で承認されて、今では国際表記は、SIPE-ATとなっている。

［文　献］

1――中井久夫・山中康裕編『思春期の精神病理と治療』岩崎学術出版社、一九七八

あとがき

いよいよ、私の臨床技法としての「ＭＳＳＭ」が世に出ることとなった。この技法の発明そのものは、尊敬する中井久夫先生が、スクリブルとスクイッグルという二つの技法をわが国に紹介され、それらを統合失調症者に適用するに際しての工夫をしておられる場面から、思いついたものであった。詳しい技法そのものは該当の論文をお読みいただきたいが、もう一人の編者の細川君も指摘している通り、本法は、優れて臨床的なものであると同時に、優れて、遊び空間を自ずから現出せしめる技法でもある。技法云々という言葉すら使いたくなくなるような、遊びそのものを誘発するスグレモノなのだ。すでに本文中に書いたので、同じことに二度触れるようなことはしたくないが、ある母親が述べた次の言葉だけは引用しておこう。

「先生、うちの子に、何か、魔法でもかけたか、知らないうちに注射でもされたんですか？」〈え、そんなことするわけないし、どうしてですか？〉「だって、うちの子、学校に行く前の時間なんか、もう、何度たたき起こしても起きなかったのに、先生のとこへ来る日は、もう、朝から喜々として、目がキラキラ光ってるんですもの！」

これ以上のほめ言葉はない！というか、この方法のもつ凄い臨床力を語って余りあるであろう。私は半世紀にわたって心を病んだ幾多の子どもたちと接してきたが、この方法を思いついてからは、本当に、これを楽しむ子どもたちの笑顔が見られることで、どれだけ私の方も癒されていることか！

また、とてもありがたいことに、この技法は、日本だけではなく、すでにギリシアやスイスやポルトガルやアメリカ、そして、お隣の中国・韓国・台湾においても行われており、すでにこの方法の外国における修論指導すらしてきているのだ。わが国においても、この技法だけで博士号も出ている現状なのである。

最後となってしまったが、本書が出るにあたって、実に細かいところまで見て下さり、産婆役に徹して下さった創元社の小林晃子さんに深く感謝したい。

ともあれ、初めて江湖にこの技法が巣立っていく。精神科臨床から心理臨床、あるいは心身症臨床・学校臨床・司法臨床の各領域で、それぞれ、その強力な臨床力を発揮して、これらの子どもたちの福音となってくれることを願うばかりである。

二〇一七年*二月十五日

編者　山中康裕識

＊ルターによる宗教改革後五百年、本邦では、叡山座主と西本願寺管長が同一地平に初めて座した恵心僧都源信没後千年という、稀有な年！

編者紹介

細川佳博（ほそかわ・よしひろ）
二〇〇一年、筑波大学大学院体育科学研究科博士課程単位取得退学。二〇〇五年、岩手県立大学大学院社会福祉学研究科修士課程修了。現在、京都ヘルメス研究所所員、心理臨床相談室りんごの木代表。臨床心理士、公認心理師。著書に『子どものボディセンスを伸ばす本』（共著・山海堂）、『うつ症状ケアブック』（共著・学研メディカル秀潤社）ほか。

山中康裕（やまなか・やすひろ）
一九六六年、名古屋市立大学医学部卒業。一九七一年、同大学院医学研究科修了。医学博士。第19期日本学術会議会員。現在、京都大学名誉教授、京都ヘルメス研究所長。精神科医、日本臨床心理士資格認定協会顧問、臨床心理士、カワンセラー。著書に『山中康裕著作集・全6巻』（岩崎学術出版社）、『心理臨床学のコア』（京都大学学術出版会）、『心理臨床プロムナード』（遠見書房）、『ユング心理学辞典』（監修・創元社）、『山中康裕の臨床作法』（統合失調症のひろば編、日本評論社）、訳書に『ユングの芸術』（青土社）ほか多数。

執筆者紹介（五十音順）

赤川　力（あかがわ・ちから）
二〇一六年、大阪大学大学院人間科学研究科博士後期課程満期退学。博士（人間科学）。現在、西九州大学子ども学部心理カウンセリング学科准教授。臨床心理士、公認心理師。論文に「スクールカウンセリングにおける思春期男子との心理臨床」（心理臨床学研究、27（16）、二〇一〇）ほか。

石川裕子（いしかわ・ゆうこ）
二〇一三年、放送大学大学院文化科学研究科修士課程修了。現在、東京都スクールカウンセラー、東京経済大学学生相談室カウンセラー。臨床心理士、公認心理師。論文に「Edvard Munch 魂の軌跡――ムンクが描いた傷痕のあるオークの樹とバウムテストによるその考察」（日本芸術療法学会誌、53（1）、二〇二二）ほか。

魏　易（ウェイ・イー）
二〇一六年、澳門城市大学大学院修士課程修了。現在、中国、東方心理分析研究院所属メンバー。修士論文「交替涂鸦故事法（ＭＳＳＭ法）及其应用――以孤儿院为例」。

小野けい子（おの・けいこ）

一九七八年、京都大学大学院文学研究科博士後期課程単位修得満期退学。博士（臨床心理学）。現在、放送大学名誉教授、ＢＯＮＤＳ東京カウンセリングサービスカウンセラー。臨床心理士、公認心理師。著書に『心理臨床の基礎』『心理臨床とイメージ』『臨床心理面接特論』（いずれも編著・放送大学教育振興会）、『臨床バウム』（共著・誠信書房）ほか。

岸本寛史（きしもと・のりふみ）

一九九一年、京都大学医学部医学科卒業。現在、静岡県立総合病院副院長。著書に『緩和ケアという物語』（創元社）、『バウムテスト入門』（誠信書房）、『がんと心理療法のこころみ』（誠信書房）、『臨床バウム』（編著・誠信書房）、『いたみを抱えた人の話を聞く』（共著・創元社）ほか。

鈴木　壯（すずき・まさし）

一九七七年、東京教育大学大学院体育学研究科修士課程修了。現在、岐阜大学名誉教授、中部学院大学教授。臨床心理士。著書に『スポーツと心理臨床』（創元社）、『スポーツカウンセリングの現場から』（共編著・道和書院）、『アスリートのこころの悩みと支援』（共著・誠信書房）ほか。

細川美幸（ほそかわ・みゆき）

二〇〇五年、岐阜大学大学院教育学研究科修士課程修了。現在、西南学院大学人間科学部児童教育学科准教授。臨床心理士。論文に「ＭＳＳＭにおける治療者の能動的関与の治療的視点」（臨床心理身体運動学研究、13（1）、二〇一一）ほか。

穆　旭明（ムー・シュイミン）

二〇一一年、関西大学大学院社会学研究科博士後期課程修了。心理咨询师（中国臨床心理士）、国際表現芸術分析学会（ＩＡＥＡＡ）専門委員、国際箱庭療法学会（ＩＳＳＴ）中国学会（ＣＳＳＴ）正会員、国際分析心理学会（ＩＡＡＰ）上海グループメンバー。現在、上海市甘泉外国語中学（公立・中高一貫校）日本語学科専任教員、こころの健康教育センター教員（兼任）。著書に『続・青春の変貌』（共著・関西大学出版部）、訳書に『孩子的心灵（少年期の心）』『艺术疗法（芸術療法）』『表达性心理治疗：徘徊于心灵和精神之間（こころと精神のはざまで）』『孩子的心事（臨床教育学入門）』ほか。

MSSMへの招待《しょうたい》——描画法《びょうがほう》による臨床実践《りんしょうじっせん》

発行日……………二〇一七年 四 月二十日 第一版第一刷発行
二〇二五年 四 月三十日 第一版第十刷発行
編 者……………細川佳博・山中康裕
発行者……………矢部敬一
発行所……………株式会社 創元社
〒五四一-〇〇四七
大阪市中央区淡路町四-三-六 TEL.〇六-六二三一-九〇一〇(代)
FAX.〇六-六二三三-三一一一
https://www.sogensha.co.jp/
造 本……………上野かおる(鷺草デザイン事務所)+東 浩美
カバー装画(表)……山中康裕
印刷所……………株式会社 フジプラス
 ISBN978-4-422-11661-7 C3011

本書の感想をお寄せください
投稿フォームはこちらから▶▶▶▶